"365일 매일 듣는 긍정의 음악으로 마음을 치유하라!"

DJ 나인화 는

음악, 그 힘을 믿으며 살아왔다. TBN 한국교통방송[105.9Mhz], 분당 라디오 방송 FM [90.7Mhz]을 진행하면서 청취자와 함께 음악을 공유하는 것을 업으로 하고 있다. 현재 네이버에서 나인화의 팝 스토리(cafe.naver.com/popsstory)를 운영하면서 세상 모든 팝 음악과 팝 자료를 정리하여 회원들에게 지식을 나누고 있다. 카페 문은 팝을 사랑하는 모든 사람에게 열려있고 본 책에 실린 음악을 인터넷 방송으로 들을 수 있다.

365일 마음을 치유하는 음악 산책

초판 1쇄 발행 2011년 1월 15일
지은이 나인화 (교통방송 DJ)
윤문 편집부
펴낸이 이일로
펴낸곳 라이프하우스
등록일 2009년 2월 24일
주소 인천시 동구 송현동 129번지 6동 319호
대표 전화 070)7676-3877 / 팩스 02)6442-3877
출판사 블로그 http://blog.naver.com/windpaper
가격 11,000원

> 「이 도서의 국립중앙도서관 출판시도서목록(CIP)은 e-CIP 홈페이지 (http://www.nl.go.kr/ecip)에서 이용하실 수 있습니다.(CIP제어번호: CIPCIP2010004545)」

ISBN 978-89-962304-3-4 13670

*365*일 마음을 치유하는
음악산책

나인화 지음

라이프 하우스

Prologue

마음을 치유하는 365개의 음악들

내면을 보는 것은 바다 속 심연을 들여다보는 것과 비슷합니다. 바다 속에는 지느러미를 움직이는 돌고래와 물고기와 같은 생명체들이 있습니다. 이런 평화로운 모습을 보이다 서로 잡아먹고 먹히는 먹이사슬이 이루어진 순간, 심연 속은 상처와 고통의 장소로 변합니다. 우리들 마음에는 저마다 인생에 잊지 못할 아름다운 추억과 미처 붕대를 감지 못한 상처들이 같이 내재되어 있습니다.

『365일 마음을 치유하는 음악 산책』은 독자들과 음악을 교감하며 상처들을 어루만지고 음악으로 치유해서 평온함을 되찾고자 하는 시도를 하였습니다. 음악을 선곡하는 방송 DJ로 20여 년을 살아온 것도 얼룩진 마음의 상처들을 흐르는 명곡 선율로 치료를 받으며 마음을 추슬러왔습니다.

마음의 평온함을 꿈꾸는 분들에게 365일 매일 선곡되는 명곡의 향연을 들으며 인생의 즐거움을 만끽하셨으면 좋겠습니다.

2011년을 앞두며 독자제현께

Abba - Happy New Year (해피 뉴 이어)

해피 뉴 이어
세상 모든 이웃들이 친구가 될 수 있을 거라는 희망을 갖게 되길 바라요
행복한 새해 맞이하세요
모두 희망과 도전할 의지를 갖기를 빌어요
그렇지 않으면 누운 채 죽은 것과 다를 게 없잖아요, 당신은 나와 함께

1월 1일

아바는 두 쌍의 부부로 팀이 결성되었고 유로비전 송 콘테스트에서 우승하였습니다. 앨범 [Waterloo]로 세계적인 지명도를 획득한 후 미국 차트 넘버원 싱글 〈Dancing Queen〉이 실린 [Arrival]앨범으로 비틀즈에 버금가는 부자 뮤지션의 반열에 오른 그룹입니다. 새해 벽두에는 아바의 해피 뉴이어로 힘차게 시작합니다.

세상의 모든 물들은 위에서 아래로 흐르는 것이 이치입니다. 하지만 이와 반대로 아래서 위로 흘러내리는 물이 있습니다. 그것은 가슴 속에서 생겨나와 눈으로 나오는 눈물입니다.
하지만 같은 눈물이라도 교감 신경의 흥분 정도에 따라 화나고 분할 때 흘리는 눈물이 기쁠 때 흘리는 눈물보다 나트륨 함량이 많아 더 짭니다.
사람이 늙는다는 건 새해 떡국을 먹어서도 나이가 먹어서도 아닙니다. 자기 꿈이 후회로 바뀔 때 사람은 늙습니다. 또한 많이 웃고 기뻐할 때 사람은 젊어집니다.
새해에는 여러분 모두 기쁠 때 흘리는 눈물이 많았으면 좋겠습니다.

Emerson Lake & Palmer - C'est La Vie (그것은 인생이다)

1월 2일

그것은 인생이지요.
나뭇잎은 모두 갈색으로 변했어요.
당신은 그것들을 흩날리려고 하나요?
그것은 인생이지요.
당신은 날 사랑하나요?
당신의 사랑을 내게 보여주지 않으면,
내가 어떻게 당신의 사랑을 알 수 있을까요?

에머슨 레이크 앤 팔머는 영국 출신입니다. 1976년에 이 노래를 발표했지요.
키스 에머슨의 서정적인 키보드 연주와 그렉 레이크의 잔잔한 기타 연주와 보컬이 돋보이는 이 노래는 72년 작품인 〈From The Beginning〉과 함께 꾸준히 애청되고 있습니다. 그들이 노래합니다. 이것이 인생이라고.

남성의 평균 수명은 여성에 비해 7년 정도 짧습니다. 물론 요즘처럼 건강관리만 제대로 하면 장수하는 시대에 사실일까 하는 의문도 있지만 어쨌든 남자는 유전적인 결함, 더딘 발달 등의 이유로 태어나는 순간부터 여자에 비해 평균 수명이 짧다고 알려져 있습니다.
하지만 남성의 수명을 늘리는 방법이 있습니다.
그 중 몇 가지를 훑어보면,
나이와 상관없이 혈압에 관심을 가지고 사소한 문제라도 건강과 관련해서는 의사에게 말하고 행동을 체크하고 무모한 행동을 줄이고 만성질환을 막기 위해 몸무게에 신경을 쓰라고 합니다. 또, 담배를 끊고 장 검사를 두려워하지 말고 머리를 보호하는 것도 잊지 말라고 합니다.

Patti Page – How much is that doggie in the window
(창가에 강아지가 얼마나 있는지)

진열장에 놓여있는 강아지가 얼마인가요?
꼬리를 잘 흔드는 강아지 말이에요
살 수 있는 강아지였으면 좋겠어요
난 캘리포니아로 여행을 떠나야만 한답니다
가여운 연인만 홀로 남겨둔 채 그가 강아지를 갖는다면, 외롭지 않을 것 같네요
그리고 그 강아지도 안전한 집을 갖게 되는 거죠

1월 3일

미국 오클라호마 출신인 그녀는 라디오 합창단원이었는데 그녀의 아름다운 목소리에 깊은 감명을 받은 밴드 리더였던 잭 래일은 밴드를 포기하고 그녀와 계약을 맺었습니다. 그녀가 영화 〈플루토에서 아침을〉에서 아름다운 목소리로 강아지를 찬양합니다. 강아지보다 고양이를 좋아하는 분이 계시다면 귀를 막고 들어주세요.

우리 옛 속담 중에 개팔자가 상팔자라는 말이 있습니다만 요즘 애완견 같은 경우는 상팔자 이상으로 호사를 누리는 경우가 많습니다.

현재 국내 애견 인구가 천만 명을 넘어서면서 사람 보다 호사를 더 누릴 정도로 개에 대한 사랑을 표현하는 분이 많습니다. 사람처럼 경혈을 찾아 엉덩이 관절을 치료받고 미간이나 등에도 침을 맞습니다. 또 침을 맞은 다음엔 뜸까지 뜬다고 하는데 더 재밌는 사실은 이렇게 치료를 받기 위해서는 예약은 필수라고 하는군요.

거기에다가 애완견들이 목욕을 하는 탕에는 15가지 한약재가 들어있고 목욕 후에는 온몸에 황토를 바르고 혈액 순환을 위한 마사지도 받는다고 합니다.

사람보다 더 호사를 누리는 경우입니다.

John Miles – Music (음악)

1월 4일

음악은 내 첫사랑이었고
마지막 사랑이기도 합니다.
미래의 음악과 과거의 음악
내가 음악을 떠나 산다는 건
있을 수 없는 일입니다
왜냐하면 이렇게 문제 많은 세상에서
음악은 곤경에 처한 나를 꺼내주니까요.

개인적으로 좋아하는 곡입니다. 영국 출신인 존 마일스 데뷔 앨범에 실린 곡입니다. 사실 뮤지션 스스로 음악에 대한 사랑을 표하는 노래들은 많습니다. 하지만 가사의 정갈함과 곡 자체 완성도를 비교해봤을 때 이 곡을 넘을 노래는 그리 많지 않습니다. 특히 프로그레시브록의 대부 알란 파슨스가 프로듀서를 담당해서 화제가 되었던 곡입니다.

어떤 개인 한 사람이 어느 가수의 곡에 대해 평가를 내린다는 것은 결코 쉬운 일이 아닙니다. 음악 역사에 자리매김하고 있는 명곡이나 대작 앞에서 아무리 뛰어난 평을 하는 평론가들이라 해도 그러한 곡을 만날 때면 섣불리 평가할 수 없어 조심스러워합니다.
명곡을 만든 음악인들이 성공의 길로 들어설 수 있었던 것은 꿈을 버리지 않고 꿋꿋하게 살아갔기에 아름다운 멜로디로 남은 것입니다.

Green Day - Brain stew (애를 태우다)

나는 잠을 자는데 애를 쓰고 있어
양을 세어보지만 시간은 계속 지나가지
나는 계속 노력하지
내 마음 속 십자가에 휴식 공간은 없어
여기서 또 시작됐어
내 눈은 피가 날 것 같아, 머리는 터질 것 같아
입은 메마르고

1월 5일

1987년에 결성된 최고의 펑크 밴드입니다. 처음에는 밴드 이름이 빌리 조가 쓴 곡 제목을 따서 스위트 칠드런(Sweet Children)이었는데 언더그라운드에서 유명세를 타면서 처음으로 큰 공연을 앞두고 있을 때 급히 밴드 이름을 그린데이라고 바꿨습니다.

이후 꾸준한 인기 속에서 악성루머와 멤버 간 마찰로 곤경에 처하기도 했지만 2009년도에 〈21st Century Breakdown〉로 베스트록 상을 받으며 펑크록의 인기를 확산시킵니다.

그린데이가 불면증의 고통을 호소하는 군요. 어느 때보다도 뇌의 휴식이 필요한 시기입니다.

우리 뇌의 저장 용량은 무한합니다. 수많은 학자들이 뇌의 신비를 파헤쳐 보았지만 그 기능이 밝혀진 것은 10%도 안 되고 보통사람은 평생 동안 4%정도 뇌 용량을 사용하다가 죽는다고 합니다.

천재인 알버트 아인슈타인이 뇌 용량 중 고작 7%정도를 사용했습니다. 그리고 지능은 두뇌의 무게나 크기에 크게 좌우되지는 않고 뇌세포 간 연결이 얼마나 많고 튼튼하냐로 결정됩니다.

그리고 뇌세포 간 연결은 평생에 걸쳐 계속 새로 생기고 지워지는데 근육도 많이 쓰면 발달하고 안 쓰면 줄어들 듯 두뇌는 쓰면 쓸수록 발달합니다.

Lionel Richie - Say You, Say Me (내게 말해주세요)

1월 6일

내가 되고 싶은 게 있는데, 정말 모르겠어?
친구보다 더한 사이로 발전했으면 좋겠어
손을 잡아도 괜찮아
하지만 내 마음 속에 더 멋진 게 있어
이런 일이 생길 건지는 알았겠지
우리가 함께한다면, 네 선택이 옳았다는 걸 알게
될거야, 날 사랑한다 말해줘

70년대 말에서 80년대 중반까지 팝을 좋아하는 분들은 라이오넬 리치를 특별히 사랑했습니다. 80년대 인기 팝이었던 〈We Are The World〉를 마이클 잭슨과 공동으로 만들었습니다.
〈Say You, Say Me〉는 영화 〈백야〉에 쓰인 이후로 꾸준히 사랑을 받았습니다. 언제 들어도 산뜻한 기분을 느끼게 하는 곡이지요. 사랑한다는 말을 잊을 때가 자주 있습니다. 그래서 사랑하는 사람이 서운해 하는 경우가 많은데, 옆에 사랑하는 가족, 애인이 있다면 속삭여 주세요. "Say You, Say Me."

손에 든 열쇠를 놓고 온 집안을 다 뒤지고 다닌다, 핸드폰을 방금까지도 손에 들고 있었는데 안 보인다, 한 가지를 시키면 꼭 한 가지는 잊어버린다, 가스에 주전자를 올려놓으면 태워 먹는다.
이런 증세를 보이면 친구들과 치매라며 농담을 하지만 속으로 걱정하시죠?
이런 결과는 집안의 모든 일을 완벽하게 하려고 항상 긴장하며 생활하는 가운데 유발된 스트레스가 원인입니다.
병은 아니지만 노화 현상을 의심할 만큼 많은 나이도 아닌데 심하다면 잘못된 생활 습관을 변화시켜야 합니다. 일을 한꺼번에 처리하지 말고 순서를 정해 하나씩 집중하는 것이 좋습니다. 또 메모 습관도 좋다고 하니까, 무작정 '어떻게?' 하지 마시고 생활 습관을 바꿔서 깜빡 증세에서 탈출하세요.

Helloween- A Tale That Wasn't Right (옳지 않은 얘기)

친애하는 오랜 친구여
그러나 너는 도울 수 없어
이건 옳지 못한 이야기의 종말이야.
나는 오늘 밤 뒤척이겠지
내 가슴에, 내 영혼에 이런 대가를 치를 순 없어

1월 7일

독일 출신의 4인조 헤비 메탈 밴드 헬로윈의 1987년 곡입니다.
전형적인 메탈 발라드인 이 곡은 헤비 메탈의 강렬함과 록발라드 사운드가 조화를 이룬 노래입니다.
헬로윈이 말하네요. 그건 옳지 않은 이야기, 잘못된 이야기, 잘못된 상식이라고. 잘못된 상식으로 인해 감기를 키우는 일은 없어야겠습니다.

해마다 걸리는 환절기 감기 상식

주사를 맞아야 빨리 낫는다?
소위 '감기 치료 주사'는 없습니다. 보통 감기에 있어서 주사의 효과는 일시적이며 어느 한 가지 증세에 대해서만 주사를 맞을 수 있다고 합니다. 주사 한번 맞는다고 빨리 낫지 않습니다. 다만 현재 있는 증세를 일시적이라도 줄이려고 주사를 맞습니다.

독감 예방 주사를 맞으면 감기에 걸리지 않는다?
독감과 감기는 엄연히 다른 질환입니다. 가을철에 접종하는 독감 예방 접종은 인플루엔자 바이러스에 대한 예방 접종이므로 감기와는 무관하다고 하는데 따라서 독감 예방 접종을 받았다고 감기에 걸리지 않는다는 것은 잘못된 상식이라고 합니다.

Melissa Manchester – Don't cry out loud
(소리쳐 울지 말아요)

1월 8일

난 그녀를 잘 알아요, 그녀는 나랑 많이 닮았어요
소리내서 울지 말아요. 당신 마음에 숨겨두세요
당신은 감정을 숨기는 법을 배워야 해요
높게 날아요 그리고 자랑스럽게 여겨요
그리고 당신이 넘어져야할 때가 있다면,
다 해낼 수 있다는 걸 기억해요

그녀는 맨하튼 음악대학 출신의 가수이자 영화배우입니다. 1982년 제25회 그래미 시상식에서 최우수 여성 팝 보컬상을 받은 그녀가 노래합니다. 크게 소리쳐 울지 말라고, 감정을 숨기는 법을 배우라고. 어쩌면 우리는 나이를 먹고 이 사회를 살아가면서 감정까지 연기하게 됩니다. 아버지로서, 때로는 직장 상사로서, 학생으로서 가면을 쓰고 살다보면 감정을 조절하는 배우가 된 기분입니다. 최고의 배우로 불리는 찰리 채플린 쯤 되면 어떤 상황에도 감정 조절을 잘 했고 사회 생활도 잘 했겠죠.

1899년 4월 16일 런던에서 출생한 찰리 채플린은 뮤직홀 연예인 아들로 태어나 부모의 이혼으로 어머니를 따라 5세 때 첫 무대에 섰다가 가난과 어머니의 정신 발작, 고아원 등 불우한 환경을 겪으며 10세에 극단에 들어갔습니다.
점차 천부의 재능을 인정받아 17세 무렵 당시 영국 최고의 인기 희극 극단 프레드카노 단원이 된 찰리 채플린은 성공의 길을 걷습니다.
그러나 찰리 채플린은 온 세계 사람들은 다 웃기면서도 자신은 자신의 영화를 보고 한 번도 웃지 않았다는 설이 나올 정도로 작품에 온 심혈을 기울였습니다. 아내가 죽은 뒤에도 관중들 앞에서 웃어야했던 그는 배우로서 최선을 다한 프로의 모습이었습니다.

Perry Como – And I Love You So (나도 당신을 사랑합니다)

내가 얼마나 외롭게 지내왔는지 사람들이 잘 압니다, 어느날 당신이 내 손을 잡아 주었을 때, 내 인생이 새 출발을 했답니다
내 인생은 외롭고 시커먼 그림자만이 쫓아왔었습니다, 고독한 밤에서 벗어날 수 없었습니다
그러나 저녁 시간만큼은 나를 우울하게 만들지 못합니다, 지금 당신이 내 곁에 있으니까요

1월 9일

1912년 펜실바니아주 출신의 페리 코모는 친구인 기타리스트 겸 프로듀서 쳇 애킨스로부터 이 노래를 권유 받고 마음에 들어 레코딩했습니다.
원작자인 돈 맥클린의 누나는 페리 코모의 열렬한 팬이며, 맥클린 자신도 페리 코모의 팬이므로, 이 노래가 페리 코모에 의해 크게 히트한 것을 기뻐해서 감사의 말을 전했다고 합니다.

행복의 유일한 방법은 감사를 바라지 않으며 남에게 기쁨을 주는데 있다. 손실로부터 유익한 이익을 얻는다. 다른 사람에게 흥미를 가짐으로써 피곤한 자기 경멸에서 벗어나라.

- 데일 카네기의 명언

명언대로 하자면 생각은 쉽지만 행동으로 옮기기란 어렵습니다.
내가 얻은 것 보다 손해 보는 삶 속에서 적당한 만족을 누리며 사는 것이 스트레스를 받지 않고 더 즐겁게 살아갈 수 있겠죠.

Shawn Colvin - Never Saw Blue Like That
(그런식으로 보지 마세요)

1월10일

구름이 흩어져 사라질 때까지
우리는 서로 멀리 다른 곳에 있고
당신은 표현하기 어렵겠지만, 난 알아
생전에 그런 우울함을 느껴본 적이 없어
하늘을 가로질러
세계를 돌아도
당신이 가진 모든 것, 그 이상을 나한테 줬지

1956년 1월생인 그녀는 조니 미첼, 멜라니 사프카처럼 싱어송 라이터입니다. 어쿠스틱 음악을 즐겨 사용하며 그래미 시상식에서도 2회 수상했습니다. 목소리를 들으면 때로는 대학로에서 한가롭게 마시는 커피향이 떠오를 정도로 훌륭한 소리를 갖고 있습니다. 그렇지만 국내에서 그녀에 대해서 알려져 있지 않습니다만, 그 내력을 안다면 어떻게 저렇게 여유가 충만한 음악을 하는지 알 수 있게 됩니다.

솔로 활동을 시작하기 전 버디 밀러 밴드 등 여러 밴드에서 활동했습니다. 그러다 뉴욕으로 건너온 1983년부터 솔로로 전향했고 오프 브로드웨이의 연극 무대에 서다가 존 레벤탈을 만나는데 그는 이후 그녀의 작곡 파트너이자 프로듀서로 활약하는 등 그녀 음악 경력에 큰 영향을 끼칩니다.

수잔 베가의 눈에 띄어 루카의 백 보컬로 활약하다가 콜롬비아 레코드사와 계약을 맺게 되어 1989년 데뷔 앨범 [Steady On]을 발표했는데 판매고는 저조했지만 이 앨범은 그래미 시상식에서 수상하는 쾌거를 올립니다. 1996년에 발표한 〈Sunny Came Home〉이 히트를 하며 그래미시상식에서 상을 석권하며 음악적, 상업적 성공을 모두 거둡니다. 오늘은 그녀의 히트곡인 〈Sunny Came Home〉보다 더 감미로운 〈Never Saw Blue Like That〉을 선곡해 봅니다. 듣다보면, 피아노 반주에 취해 하늘을 올려다보게 합니다.

Beatles – Let It Be (그냥 내버려 두세요)

내가 암흑의 시간 속에서 헤매고 있을 때에도
어머니는 내 앞에 똑바로 서서
지혜의 말씀을 해주셨어요
순리에 맡겨
그냥 그대로 둬, 순리에 맡기자구

1월 11일

전 세계를 통틀어 가장 위대한 밴드로 칭송받는 비틀즈입니다. 기타 치는 존 레논, 베이스를 연주하는 폴 매카트니, 기타와 현악기 시타르를 연주하는 조지 해리슨, 드럼 치는 링고 스타, 각 멤버는 훌륭한 뮤지션이기도 합니다. 비틀즈는 1965년에 영국에서 국민훈장을 수여받았으며 동시에 전 세계 음악 팬들을 매료시킨 음악으로 지금까지 사랑받고 있습니다.

비틀즈의 넘버 원 히트곡, 렛잇비는 심지어 숙명여자대학교 가야금 연주단에서 연주할 정도로 가사, 멜로디가 환상적입니다. 괴롭고 힘들더라도 순리에 맡기라는 충고는 언제 들어도 명언이라는 생각을 하게 됩니다.

서양의 격언을 보면 우리의 고민이란 어떠한 일을 시작했기 때문에 생긴다기보다는 할까 말까 망설이는 데서 더 많이 생긴다고 합니다. 이것도 아니고 저것도 아니고, 오래 생각하는 것은 문제의 해결에 조금도 도움이 되지 않습니다. 어떻게 하겠다고 결심하는 것이 필요합니다.

미리 실패를 두려워하지 마세요.

성공하고 못하고는 하늘에 맡기면 됩니다. 모든 일은 망설이는 것보다 불완전한 상태로 시작하는 것이 한 걸음 앞서는 겁니다. 순리대로 풀면 풀지 못할 일은 없습니다.

Il Divo (일 디보) - Regresa A Mi (나에게 돌아와요)

1월12일

이 모든 고통 속에 절 버려두지 마세요
빗속에 절 내버려두지 말아요
다시 돌아와 제 미소를 돌려줘요
돌아와 이 눈물을 가져가세요
전 지금 절 안아줄 당신의 품이 필요해요
수많은 밤이 너무 낯설어요
제가 당신을 옆에 안아주던 그 밤을 돌려주세요

2003년 12월에 스위스、프랑스、미국、스페인 출신의 테너와 바리톤으로 구성된 팝페라 가수들로 영국에서 주목을 받으며 2004년 1집 앨범 [IL DIVO]로 데뷔했으며 풍성한 음색으로 부른 토니 브랙스톤의 〈Unbreak My Heart〉, 프랭크 시나트라의〈My Way〉등을 불러 대중들에게 친숙해지기 시작하였습니다. 이 곡은 토니 브랙스톤의 〈Unbreak My Heart〉를 리메이크했습니다.

만일 아이가 비판 속에서 자라면 그 아이는 비난하는걸 배운다.
만일 아이가 적대감 속에서 자라면 그 아이는 싸우는 걸 배운다.
만일 아이가 두려움 속에서 자라면 그 아이는 걱정부터 배운다. 만일 아이가 동정을 받고 자라면 그 아이는 자신에 대해 슬퍼하는 걸 배운다.
만일 아이가 기이한 행동을 하는 부모 속에서 자라면 그 아이는 부끄러움을 배운다.
그러나 만일 아이가 참을성 있는 부모 밑에서 자라면 그 아이는 인내심을 배운다.
자녀 교육서 저자 도로시 로 놀테의 『아이는 삶 속에서 배운다』

아이의 큰 스승은 부모라는 말이 있듯이 어떤 부모 밑에서 아이가 자라느냐에 따라 어두운 삶을 살아 갈수도 있고 또 밝은 삶을 살아 갈수도 있습니다.

Lynyrd Skynyrd – Free Bird (자유로운 새)

내일 떠난다 해도 날 여전히 기억해줄 건가요
이제 여행을 계속해야 하니까 둘러볼 곳이 많아요
하지만 여기 머무른다 해도 예전과 같지 않을 거예요, 난 이제 새처럼 자유로우니까요, 이 새를 당신도 어쩔 수가 없어요
새처럼 자유로운 나를 당신도 어쩌지 못하죠

1월13일

고교 동창생으로 구성된 서든록의 대표 그룹입니다. 팀 이름은 재미있게도 고교시절 때 악명 높았던 체육교사의 이름 Leonard Skinner에서 따왔습니다.
77년 비행기 추락사고로 보컬인 로니 반 젠트를 포함한 멤버 일부가 사망하는 사고로 밴드가 해산됐습니다. 그들의 영혼은 이미 그들의 노래처럼 자유새가 되어서 훨훨 하늘을 날고 있겠지요.

세계에서 가장 높은 히말라야 산맥 깊은 골짜기에는 할단새라는 전설의 새가 있습니다. 추운 겨울, 히말라야에서 봄까지 사는 새입니다.
할단새는 집이 없어 이 나무 저 나무를 옮겨 다니면서 산다고 하는데, 밤이 되어 혹독하게 추워지면 날개를 웅크리고 떨면서 '내일은 꼭 집을 지어야지.'하고 굳은 결심을 하지만, 다음 날 따스한 햇볕이 비치면 지난 밤 추위는 까맣게 잊은 채 뭇 새들과 어울려 노느라 평생 집 없이 살아가는 새입니다. 결국 겨울 내내 마음으로만 집을 짓다가 봄이 되면 사라지는 어리석은 새이기도 합니다.
사람도 마찬가지입니다. '오늘은 해야지. 다시는 그러지 말아야지.' 하면서도 시간이 흐르면 금방 잊고 다시 똑같은 일을 반복할 때가 있습니다.
고통 없이 인생을 살아 갈수 없듯이 계속되는 시련은 없습니다. 시련을 벗어날 수 있는 길은 고통을 감수하며 자신의 게으른 마음을 이기는 길입니다.

Nazareth – Dream On (꿈을 꿉니다)

1월14일

사랑은 난로 같아, 뜨거울 때 당신을 태워 버리죠
사랑은 아파요, 오, 오, 사랑은 아파
바보들은 사랑이 축복 함께 한다고 생각하죠
그래서 그들은 어리석은 사랑에 빠지나 봐요
하지만 난 더 이상 어리석음에 빠지지 않을 겁니다

파괴적인 사운드와 거친 무대 매너로 관중들을 사로잡았습니다. 1972년에 주로 다운타운 등에서 공연을 하며 정열적인 무대 매너로 명성을 쌓아가던 중 딥 퍼플의 베이시스트인 로저 글로버가 앨범의 프로듀스를 맡겠다고 제의를 합니다. 1973년 초 나자레스의 출세작인 [Razamanaz]를 발표하며 앨범 차트 11위까지 오르고, 2곡이나 10위권 내에 진입하는 히트곡을 양산해냅니다. 이렇게 아름다운 음악을 듣고 있으면 더 열심히 살아야할 필요가 있다고, 마지막 눈 감는 순간까지 세상의 즐거움을 느끼며 살아보고 싶다는 생각을 하게 됩니다.

인간은 무의식적으로 자신이 태어나기 전부터 존재했을 것이라는 막연한 믿음을 가지고 있습니다. 그러한 믿음은 죽음에 대한 두려움으로 작용합니다.
죽음 이후에 일어날 수 있는 일들을 가정하기 어렵고, 물리적인 죽음에서 큰 고통을 얻으리라는 점 때문에 두려움을 가집니다.
하지만 우리는 사는 날까지 최선을 다해 후회 없이 살아가야할 필요가 있습니다. 이렇게 아름다운 음악이 있고, 형제자매 가족이 있고, 산이 있고 들이 있고, 세상에 재미난 '살아있는 것'들을 만끽해야 합니다.

Jason Donovan- Any Dream Will Do (모든 꿈은 이루어진다)

멀리 저 멀리서 누군가 울고 있네요
하지만 세상은 잠들고 모든 꿈은 이루어질꺼야
세상은 기다리고 있지
머뭇거리는 동안에
모든 꿈은 이루어질꺼야

1월 15일

1968년 6월 1일 오스트레일리아에서 출생한 그는 1989년 1집 앨범 [Ten Good Reasons]으로 데뷔합니다. 이번에 소개할 노래는 〈오페라의 유령〉을 만든 앤드류 로이드 웨버의 작품 〈Joseph and the Amazing Technicolor Dreamcoat〉 수록곡입니다. 멋진 목소리의 주인공 제이슨 도노반이 노래합니다. 모든 꿈이 이루어질거야.

"그의 키는 175cm 나의 키는 겨우 120cm. 우리는 무려 55cm나 차이가 납니다. 거인과 난쟁이지요. 하지만 이제 그와 나는 키가 같습니다. 그가 준 55cm의 사랑이 있기 때문입니다."

이 이야기는 1급 장애우이자 KBS 제3라디오 〈윤선아의 노래 선물〉 진행자로 활약하는 엄지공주 윤선아 씨의 이야기입니다. 윤선아 씨는 태어날 때부터 뼈가 쉽게 부서지는 골형성 부전증을 앓고 있어서 키가 120cm 밖에 되지 않습니다만 누구보다 밝은 여성입니다.

"목발 짚고 일 하는 게 힘들지 않나요?"라는 질문에 "하하하, 다리가 네 개라서 더 빠르게 일할 수 있습니다."라며 오히려 질문을 무색하게 만듭니다.

이런 그녀가 175cm의 잘생긴 미남 청년과 올해 초 목발을 짚고 히말라야 등반에 성공했고 두 사람은 히말라야 산골 마을에서 아름다운 결혼식을 올렸습니다. 주례를 맡았던 산악인 엄홍길 씨도 세상에서 가장 아름다운 결혼식이었다고 회고했습니다.

Genghis Khan – We Love You (당신을 사랑합니다)

1월16일

I love you ~ (아이 러브 유) 당신을 사랑합니다.
je t'aime ~ (쥬 뗌므) 당신을 사랑합니다.
ti amo ~ (띠 아모) 당신을 사랑합니다.

1979년, 독일에서 가장 성공한 프로듀서 랄프 지젤이 보니 엠의 성공에 자극을 받아 만든 여자 2명과 남자 4명으로 구성된 6인조 혼성 그룹입니다.
1981년 발표된 곡으로 영어, 이태리어, 프랑스어로 반복하는 가사로 국내 다운타운에서 사랑받은 곡입니다.
추억의 향수가 어린 아름다운 발라드입니다. 징기스칸이 사랑을 노래합니다. 당시 이 음악을 듣던 분들 중년이 되었겠죠. 그분들에게 이 음악을 보냅니다.

중년들이 마음에 담아야할 명언들

1.40세가 넘은 사람은 자기 얼굴에 책임을 져야 한다.
2.현명한 자는 적으로부터 많은 것을 배운다.
3.햇빛이 작은 구멍을 통해서도 보이듯이 사소한 일이 인격을 설명해준다.
4.사람은 누구나 마음의 집을 마련 하지만 나중에는 그 집이 마음을 가둔다.
5.사고는 수염과 같은 것이다. 성장하기 전에는 나오지 않는다.

중년은 자기 얼굴에 책임져야 한다는 말처럼 또 다른 모험이나 제2의 전성기를 꿈꾸며 살아가는 청춘입니다.

Debby Boone - You light up my life
(당신은 내 생애 등불과 같은 사람입니다)

나에게 자신의 노래를 불러줄 누군가를 기다리며
많은 꿈을 마음에 간직했어요
혼자 어둠 속에 있었는데 이젠 당신이 나타났어요
당신은 내 인생을 밝혀주었어요
나에게 살아갈 희망을 주었어요
당신은 내 인생을 밝혀주었어요
나의 밤을 노래로 채워주었어요

1월 17일

그녀는 1956년 9월 22일 미국에서 출생했으며 아버지는 팝계의 최고 스타인 팻 분입니다. 가수이자 영화배우이며 동명 영화의 주제곡 〈You Light Up My Life〉로 국내 팬들에게 사랑받았습니다. 내 인생을 밝게 해준 님을 이야기합니다. 하지만 이 님은 바로 내 자신으로 들리기도 합니다. 내 인생을 밝게 해줄 내 자신을 단단히 믿으며 이 음악을 여러분에게 보냅니다.

물이 수증기가 되려면 100도가 되어야 합니다. 물이 0도에서 99도까지 전혀 끓지 않습니다. 99도에서 100도까지의 차이는 불과 1도라는 사실!
여러분께서도 99도까지 올라가고도 1을 더 하지 못해 포기한 일은 없으신지요. 1보다 더한 99도까지 노력하고도 말입니다.
무슨 일이든지 끈기와 용기, 그리고 자신감을 가지고 끝까지 최선을 다한다면 못 다 할 일은 없습니다. 노력 끝에 기쁨이 오고 그 열매는 자신을 밝혀주며 인생에 있어서 밝은 빛이 되어 줍니다.

Babra Streisand - Woman In love(사랑에 빠진 여인)

1월18일

내 사랑은 영원히 당신과 함께 합니다
사랑할 때는 시간을 잴 수가 없어요
우리는 처음부터 서로의 마음에 살자고 계획했었죠
우리는 바다를 없앨 수도 있어요.

배우, 가수, 영화 제작자로 활동할 당시 20세기에 찬사 받는 바브라 스트라이젠드는 무대, 스크린, TV드라마 연기를 통해 토니상, 그래미상, 에미상, 아카데미상을 휩쓸었고, 가수로서 비틀즈와 엘비스 프레슬리를 제외하고 어느 음악인들보다도 많은 앨범 판매고를 자랑하는 영향력 있는 만능 엔터테이너였습니다.

사랑에 유효기간이 있다면 언제까지일까요?

이 사랑이라는 것에 재미있는 발표가 나왔는데 사랑은 본능에서 시작해서 이성으로 옮겨간다는 사실이 과학적으로 밝혀졌습니다. 황홀했던 첫 키스의 감동이 시간이 지날수록 사그라지는 과정을 심장박동수 변화 추이를 통해 입증하였습니다.

그야말로 콩깍지를 썼다가 벗겨지는 과정을 보여준 것인데 KBS 다큐멘터리 〈사랑〉 제작진은 열정적 사랑에 빠진 100일 전후의 커플을 섭외해 실험에 들어갔습니다. 다섯 쌍의 커플을 대상으로 5월과 12월 두 차례에 걸쳐 연인들이 키스를 할 때 심장박동수를 측정해 비교한 결과 열정적인 사랑에 빠져있을 때보다 현저하게 떨어지는 것으로 조사됐다고 하는데 실제로 실험기간 중 연애 300일을 넘기면서 결별하거나 위기에 놓인 커플도 있었습니다.

쉽게 달구어진 양철지붕이 쉽게 식는 것처럼 열정은 사랑의 한 요소일 뿐이고 그 열정을 어떻게 사람들이 다스리냐에 따라 사랑이라는 유효 기간이 오래 갈 수 있습니다.

Clint Holmes - Playground In My Mind (내 마음 속 놀이터)

이 낡은 세상이 나를 의기소침하게 하고
사랑은 찾을 수 없을 때 가만히 눈을 감아봅니다
순간 어릴 적 뛰어 놀던 운동장을 발견하죠, 아이들이 웃으며 뛰어 놀던 곳
그리고 온 종일 즐겁게 노래하죠, 내 이름은 마이클이고요, 반짝이는 새 동전이 있어요
난 모든 종류의 사탕을 사고 싶어요

1월19일

군대를 제대하고 지방 클럽에서 이 곡을 작곡한 폴 밴스와 리 포크리스를 만나면서 그의 인생이 바뀌게 됩니다. 빌보드 싱글 차트 2위까지 오른 이 곡을 들으면 어린 시절 동심을 저절로 떠올리게 하는 연금술을 품고 있는 놀라운 마력이 있습니다. 영국에서 출생하였으나 미국 시민권을 획득하였습니다.
이 곡은 1973년에 이용복에 의해서 번안곡 〈어린 시절〉로 알려진 국내 인기곡이기도 합니다.

아이가 작은 병에 나뭇잎을 넣고 들어와 꽃이라며 건네주었습니다. 부모가 이것을 보고 "우리는 이것을 나뭇잎이라고 하는데 너는 왜 이것을 꽃이라고 하니?" 하고 물었습니다.
아이의 입에서 나온 대답은 의외로 간단했습니다.
"예쁘니까 꽃이지."
그래서 그날 나뭇잎은 꽃이 되고 말았습니다.
그렇습니다. 세상에 모든 사물은 어떤 하나로 정해진 것 보다는 사람의 마음에 따라 나뭇잎이, 꽃이 될 수도 있습니다. 세상에서 일어나는 사람의 일들도 마찬가지입니다. 상대적이라고 무겁고 어두운 마음 하나 치워버리면 금방 가볍고 밝은 마음이 찾아 듭니다.

Cat Stevens - Wild World (거친 세상)

1월 20일

그대, 세상 험해요, 미소만으로 살아가기 힘들죠
나는 언제나 그대를 어린 소녀로만 기억하겠어요
당신도 알테죠, 세상이 내게 충분히 많은 고통을 줬다는 걸
그리고 그건 내 마음을 두 쪽으로 갈라놓았어요
그래도 난 결코 슬퍼하지 않길 바라지 않아요
나쁜 소녀가 되지 말아요

포크 가수로 활동했으나 이슬람으로 귀의한 후 음악 활동을 접은 독특한 이력의 가수입니다.
1970년도 히트 곡 〈Wild World〉는 그룹 미스터 빅(Mr. Big)에 의해서 리메이크 되기도 했지요.
캣스티븐스가 노래합니다. 거친 세상에서 당신이 어떻게 살아가야 할지 걱정 된다고 하네요. 이 노래는 최근 영국드라마 〈스킨스 시즌1〉에 삽입되어 젊은이들도 익숙하게 아는 노래입니다. 가녀린 소녀가 이 거친 세상을 어떻게 살아갈지 걱정이 된다는 내용입니다. 그런데 이와 반대로 생텍쥐페리 속 어린 왕자는 상상력이 결핍된 어른들을 오히려 걱정합니다. 어른이 소년을 걱정하든 소년이 어른을 걱정하든, 옆에 나를 걱정해주는 사람이 있다는 것은 참 행복한 일입니다.

어린왕자는 어른에게 바쳐진 어른을 위한 동화라고 합니다. 실상 작품 속에 담겨져 있는 깊은 사색과 의미와 진실은 어린이가 이해하기 힘든 내용이 많습니다.
속이 보이지 않는 보아구렁이의 그림을 통해 중요한 것은 눈으로는 보이지 않고 마음을 통해 보아야 한다는 것과 길들인 것에 대해서는 책임을 져야한다는 내용은 어른들의 상상력의 결핍, 꿈의 상실 등을 나무라고 있습니다.

Anita Kerr Singers – Welcome To My World
(나의 세계에 온 것을 환영합니다)

나의 세상으로 오세요, 안으로 들어오세요
기적은 내 추측으로 가끔씩 일어납니다
내 마음과 일치 합니다
당신의 걱정 근심은 멀리 하세요
나의 세상으로 오세요
내 마음의 세상으로 들어오는 열쇠를 원한다면
드릴께요

1월 21일

우리나라에서는 항공사 TV 광고에 배경음악으로 사용되었던 곡으로 잘 알려져 있습니다. 원곡은 짐리브스가 1964년에 불렀습니다. 그녀들은 짐리브스의 백코러스의 4인조 혼성 멤버들이었습니다.
"나의 세계에 온 것을 환영합니다."
노래를 듣고 있으면 마치 비행기를 타고 여행하는 느낌을 받습니다.

우리나라에서는 보기 힘든 광경이지만 공항의 활주로를 공중에서 내려다보면 활주로 양쪽 끝 부분에 항공기의 착륙 방향으로 볼 때 진입구에 커다랗게 아라비아 숫자가 그려져 있는데 이러한 숫자는 세계 어느 공항에 가더라도 꼭 적혀 있습니다.
이 숫자는 다름 아닌 활주로 방향을 나타내는 표식들입니다. 하늘에서 내려다 볼 때 보이는 숫자의 크기는 작지만 실제로 어른 키 다섯 배 정도의 크기입니다.
세상 일이 눈에 잘 보이지 않지만 각자 가는 길은 달라도 저마다 가야할 길에 품은 마음의 표식들이 분명 있습니다. 수많은 비행기들이 십 미터도 안 되는 표식에 안전하게 뜨고 내리듯이 주어진 길에 만족할 수 있는 마음의 표식 하나쯤 정하는 것은 어떻겠습니까?

Brian Adams – Have You Ever Really Loved A Woman
(당신은 진정 여인을 사랑해 본 적 있나요?)

1월22일

한 여인을 진심으로 사랑해본 적이 있나요
진심으로 한 여인을 사랑하고 이해하려면
그녀의 가슴 깊은 곳까지 알아야 합니다
모든 생각을 경청하고, 모든 꿈을 알아야 하지요
그녀가 날고 싶어하는 날개를 달아줘야 합니다
그녀의 품에 모든 것을 내 맡긴 자신의 모습을 깨
달을 때 진정 한 여인을 사랑하게 된 것이지요

캐나다 국적입니다.
1992년 캐빈 코스트너가 주연한 영화 〈Robin Hood〉의 흥행 성공과 더불어 이 영화의 주제곡 〈Everything I Do, I Do It For You〉가 팝 계를 강타하면서 엄청난 레코드 판매고를 올렸습니다. 이 노래의 주인공은 반항적이면서도 깨끗한 얼굴과 터프한 허스키 보이스로 여성 팬들의 촉각을 곤두서게 했던 캐나다 출신의 브라이언 아담스입니다.

무심코 던지는 한마디로 배우자를 서운하게 만들 때가 있습니다. 가령, '당신이 하는 일이 다 그렇지 뭐.' 라든가, 속된 말로 '호박에 줄긋는다고 수박되냐?', 이런 말들은 아내나 남편의 기를 죽입니다. 듣는 이는 같이 살고 있는 사람 맞나 싶을 정도로 서운해 합니다. 이렇게 무심코 던지는 한마디로 인해 부부들은 가까이 하기엔 너무 먼 당신이 될 수 밖에 없습니다.
이왕이면 서로를 존중하는 한마디로 신뢰와 믿음을 주는 것이 어떻습니까? 작지만 표현하는 한마디에 따라 아내나 남편의 하루를 기분 좋게 업 시킵니다.
오늘 저녁 남편이나 아내에게 같이 살아주어 고맙다는 간단한 메모 한 장이라도 살짝 건네주는 것은 어떨까요.

등려군(鄧麗君) - 야래향(夜來香) / 밤이면 향기를 피우는 나무

남풍이 불어 시원한데 저 꾀꼬리 울음소리는
처량하게 들리네
달빛 아래 꽃들도 이미 꿈에 들었는데
저 야래향만이 남아 꽃향기를 뿜어내고 있네
아득한 밤의 세계도 좋고 꾀꼬리 소리도 좋지만
야래향을 껴안고 키스하는 것이 더 좋구나

1월23일

한때 성룡이 결혼하고자했던 여인입니다.
1995년 5월 8일 요양을 목적으로 가끔 방문하던 태국 치앙마이의 메이핀호텔에서 기관지 천식 발작으로 사망하였습니다. 그 때 나이 고작 42세였습니다. 1990년부터 동거 관계에 있던 14세 연하 프랑스인 스테판 퓨엘이 최후까지 간호를 했습니다.
사망 원인에 대해서는 공식적으로 기관지 천식으로 알려져 있으나, 마약 복용설, 민주화운동 및 반정부운동에 관련한 공산당에 의한 암살설 등 여러 의혹이 있습니다.
등려군은 사망을 했지만 그녀의 노래는 남아서 우리를 즐겁게 한다는 사실이 아이러니입니다. 기분이 우울한날 가벼운 와인 한잔을 마시면서 들으면 분위기 좋은 노래입니다.

외국인들은 식사 시간에 가벼운 와인 한 잔 마시는 음주 문화를 갖고 있습니다. 이와 달리 우리 국민들은 독한 술을 마셔야 술을 제대로 마시는 것처럼 독한 술의 음주를 자랑하는 분들이 많이 계십니다. 어느 전문가는 우리의 음주 문화를 두고 누가 빨리 죽나 내기를 하는 것과 같다고 지적합니다.
음주로 인한 수명 손실은 남자는 3.1년 여자는 1.1년에 이르는 것으로 나타났다고 하는데 이에 따라 소주의 세율을 단계적으로 인상해 간 질환과 음주운전 사고에 따른 사망 등 음주 피해를 줄여야 한다는 지적이 나오고 있습니다.
술만큼은 약하고 순한 것으로 적당히 하셔서 건강을 지키길 바랍니다.

Bee Gees- Be Who You Are (그대로의 모습으로)

1월 24일

원래 그대로의 모습으로 변하지 말기를
세상은 당신의 웃음 짓는 모습을 위해 만들어졌는지 몰라요
그렇게 환한 미소를

비틀즈 이후에 상업적으로 가장 큰 성공을 거둔 영국 출신의 그룹으로 멤버는 기타에 배리 깁, 보컬과 피아노에 로빈 깁, 기타에 모리스 깁이 있습니다.
1978년 제21회 그래미 상 올해의 앨범과 최우수 그룹 팝보컬 상을 받았습니다.

사람이 살아가는데 있어서 공존하지 않으면 더불어 살아가는 세상이라고 볼 수 없습니다. 그래서 요즘 NQ(Network Quotient), 즉 공존지수라는 개념이 부각되고 있습니다. 사람들과의 소통이 얼마나 원활한가에 따라 대인 관계도 부드러워지고 함께 살아가는 자격의 잣대를 가늠할 수 있습니다.

'네 밥값은 네가 내고 남의 밥값도 네가 내라.'는 '기본적으로 자기 밥값은 자기가 내는 것이다. 남이 내주는 것을 당연하게 생각하지 마라.'라는 뜻입니다.
'고마우면 '고맙다'고, 미안하면 '미안하다'고 큰 소리로 말하라.'는 '입은 말하라고 있는 것이다. 마음으로 고맙다고 생각하는 것은 인사가 아니다. 남이 나의 마음속까지 읽을 만큼 한가하지 않다.'

'회사 바깥사람들도 많이 사귀어라.'는 '자기 회사 사람들하고만 놀면 우물 안 개구리가 된다. 그리고 회사가 너를 버리면 고아가 된다.'라는 뜻입니다.

'조의금은 많이 내라.'는 '부모를 잃은 사람은 이 세상에서 가장 가엾은 사람이다. 사람이 슬프면 조그만 일에도 예민해진다. 2,3만원 아끼지 마라. 나중에 다 돌아온다.'라는 뜻입니다.

'수위 아저씨, 청소부 아줌마에게 잘 해라.'는 '정보의 발신지이자 소문의 근원일뿐더러 당신 부모님의 다른 모습이다.'라는 뜻입니다.

'옛 친구를 챙겨라.'는 '새로운 네트워크를 만드느라 지금 가지고 있는 최고의 재산을 소홀히 하지 마라. 정말 힘들 때 누구에게 가서 울겠느냐?'는 뜻입니다.

'너 자신을 발견해라.'는 '다른 사람들 생각하느라 너를 잃어버리지 마라. 일주일에 한 시간이라도 좋으니 혼자서 조용히 생각하는 시간을 가져라.'는 뜻입니다.

Burton Cummings – Stand Tall (견뎌내라, 힘내라)

1월25일

결코 우울하지 않아요
결코 상심의 의미도 알지 못해요
전에도 사랑을 잃은 적은 없었어요
그렇지만 다시 왔어요, 도로 어딘가에 있어요
어쩌면 세월의 의미를 찾을 수 있을 듯 해요
나는 더 이상 그것에 대해서 생각할 수가 없고
그냥 살고 있을 뿐이에요

1947년 12월 31일에 출생하였습니다. 1965년 더 게스 후의 싱글 앨범 [Shakin' All Over]로 데뷔하였습니다. 그는 더 게스 후의 리드 보컬로 활동하기도 했지요. 이 곡은 1976년에 미국 차트 10권에 올랐을 정도로 대단한 성공을 안긴 노래입니다. 당시 이 곡으로 듣는 이들에게 많은 희망을 안겨주었습니다. 버튼커밍스가 호소력 있는 목소리로 말해 줍니다. 견뎌내라고.

사람들은 누구나 자신에게 닥친 시련들을 피하고 싶어 합니다. 왜 이런 시련이 나에게 찾아왔는지에 대한 의문보다는 당장 닥친 시련 때문에 힘겨워합니다. 하지만 시련을 극복했을 때, 먼 훗날 이렇게 말할 것입니다.
"그 시련이 오늘의 나를 만들었습니다."
우리는 늘 이런 식입니다.
시련을 당하고 있을 때 의미를 모르지만 오랜 시간이 흐른 후에, 시련을 이겨낼 수 있는 힘과 용기 그리고 교훈과 함께 찾아오는데 우리는 그 사실을 늦게 깨닫습니다.
이제부터라도 달라져야 합니다. 먼 훗날이 되어서 시련이 자신을 만들었다고 생각할 것이 아니라 지금 당장 내 삶의 밑거름이 되어줄 것이라는 믿음을 가져야 합니다.

Doobie Brothers – Listen To The Music (음악을 들으며)

오, 음악을 틀어 봐
언제나
하늘의 성을 휘돌아
흐르는 강물처럼
모인 사람들의 수는 점점 더 많아지네
행복한 소리를 들어 봐

1월 26일

1979년 그래미시상식에서 편곡상, 올해의 그룹상, 올해의 노래상, 올해의 레코드상을 휩쓸었던 한 시대를 풍미했던 슈퍼 그룹입니다. 그들의 음악을 들으면 절로 어깨 춤사위가 나오는 신기한 마력을 지니고 있지요. 자, 몸을 들썩이게 하는 그루브 속으로 풍덩 헤엄쳐 볼까요.

우리들 인생에서 음악은 지친 마음을 펴주는 삶의 피로회복제입니다. 이 땅에 생겨난 존재의 가치를 따진다면 음악은 신이 내린 선물 중 가장 큰 축복입니다.
하지만 요즘 우리 세상은 남이 들으니 배 아프다는 식으로 다투기가 현실화되었습니다. 느닷없이 튀어나온 '인터넷 저작권 법'이라는 잣대로 우리에게서 음악을 걷어가려는 행동은 아무리 생각해도 음악에 대한 사랑이라고 볼 수 없습니다.
사람들이 모여 음악을 느끼는 한 어떤 식이든 음악 선율은 계속 이어져야 합니다. 거기에는 법도 규칙도 소용없습니다.
음악에 대한 판단은 대기업이나 권력이 내리는 것이 아닌 음악을 듣는 사람들만이 내릴 수 있습니다.

Neil Sedaka – Breaking Up Is Hard To Do
(헤어지는 일은 어려워요)

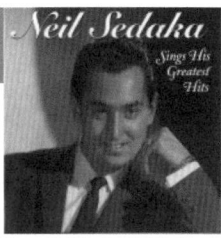

1월27일

병원에 가서 꿰맸다 해도 어차피 자국은 남습니다
스스로 아물었든 병원서 예쁘게 꿰맨들
그렇게 실수든 고의든 유리로 긁힌 상처의 자국은 깊게 남아있습니다

1939년 3월 13일 미국에서 출생한 가수로 2006년 롱 아일랜드 음악 명예의 전당에 헌액되었습니다. 외상의 상처는 시간이 흐르면 아물지만, '마음에 난 상처는 쉽게 아물지 않습니다.'라는 가사 내용이 인상적인 노래입니다.

부모 자식 간 해서는 안 될 말들이 있습니다.
[자존심에 상처를 입히는 말]
"그래도 네가 남자니? 쓸데없는 녀석 같으니."라고 "네 주제에…", "우리 애는 못나서요.", "네 오빠는 남자잖아, 어디서 말대꾸야.", "넌 심부름 하나 제대로 못하니?"
[자신감 없애는 말]
"넌 정말 구제 불능이구나.", "넌 누굴 닮아서 그 모양이냐?"
"넌 이것밖에 못하니?", "네가 한두 살 먹은 어린애냐?"
[불안에 빠지게 하는 말]
"실패하면 절대로 안 돼.", "너 같은 애는 엄마 자식이 아니야.",
"놔두고 가버릴 거야.", "말 안들을 거면 없어져 버려.", "내가 너 때문에 못살아."
[의욕을 상실하게 하는 말]
"커서 뭐가 되려고 그러니?", "네가 웬일이니, 공부를 다 하게"
"맨날 뭘 또 사달래", "조그만 것이 멋만 부리지 말고 공부 좀 해라 공부 좀…"
부모는 자식의 거울입니다.

Neil Diamond - Solitary Man (쓸쓸한 사나이)

멜린다는 내 여자였지, 짐을 껴안고 사랑을 나누는 것을 보기 전까지는 그랬었지
그때 슈가 다가와 나를 뜨겁게 사랑해줬지
그건 내가 생각했던 바야
나와 슈 하지만 그 사랑도 끝났어
내가 다시 사랑할 수 있을지 모르겠어

1월 28일

1941년 1월 24일에 미국에서 출생했으며 1960년 Neil And Jack으로 활동했습니다. 1980년에는 〈재즈 싱어〉로 영화배우 활동을 하기도 했습니다. 삼각 관계로 인해 사랑이 쉽게 깨지는 상황을 노래로 묘사하였습니다. 내 애인이 다른 사람을 사랑한다는 것만큼 무거운 짐도 없겠죠.

"맡겨진 일에 책임을 다했을 때 무거운 짐에서 벗어날 수 있다."

미국의 시인 에머슨이 전해주는 한마디입니다. 사람에겐 누구나 각각의 짐을 가지고 태어납니다. 보이진 않지만 그래서 당장은 눈에 띄진 않지만 짐은 있습니다.
그 짐 속에 무엇이 들어있을까 걱정하기보다는 그 짐 속에 들어 있는 것을 어떻게 풀어 가느냐, 어떻게 정리해 나가느냐가 우리의 문제입니다.

Josh Groban- Smile(미소)

1월 29일

마음이 찢어지는 것 같이 아프더라도 웃으세요
비록 지금은 하늘에 구름이 가득 낄지라도
내일은 찬란한 햇살이 다시 빛날 것입니다
웃으세요, 크게 웃으세요

프로듀서 데이비드 포스터의 지도 편달로 데뷔한 조쉬 그로반은 부드럽고 안정된 보컬인 안드레아 보첼리 뒤를 이을만한 대표적인 크로스오버 성악가입니다. 1981년 생으로 LA 출신인 그는 학창시절 합창단에 들어갑니다. 그 이유에 대해 '남들이 다 하니까.'라고 회고하듯이 자신의 미래를 전혀 예상하지 못했었습니다. 게다가 정상적인 성악 교육도 받지 않았습니다. 하지만 타고난 재능은 뒤늦게 시작한 조쉬 그로반을 가장 어린 나이에 성공한 젊은 성악가로 인도했습니다. 단기간에 크로스오버 팝의 최고 기대주로 떠오른 그의 노래는 웃음과도 잘 어울립니다.

보통 사람이 혼자 있으면서 웃을 때는 웃음 시간도 짧고 웃는 경우도 드뭅니다. 하지만 여럿이 있을 때 웃는 소리는 유난히 오래 가고 웃는 빈도도 많아집니다.
웃음의 가치를 돈으로 판단할 수는 없겠지만 5분 동안 웃으면 약 500만 원 어치 앤돌핀이 몸속에 생성됩니다. 웃음은 곧 부자로 가는 길이 아닐까요?
마음과 물질의 부를 동시에 누릴 수 있는 방법이 웃는 것 이상은 없습니다. 많이 웃으며 행복한 웃음을 골고루 전염시키길 바랍니다.

Rita Coolidge - Words (말들)

이제 새로운 이야기를 시작해 봐요, 나의 사랑
당신은 내가 하는 한마디도 의미조차 없다고 하지요
오직 말뿐이고 말은 당신의 마음을 빼앗기 위한 전부예요

1월 30일

그래미 시상식에서 최우수 그룹 컨트리 보컬상을 1973년과 1975년 두 번이나 받았습니다. 1970년에 매드 독스 앤드 잉글리쉬맨과 조 카커가 공동으로 한 미국 및 유럽 순회공연단의 일원으로 딜라니 브램릿과 레온 러셀이 공동 작곡한 〈Superstar〉를 불러 열렬한 기립 박수를 받습니다. 크리스 크리스토퍼슨과 한 팀을 이룬 [Full Moon] 앨범은 1975년에 골드를 수상하였고 그해 두 사람은 결혼을 합니다. 리타쿨리지가 노래합니다. 당신을 움직일 수 있는 것은 오직 말 뿐이라고.

한 젊은이가 대중 연설과 웅변을 배우려고 소크라테스를 찾아갔습니다. 그 젊은이는 자신이 소개되는 순간부터 유창하게 계속 이야기를 쏟아 놓습니다. 젊은이가 너무 오래 이야기하는 바람에 소크라테스는 말 한마디 제대로 할 기회를 갖지 못했습니다. 마침내 소크라테스는 젊은이의 입을 막고 "여보게 젊은이! 자네에게 수업료를 두 배로 받아야 할 것 같네."라고 말했습니다.

그러자 그 사람은 어째서 수업료가 두 배냐고 불평했습니다.

소크라테스가 그 이유를 훌륭한 지도자가 되기 위해서는 혀를 자제하는 법을 배워야 비로소 혀를 올바르게 사용할 수 있다고 답했습니다.

훌륭한 지도자는 언제나 경청하는 사람입니다.

이수만 – 행복

1월 31일

사랑하고 미워하는 그 모든 것을
못 본 척 눈감으며 외면하고
지나간 날들을 가난이라 여기며
행복을 그리며 오늘도 보낸다
비 적신 꽃잎에 깨끗한 기억마저
휘파람 불며 하늘로 날리며
행복은 멀리 파도를 넘는다

현재 아시아 최고의 연애기획사, SM엔터테인먼트 CEO였으며 소녀시대, HOT, 보아 등을 키워낸, 대한민국을 넘어서 아시아에 영향력을 끼치는 인물입니다. 이수만은 90년대 당시 이문세, 유열과 함께 얼굴이 말처럼 길다는 이유로 마삼 형제라는 별명으로 불리며 대중에게 친근하게 다가온 가수이기도 합니다.
80년대 행복한 분위기가 물씬 풍기는 멜로디에 그의 미성을 듣다 보니, 행복했던 옛 시절이 떠올라 여러분에게 소개합니다.

아무리 어둡고 험난한 길이라도 나 이전에 누군가는 이 길을 지나갔을 것이고, 아무리 가파른 고갯길이라도 나 이전에 누군가는 이 길을 통과했을 것이다. 아무도 걸어본 적이 없는 그런 길은 없다.

시인 베드로시안의 「그런 길은 없다」

가파르고 힘들다 하여도 스스로 개척하여 만들고 다듬으면 자신만의 훌륭한 길을 볼 수 있습니다. 행복은 불행과 함께 오는 것처럼 새로운 한 달이 시작되는 길 앞에서 출발합니다.

Blondie - One Way Or Another (하나 또는 다른 길)

어떻게든 난 널 찾을거야, 널 찾고 말거야
어떻게든 난 널 이길거야
널 잡고말거야
어떻게든 널 볼거야, 만나고 말거야
언젠가, 어쩌면 다음주에 널 만날거야
네 집을 지나 운전할거야
만약 불이 다 꺼져있다면 누가 있는지 살펴볼거야

2월 1일

80년대 카멜레온 그룹의 홍일점인 보컬 데보라 해리의 인기를 업고 최고의 인기를 얻은 미국 펑크 밴드입니다. 영화 〈American Gigolo〉의 삽입곡 <Call Me>는 1980년 최우수 노래로 선정되었으며 모던한 감각으로 현재 꾸준히 애청되고 있는 펑크의 명곡입니다. 록과 블루스와 레게, 디스코 등을 넘나들며 <The Tide Is High>, <Rapture>는 디스코 및 팝 분야에서 1위를 하는 기염을 토합니다.

데보라헤리가 목청 높여 노래합니다. 하나 또는 다른 길

동창회에 나가보면 학교 다닐 때 공부를 잘했거나 아니면 명문대를 졸업한 친구들보다도 오히려 공부도 못하던 말썽장이 친구가 더 성공한 경우를 종종 보게 됩니다. 이를 통해 성공은 성적 순이 아니라는 것을 확인하게 됩니다.

가난한 4형제가 검정고시로 중·고교 과정을 마치고 10대 중반에 같은 대학에 연이어 진학했습니다. 4형제의 아버지는 거액 대신 초등학교 이후 진학과 진로는 각자 능력과 적성에 따라 개척하도록 가르쳤고 지나치게 집착하지 않고 자연스럽게 현실을 받아들이되 대신 낚는 법을 알려주고 싶었다는 말을 해주었습니다.

진정한 교육은 어떻게 배워서 세상에 나설 것이냐를 먼저 가르치는 것이 순서가 되지 않을까 조심스럽게 생각해 봅니다.

Zucchero & Anggun – World (세상)

세상, 잊혀진 아이,
버림 받은 꿈
침묵 속에 슬퍼하네
세상, 비탄에 잠긴 하늘,
흐느껴 우는 바다
유기됐네
심장의 운율을 잃었네
끊어진 현들, 찢겨진 약속
죽어가는 메아리,
아직 말해지지 않은 이야기 세상,
잊혀진 말들,
버림 받은 사랑

주께로는 제3세계 음악을 하는 이탈리안 유명 뮤지션입니다. 인도네시아 출신으로 프랑스에서 활약하는 여가수 안군(Anggun)과 하모니를 이루며 환상적으로 불렀습니다.
세계 평화와 환경의 염원을 담았습니다.

한치 앞도 모르는 것이 사람입니다. 오늘의 약자가 내일은 그 누구도 따라가지 못하는 강한 사람으로 거듭날 수도 있습니다.
여기서 우리가 해야할 일들은 약해보이는 사람들에게 용기와 격려를 줌으로써 따뜻한 위안처를 마련하는 일입니다. 약하고 힘없어 보인다고 생각하기 전에 먼저 천천히 시작하는 것이라고 생각하세요.
사람에게 있어 모든 일은 넘어지지 않고 자전거를 배울 수 없는 일처럼 모두 다 똑같은 시작입니다.

Stryper- Honestly (정직하게)

정직하게 난 당신을 믿고 있어요
당신은 내게 믿음을 가지고 있나요
참을성 있게 난 당신 옆에 있을 거예요
믿음을 가지고 당신 옆에 있을께요
시간 속에서 난 친구가 될 거예요, 영원히
당신의 믿음을 절대 배반하지 않을 거에요
당신을 사랑해요, 보이지 않나요

2월 3일

1983년 그룹을 결성하여 절정을 달렸으며, 1992년에 그룹을 해체했다가 2003년에 다시 재결성하였습니다. 보컬인 마이클 스위트를 중심으로 드럼 치는 로버트 스위트, 기타 치는 오즈 폭스, 트레이시 페리가 뭉쳐서 궁극의 록발라드는 만들어냈습니다.
스트라이퍼가 부릅니다. 정직하게 살라고 이야기합니다. 겉과 속이 같은 그런 삶을 살라고 그리고 언제나 최선을 다하라고.

세계적인 지휘자로 한국을 대표해 온 음악가 정명훈은 동양인이라는 불리한 입지를 극복하고 세계 정상의 오페라단 상임 지휘자를 지내는 등 해외에서 활발한 음악활동을 펼치고 있습니다.
초등학교 6학년 1학기 국어 교과서에도 나오는 그는 "세계 최고가 되려고 음악을 시작한 것이 아니다. 하고 싶은 음악을 했기 때문에 이제 아무 때나 그만 두어도 후회가 없다."라고 당당하게 말을 합니다.
세계의 모든 정상들이 최고라는 말을 듣는 것은 그들이 모든 부분에서 최선을 다했기 때문에 받을 수 있었던 노력의 열매였습니다.
자신이 하는 일을 언제든지 그만두어도 후회 없을 만큼 최선을 다하고 있다면 바로 그 순간이 세계 정상입니다.

Sister Sledge - We Are Family (우리는 가족)

우리는 가족이야
나를 포함해 우리 자매는 가족이지
일어나, 모두 노래하자구
우리 함께 있는 걸 볼 수 있을 거야

2월 4일

네 명의 자매가 모여 그룹을 이루었습니다. 킴, 데비, 조니, 캐시는 네 명의 자매입니다. 1970년대 디스코의 열기가 미국을 휩쓸던 시절, 존 트라볼타와 비지스가 인기를 얻던 그 시절에 10대 소녀로 구성된 시스터 슬레지가 인기 대열에 합류합니다. 동명의 앨범이 차트 3위에 오르며 디스코의 대표적 명곡으로 떠오르며 디스코 열기에 합류합니다. 네 자매가 예쁜 목소리로 노래합니다. 우리는 가족.

청원군 강외 우체국에 6천여 권의 책이 보유한 도서관이 생겼습니다. 2000년 2월, 70세 노인이 기증한 책 320권을 들여놓은 것을 시작으로 이렇게 제 모습을 갖춘 도서관이 생기리라곤 상상하지 못했다고 합니다.

농사일에 바쁘고 책을 구하기도 쉽지 않은 주민들과 함께 책도 읽고 정도 나누고 싶은 마음에 시작한 일이 여엿한 도서관으로 결실을 맺었습니다.

프랑스 작가 볼떼르는 이렇게 말했습니다.

"당신은 책이라는 것을 좋아하지 않을 수도 있다. 그런 당신은 분명히 생활 가운데 부질없는 야심과 쾌락의 추구에만 열중하고 있을 것이다. 그러나 세상은 당신이 생각하는 것보다 훨씬 광범위한데 그 세계가 책에 의해 움직이고 있다는 것을 알아야 한다."

재충전의 시간을 갖는다고 생각하고 오늘 술은 접고 책으로 또 하나의 세상을 만들어가세요.

Nicola Di Bari - I Giorni Dell'Arcobaleno (무지개 같은 나날)

꿈꾸는 사람처럼 풀밭에 소녀로 누웠다가 숙녀가 되어 일어납니다. 이미 다 커버린 자신이 보여요
더 강하고 확신에 찬 당신의 모습이에요
모험을 시작했어요
소녀들은 어린 시절로 돌아가서 친구들과 어울려 놀며 다시 달빛을 받으며 꿈을 꿉니다
당신은 소중한 여인과의 삶을 살아갑니다

2월 5일

이 곡은 Nicola Di Bari 가 1972년 산레모가요제에서 대상을 받은 곡입니다. 잔잔하면서도 애수가 깃든 Nicola Di Bari의 부드러운 목소리가 매혹적인 곡입니다.
봄과 가을에 잘 어울리는 명곡이지요. 국내에서도 인희의 〈방랑자〉로 번안을 하기도 했습니다.
인생은 무지개 같은 나날들이라고 합니다. 노벨상을 받는 수상자들에게도 인생의 과정은 고달프고 힘들었어도 상을 받는 날만큼은 무지개 같은 나날이 될 것입니다.

국제적으로 큰 관심거리가 되는 일 중에 한 가지가 그해 노벨상 수상자는 누구일까 하는 것입니다.
우리나라의 고은 시인이 유력한 수상 후보군에 포함된 것으로 밝혀지면서 한국인 최초 노벨 문학상에 대한 기대와 관심이 높아졌었으나 안타깝게 후보로만 만족하는 성과로 그쳤는데 언젠가는 우리나라에서도 노벨 문학상의 수상자가 나오길 기대해봅니다.

Laura Fygi- I Love You For Sentimental Reason
(나는 머리가 아닌 마음으로 당신을 사랑해요)

2월 6일

나는 마음으로 사랑해요, 당신이 나를 믿어주길 바래요 내 모든 사랑을 드릴테니
당신을 사랑해요, 내겐 당신만이 있어요
당신의 사랑을 내게 주세요, 절대 헤어지지 않겠다고 말해주세요
나는 매일 아침 당신을 생각하고 매일 밤 당신을 꿈꿔여, 당신만 있다면 나는 절대 외롭지 않아요

네덜란드에서 태어난 그녀는 음악을 좋아하는 부모의 영향으로 음악과 자연스런 친밀감을 마련할 수 있었습니다. 앨범 [The Latin Touch]에서는 보사노바에 대한 관심을 갖고 있었습니다. 특히 국내에서는 〈I Love You For Sentimental Reason〉, 〈Let There Be Love〉 등이 광고, 영화 등에 삽입되며 큰 인기를 얻었으며 현재 세계적인 여성 재즈 보컬리스트로 자리매김하였습니다.

황지미 양이 어머님을 위해 이 노래를 신청하였는데, 우리 신청한 사연을 한번 알아볼까요.

"빛나는 졸업장을 2년간 하루도 거르지 않고 뒷바라지해 주신 엄마에게 드립니다."
이 말은 충북 청원 주성대학을 졸업한 정신지체 4급의 장애우인 황지미 양이 졸업이라는 값진 선물을 고스란히 엄마의 공으로 돌리면서 한 말입니다.

황지미 양은 엄마의 헌신적인 뒷바라지가 없었다면 정상적으로 학교를 다니기가 어려웠다고 말합니다. 집이 있는 대전에서 학교까지 통학한다는 게 생각처럼 쉽지 않은 일이었는데 어머니는 이런 지미 양을 대학 졸업할 때까지 손수 운전을 해서 통학을 시켰다고 합니다. 통학 뿐만 아니라 수업도 같이 듣는 등 사실상 지미 양과 대학 생활을 똑같이 했다고 하는데 장애를 갖고 있는 지미 양은 이런 엄마의 정성 어린 보살핌 덕에 수영강사 자격증을 취득하는 등 무사히 대학 생활을 마칠 수 있었다고 합니다.
어머니는 강하다고 했습니다. 자기 밖에 모르는 요즘 시대에 우리는 이런 어머니들의 헌신적인 희생을 감사하며 살아가야 합니다.

Journey - Faithfully (성실하게)

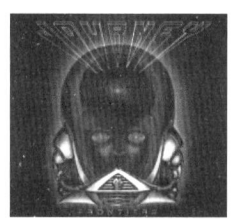

사람들이 이렇게 다니는 길은 가정을 꾸려나갈 만한 곳이 못된다고 해요
저 길 바로 아래엔 항상 당신과 내가 있어왔죠
음악인을 사랑하는 건 늘 가정적이어야 한다는 건 아니에요
오 내 사랑, 당신은 내 곁에 이렇게 서 있어요
항상 당신의 남자로 있을테요, 성실하게 그렇게

2월 7일

이들 5인조 밴드는 유명한 그룹 산타나의 일원이었던 닐 숀과 그렉 롤 리가 카를로스 산타나와의 의견 충돌로 그룹을 탈퇴합니다. 1973년 샌프란시스코의 윈터랜드에서 망년회를 기념하여 음악 친구들끼리 모임에 참여한 것이 계기가 되어 이듬해인 1974년 그룹 저니를 조직합니다. 후에 스티브 페리는 솔로로서 성공합니다. 성실하게 살겠다고 한 여인에게 맹세를 하는 내용입니다.

재산 때문에 부모를 버리고 형제마저 외면하는 이 시대에 초등학교 어린 시절 호기심으로 공사 현장 공구인 펜치를 훔친 뒤 외국 유학길에 나섰던 한 청년이 25년의 세월이 흐른 후에 펜치 값 3만원을 되돌려준 것으로 알려져 화제가 되었습니다.
이 청년은 가격을 잘 모르지만 분실되었던 펜치가 다시 제자리로 돌아갈 때에 자기 양심도 다시 제자리로 돌아오길 바라는 마음에서 되돌려 준다는 편지를 남겼습니다.
이를 본 사람들은 도덕적 불감증 시대에 3만 원이라는 적은 돈에 속병 앓이를 25년 동안 하면서 마음 아파하였던 청년의 바른 생각을 본받아야 한다고 했답니다.
세계의 방향을 가리키는 나침반도 얼마의 기간이 지나면 자석의 성질을 잃어버려서 나침반 역할을 할 수 없습니다. 사람에게 있어서 과오란 유효 기간이 따로 없는 오직 자신의 순간적인 잘못된 판단에서 오는 것입니다. 할 수만 있다면 타인에게 피해가 되지 않는 선택으로 과오라는 그물에서 벗어나길 바랍니다.

Led zeppelin - Babe I'm Gonna Leave You
(나는 당신을 떠나려 해요)

내가 말했죠, 날 부르는 소리가 들리지 않나요,
절대로 내가 그대를 떠날 수 없다는 거 알죠
하지만 이곳을 떠나야 할 것 같네요
그대를 포기해야 할 것 같아요

2월 8일

레드 제플린은 드럼에 존 본햄, 보컬에 로버트 플랜트, 기타에 지미 페이지, 베이스에 존 폴 존스로 이루어졌습니다.
1969년 1집 앨범 [Led Zeppelin 1]으로 데뷔했으며 발표하는 앨범마다 록 역사상 걸작 앨범으로 추앙받았습니다.
경력 2006 영국 음악 명예의 전당 헌정되었으며 1970년대 최고의 인기를 누린 그룹입니다.
이 곡은 록에도 교과서가 있다면 록 교과서 같은 명곡입니다. 그들이 사랑하는 연인에게 말합니다. 떠나겠다고.

요즘 정당한 비용을 지불하지 않고 몰래 도망치는 소위 내빼기 족이 기승을 부리고 있다고 하는데 식당에서 식사를 한 후 몰래 도망치는 양심불량형부터 고속도로 통행료를 내지 않고 내빼는 얌체형, 터널 이용료 2000원을 내지 않고 슬금슬금 사라지는 뺑소니형, 주유소에서 기름을 넣은 후 기름통 뚜껑을 닫기도 전에 급발진을 하는 허겁지겁형 등 내빼기족 들의 모습은 다양합니다.
살기 어렵다고들 하는 요즘에도 분명 건강만 허락된다면 우리는 뭐든지 할 수 있을 것입니다. 빚진 채무자라 하더라도 정직한 삶이 어느 때보다 필요한 시절입니다.

Randy Crawford - Almaz (알마즈)

그녀는 웃고 있고
그는 오직 그녀에게 무릎 꿇고 말하네, 그녀는 바람과 봄의 꽃이라고
그 순결함이 가져다준 사랑
순수한 알마즈, 사랑이 있는 곳에서 태어났지
이제 사람들이 그녀를 원할 거야
왜냐면 삶이 그녀를 따라다니는 건 아니거든
알마즈 넌 운이 따를거야
지금 가까이서 보고 또 보아도
이렇게 귀한 사랑을 상상할 수 없네

2월 9일

미국 조지아 주 태생인 랜디 크로포드는 80년대 소울 여왕이라는 칭호를 들을 정도로 역량 있는 흑인 소울 가수입니다. 가스펠을 부르기 시작하여 자신의 음악적 재능을 과시하면서 성장합니다. 대선배이자 소울의 여성 가수들인 에타 제임스, 아레나 프랭클린과 같은 파워풀한 소울 여성 가수에 비해 상업주의 여성가수로 평가받는 다이아나 로스처럼 힘 없이 노래한다고 비판 당합니다. 하지만 파워풀한 소울 여성 가수들에 비해 랜디는 노래가 가질 수 있는 최대한의 감정을 표현하는 가수입니다. 텅 빈 여백까지도 표현하는 부분에서는 놀라움만 느껴집니다.

나는 버리는 것이야말로 진정 무엇인가를 얻는 것이 아닐까 하는 생각이 든다. 수많은 잡동사니들을 버린 후에야 비로소 넉넉한 내 공간을 얻을 수 있는 것이다.

-무라카미 하루키의 『한없이 슬프고 외로운 영혼』 중에서

사람에게 있어서 물건이라는 존재는 아무리 채워도 만족을 하지 않는다고 합니다. 필요 없는 것은 버리고 대신 그 속에 자기 자신을 채워 놓으면 좋겠습니다. 세상에 자신만큼 훌륭한 인테리어는 없습니다.

James Gang - Heartbreak Hotel (상심의 호텔)

2월10일

내 사랑이 떠나간 이후
머물수 있는 새로운 장소를 발견했네
그곳은 바로 외로움에 끝에 있는 상심의 호텔
그대는 나를 너무 외롭게 해
너무 외로워
외로워서 죽을 지경이야
항상 사람들로 붐비겠지만

제임스 갱(James Gang)은 1967년 미국 오하이오주에서 결성되었습니다. 미국 서든록을 연주했습니다. 미국의 명 기타리스트 조 월쉬와 토미 볼린이 몸담은 70년대 초반을 이끌었던 록그룹입니다. 대부분 영국 록 그룹이 미국 시장에 인기를 독차지하였던 시절에 미국 정통 록에 기치를 걸고 활동하였습니다. 이글스의 멤버로 활동했던 조 월쉬와 딥버플을 거쳤던 토미 볼린이 연주한 곡들을 듣다보면 감탄사가 절로 나올 정도로 미국 록의 뿌리 역할을 했습니다.

우리나라에서의 파파라치의 존재는 불법 사실을 몰래 시진으로 찍어 보상금을 타내는 사람들입니다. 이번에 우리말 다듬기에서 그 파파라치의 이름을 우리말로 몰래 제보꾼으로 최종 선정했습니다.

누리꾼(네티즌)이 제안한 524건 가운데 사진 신고꾼, 몰래 제보꾼, 보상금 사냥꾼, 염알이꾼 등을 후보로 하여 파파라치의 다듬은 말로 진행한 결과 가장 많은 지지를 얻은 몰래 제보꾼이 앞으로 우리말 단어로 불리어집니다.

위반을 하기 때문에 몰래 제보꾼이 생겨난 것이기에 뭐라 할 수는 없겠지만 그렇다고 이웃이 될 수도 있는 사람들의 사진을 몰래 찍어 보상금을 받는 것은 그리 유쾌한 일은 아닙니다. 서로 믿고 생활할 수 있는 사회가 되었으면 하는 바람을 전해봅니다.

Bonnie Tyler - Total Eclipse Of The Heart
(월식처럼 가려지서 어두워진 마음)

돌아봐요, 때로 난 외로움을 느끼지만
그대는 돌아오지 않죠
돌아봐요, 때로 난 외로움을 느끼지만, 조금은 지치곤 해요
돌아봐요, 때로 난 가장 소중한 시간들이
지나가버렸다는 사실에 조금은 불안해져요

2월 11일

여성 록 가수인 보니타일러는 1977년에 발표된 싱글 〈It's a Heartache〉은 빌보트 탑 10에 진입하며 거친 음색으로 인기를 끌었습니다. 1953년에 영국 웨일즈에 태어나 지방 클럽을 전전하며 노래를 시작하였습니다. 그녀는 목에 생긴 혹을 제거하는 수술을 받은 후, 허스키한 음색을 갖게 되었습니다. 허스키한 목소리의 남성 가수 로드 스튜어트처럼 거친 음색을 소유하고 있어서 여성판 로드 스튜어트로 불리기도 했습니다.

화가 계속 가슴에 맺혀 생기는 병을 화병 또는 울화병이라 부릅니다. 이처럼 화는 가슴 속에 맺히므로 이를 해소하는 것은 '맺다'의 반대말인 '풀다'가 됩니다. 그래서 화뿐만 아니라 분노, 한, 소원 등 가슴에 맺히는 감정들을 '풀다'라고 표현합니다.
이처럼 화는 내라고 있는 것이 아니라 풀라고 있습니다.
마음에 맺힌 감정이나 분노들은 실 풀어내듯 시원하게 풀어버리고 편안한 마음으로 음악을 채우시는 것은 어떻습니까. 보니 타일러가 노래합니다.

Electric Light Orchestra - The Way Life's Meant To Be
(운명인 삶)

2월12일

새해 오늘 먼 길을 달려왔어, 그리고 이 거리에서 당신을 너무 오랫동안 떠나있었지
여기 낯선 곳에 서 있어, 무슨 말을 해야할 지, 뭘 해야할 지 모른 채, 도시의 낯선 사람들 속에서 주위를 돌아보았을 때 유일한 낯선 사람이 나란 걸 알게 됐지
이것이 바로 정해진 운명이란 말인가

일렉트릭 라이트 오케스트라(Electric Light Orchestra)는 1970년대 신디사이저, 오케스트라 사운드, 비틀즈식 멜로디를 융합하여 큰 인기를 누렸던 그룹입니다.
가족하면 떠오르는 그룹을 찾는다면 건강한 멜로디를 구사한 일렉트릭 라이트 오케스트라입니다. 줄여서 이엘오(ELO)입니다. 뜻하지 않는 운명과 마주하면 그대로 순응해야 하는 순간이 있지요. 그것을 우리는 운명이라고 부릅니다.

아직 주민등록증도 나오지 않은 여고생 유리는 간경화로 고생하는 아버지를 위해 간이식 수술을 했습니다. 간의 70%를 떼어내는 큰 수술을 마치고도 하나도 아프지 않다는 대견한 유리(16세)는 중환자실에서 내려온 아버지를 보면서 아버지 수술 자국에 눈을 가리고 마는 겁 많은 여고 1학년생이지만 신기하게도 큰 수술을 두려워하지 않았습니다.
힘겨운 고비를 넘겼지만 유리네 가족은 어느 때보다 행복하다고 합니다. 일에 묻혀있던 아버지는 이제 무엇보다 가족이 먼저라며 다짐했습니다. 그래서 유리는 배를 가로지른 상처가 뿌듯하기만 하다고 합니다. 여리기만 여고생이긴 하지만 가족을 생각하는 마음이 기특합니다.

Robbie Williams - Angels (천사)

내가 삶을 살아가는 동안, 그녀는 날 보호해주고
나의 옳고 그름을 떠나 사랑과 애정을 부어주네요
폭포 아래에서, 내가 어디로 떠내려가든지
내 삶이 끝나지 않는다는 걸 알아요
부르기만 하면 그녀는 날 버리지 않을테니까요,
난 천사를 사랑하고 있어요

2월 13일

1974년 2월 13일 오늘 태어난 2010년 영국 최고의 뮤지션입니다. 영국 록페스티벌인 글래스톤베리에서 이 노래를 불렀을 때 영국인들이 모두 따라부른다고 합니다.
옆에 가까이 있는 그녀를 그는 천사라고 부르고 싶다고 합니다. 이렇게 노래하니 여성들이 그를 안 좋아할 수 없겠다는 생각이 듭니다.

그의 곡 엔젤을 만나면 정말 천사를 만날 것 같습니다.
2001년 미국의 그래미시상식과 견주는 브릿어워즈에서 최우수 영국남자 솔로가수상을 수상하였습니다. 그는 영국 출신 5인조 아이돌 그룹 테이크댓에서 활동하다가 1995년 탈퇴하고 1997년 솔로앨범을 발표하였습니다. 아이돌 그룹 출신으로 춤 잘 추고 입담까지 좋아서 대중에게 사랑을 받았습니다.
일찍 그리고 쉽게 성공한 많은 연예인들이 그렇듯 그 역시 마약에 찌들었던 아픈 시절이 있었습니다. 그런 그가 영국을 대표하는 가수로 성장하기까지 피나는 노력 끝에 정상에 올랐다고 평합니다.
그래서 더욱 엔젤이라는 메시지를 통해 전해지는 그의 목소리가 우리의 눈과 귀를 사로잡고 있는지도 모르겠습니다.

Placido Domingo & John Denver-Perhaps Love (아마도 사랑)

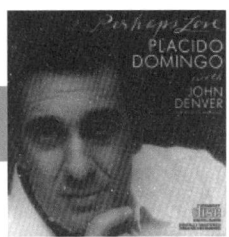

아마도 사랑은 휴식처와 같은 것
폭풍우를 피하는 은신처와 같은 것
사랑은 당신께 위안을 주고 포근히 감싸주네요
그리고 당신이 가장 외로워하는 어려움에 처해 있을 때 사랑의 기억으로 당신은 편안해 집니다
사랑은 창문과 같고, 어쩌면 열린 문과 같은 것
당신께 가까이 오라하고, 많은 걸 보여줄래요

플래시도 도밍고와 자연을 노래하는 가수 존 덴버가 1980년 함께 발표한 노래로 국내에서 빅 히트를 기록한 노래입니다.
이 곡은 잔잔한 어쿠스틱 기타음에 실린 무게감 있는 플래시도 도밍고의 보컬과 깨끗한 느낌을 주는 존 덴버의 보컬이 돋보이는 노래입니다. 사랑을 휴식처, 은신처, 창문으로 다양하게 표현한 노래입니다.

남자친구의 성격과 궁합이 맞는 초콜릿

남자 친구가 끈기가 부족한 성격이라면 금박의 화려한 낱개로 포장된 초콜릿이 제격인데 끈기가 부족한 것은 신장이 약하기 때문으로 음양오행 중 토(土)를 뜻하는 금박이 마음의 중심을 잡아주고 초콜릿의 검은 빛은 신장의 기운을 북돋우는 효과가 있습니다.
그리고 연인 사이에서 부모나 친구 등 주변 사람의 반대에 직면할 때는 낱개보다 박스로 포장된 초콜릿이 낫다고 합니다. 상대방에게 마치 비밀의 상자를 여는 것 같은 느낌을 안겨주기 때문입니다. 마지막으로 하늘에 해와 달, 별이 있는 것처럼 인체에는 오징육부가 있는데 따라서 묵묵히 자신이 일만 하며 말없는 남성, 소극적 성격의 남성에게는 해, 달, 별을 응용한 초콜릿을 선물하면 좋습니다.

Chris Norman – For You (당신을 위해)

마지막으로 내가 당신을 봤어요, 그 추운 겨울 날
오, 난 내심 깊은 고통을 느꼈어요
그리고 난 당신의 시선으로부터 가능한 멀리 그것을 숨기고 싶었죠
내 마음은 나약했어요 그리고 울었죠
당신을 위해, 오 당신은 내가 그것을 숨길 수 없다는 사실을 잘 알아요
난 당신의 눈을 보면, 당신을 위하고 싶어요

2월 15일

영국 요크셔 출신의 고교생이던 크리스 노먼은 친구 4명과 1970년대 한국을 풍미하는 스모키 그룹을 결성합니다. 그가 허스키한 목소리를 지닌 데에는 사연이 있습니다. 독감 후유증으로 성대 이상이 생겨 거친 음색을 갖게 되었습니다.
1976년 말 발표한 〈Living Next Door To Alice〉는 세계적으로 크게 히트했습니다.

어떤 한의사는 식사할 때 소화 흡수된 만큼만 몸으로 가고 과식을 하면 도리어 배탈이 나기 쉽다고 하는데 몸은 소화할 수 있는 만큼만 받아들입니다.

불규칙한 식사 습관이나 과식 등은 소화 기능을 점점 떨어뜨리고 급기야 잘 체하고 적은 양도 소화하지 못하게 되는데 감정도 이와 비슷합니다. 우리는 일상에서 특히 사람을 만나면서 수백 번씩 수많은 감정을 겪습니다. 이런 감정들은 겉으로 보기에 그냥 사라지는 것처럼 보입니다.

감정도 음식과 같아서 일단 소화가 되어야 하는데 예전에 어떤 이가 너무 슬퍼서 하루를 꼬박 울었더니 그 다음날 장이 다 녹을 정도로 아팠다는 이야기를 했습니다. 결국 좋지 않은 감정은 상처일 뿐 건강에도 해롭습니다. 훌륭한 소화법은 자신에 대한 용서와 사랑이 가장 좋은 소화제입니다.

이해와 용서 그리고 사랑이라는 감정 소화제를 많이 드세요.

Goombay Dance Band – Eldorado
(피와 황금으로 얼룩진섬 엘도라도)

엘도라도엔 황금과 꿈이 있습니다.
하지만 황금에만 굶주려 있는 정복자들에겐 닫혀 있습니다

2월 16일

1980년 서독에서 결성된 굼베이 댄스 밴드는 유럽의 팝 뮤직과 자마이카 토속 리듬인 레게 사운드를 골고루 조화시키고 있는 그룹입니다. 욕심을 부리면 그 인생은 성공할 수 없다고 메시지를 담아 노래합니다. 독일에서 솔로로 활동하던 올리버 벤트가 자마이카에서 레게를 접한 후, 레게 밴드인 혼성 4인조 룸베이 댄스 밴드를 결성합니다. 고향을 연상시키는 원초적인 레게 리듬과 일렉트로닉이 접목되어 듣는 이를 전원으로 떠나게 합니다.

금을 재는 단위로 K를 쓰는데 이는 중동 지역에서 나는 식물의 한 종류인 캐럽에서 유래했습니다. 세례자 요한이 광야에서 이것으로 요기 했다고 해서 요한의 빵이라 불리는 캐럽을 말리면 보통 어른 한 손에 24개가 잡히는데 이곳 사람들은 이를 기준으로 금이나 소금 등 작고 가벼운 물건을 교환할 때 척도로 삼았습니다.
순도 99.99%의 순금을 24K로 표시하는 것이 바로 여기에서 따른 것인데 순금은 장신구용으로는 그리 단단치 못하다는 약점이 있어서 이를 보완하고자 금에 다른 성분을 넣어 합금을 했습니다. 합금에서 금의 비율을 K로 나타내며 순금은 24K가 되고 18K라면 24분의 18, 즉 75%가 금이고 14K는 24분의 14인 58.3%가 금입니다.
캐럽이 한 때, '요한의 빵'이라고 불리며 생필품을 교환하는 화폐의 일종이었다는 사실이 흥미롭습니다. 옛날이나 지금이나 화폐 없이는 살 수 없는 세상, 세상 누구도 화폐 앞에서 자유롭지 못하지만, 사실은 인간의 필요에 의해 만들어졌다는 사실만을 잊지 않았으면 합니다.

Billy Joe Royal - Out of Sight And On My Mond
(눈에서 벗어나 내 마음 속에)

그대 내 곁을 떠나던 날 당신은 내게 남겼던 모든 것을 가져갔어요
당신을 어찌 잊을 수 있으리오 이제 당신 아닌 그 누군가를 찾아 떠나고 싶지만 당신과 함께했던 그 시절 기억들 이제 남은 것이 없네요.
당신이 떠난 것을 알았을 때 어떻게 당신을 찾아야 할 지 막막했답니다.
점점 내 눈과 내 마음이 사라져 갑니다.
나의 모든 추억에 언제나 당신이 함께 했었죠
마치 밤과 그림자의 관계처럼
이제 나도 당신을 뒤로하고 떠나려 합니다.
두려움을 느끼기도 하지만
그래도 당신은 영원히 내안에 머물러 있겠죠.

2월17일

올드팬들에겐 익숙한, 1942년생의 미국 출신 컨트리 싱어입니다.
1960년도 중반에 최고의 인기를 누린 가수입니다.
언제 들어도 호소력 넘치는 목소리가 일품입니다. 나이가 들어도 영원히 마음에 각인하고 있는 것이 있습니다. 기억력이 나빠도 기억하고 있는 것. 우리는 그것을 추억이라고 부릅니다.

사람의 나이에는 달력 상 나이, 육체의 나이, 또 한 가지 추가해서 뇌의 나이가 있습니다. 나이보다 젊어 보인다느니 나이보다 늙어 보인다느니 하는 건 달력상의 나이와 육체의 나이가 일치하지 않은 경우이지요. 그러므로 뇌에 관해서 젊은이의 뇌가 나이든 사람의 뇌보다 우수하다고 볼 수는 없습니다.

나이가 들면 기억력은 쇠퇴하지만 판단력·종합력·이해력 따위의 경험에 의해 갈수록 뇌의 활동에 충실해지는데 하지만 아무리 경험이 풍부해도 쓰지 않고 잠그면 무용지물입니다.

결국 숫자뿐인 나이라는 사슬에 스스로 잠그고 놓치는 시간은 없는지요?

Al Di Meola - Passion, Grace And Fire (열정, 품위 그리고 정열)

2월 18일

삶이란 열정, 품위 그리고 정열이 어우러져야 멋진 인생이 될 수 있습니다.
항상 긍정적 사고 방식도

미국 버클리음악대학교 출신인 재즈와 록 음악을 연주하는 실력파 기타리스트이며 1974년 리턴 투 포에버 멤버로 활동하다가 1976년 1집 앨범 [Land Of The Midnight Sun]으로 데뷔하였습니다. 멋진 인생을 살아가는 데, 열정, 품위 이를 모두 아우른 정열이 필요하다고 합니다. 하루 업무에 지친 분들 이 노래를 듣고 힘을 내고 오늘 하루만이라도 정열을 품은 매력남 매력녀로 거듭나라는 마음에 선곡을 해보았습니다.

아이가 태어나면 사람들은 축복합니다. 아이는 인생이라는 바다에 돛을 달고 항해를 시작할 준비를 하는데 아이 앞에 어떤 일들이 펼쳐질지 어떤 일들이 일어날지 알 수 없지만 그래도 인생의 바다에서 항해를 멈출 수 없습니다. 병이 생길지도 모르고 많은 어려움과 고통이 그 앞에 기다리고 있습니다.
인간은 태어날 때는 손을 꼭 쥐고 태어나지만 돌아갈 때는 반대로 손을 쫙 펴서 돌아갑니다. 태어날 때 사람은 세상의 모든 것을 붙잡으려 하지만 돌아갈 때는 뒤에 남아 있는 사람에게 모든 것을 줘버리고 아무 것도 없는 빈손이 됩니다.
겨울의 끝, 어느 때보다도 정열이 필요한 시기입니다.

Trade Mark- Only Love (유일한 사랑)

새벽녘이 밝아오면서 당신 품에 안겨 있을 때도, 얼굴을 마주 하고 있을 때에도, 수천 마일 떨어져 있을 때에도
난, 이런 고통 속에도 희망은 있다는 걸 당신께 보여드리려 노력해왔어요
우리가 노력만 한다면요, 서로를 믿는 걸 배우기만 한다면 희망은 있는 걸요

2월 19일

세 젊은이로 구성된 그룹입니다. 1998년 발표된 데뷔 앨범 [Another Time, Another Place]로 독일 앨범 차트 30위권으로 치고 올라왔습니다. 아시아 투어를 하며 국내 팬들을 확보하려 했지만 당시 IMF와 국내 팝 시장의 침체로 너무 안 팔렸던 이들의 데뷔 앨범으로 인해 취소되었습니다. 〈I'm Not Supposed To Love You Anymore〉 등이 후속 싱글로 커트되고 뮤직비디오로 제작되어 유럽의 MTV 채널에서 그리고 홍콩과 말레이시아, 필리핀, 대만 등 동남아 지역에서 이들의 인기는 가히 폭발적이어서 이들 앨범은 골든 레코드를 기록했습니다.

"인생은 하나의 실험이며 실험이 많아질수록 당신은 더 좋은 사람이 된다."
인생이 두렵다는 경험은 누구나 가지고 있습니다.
한번쯤 인생에 대한 두려움이 없다면 그것은 인생을 열심히 살지 않았다는 증거이며 또한 인생을 흥미롭게 펼쳐보겠다는 고집과 욕심이 없다는 증거입니다.
희망의 실험이 많으면 많을수록 흔들면 흔들수록 우리들 일상에는 더 좋은 사람과 희망들이 찾아듭니다. 세상엔 더 좋은 사람들이 얼마든지 있으며 다시 시작되는 희망의 고리로 이어질 인생의 인연이 있습니다. 더 좋은 사람이 되기 위하여 더 좋은 누군가를 만나기 위하여 인생을 자꾸 실험하세요.

유재하 (내 마음에 비친 내 모습)

2월 20일

붙들 수 없는 꿈의 조각들은 하나 둘 사라져가고
쳇바퀴 돌 듯 끝이 없는 방황에 오늘도 매달리네
거짓인줄 알면서도 겉으론 감추며
한숨 섞인 말 한마디에 나만의 진실 담겨 있는 듯
이제와 뒤늦게 무엇을 더 보태려 하나
귀 기울여 듣지 않고 달리보면 그만인 것을
못 그린 내 빈 곳 무엇으로 채워지려나
차라리 내 마음에 비친 내 모습 그려가리

1962년 6월 6일에 출생했으며 1987년 11월 1일에 사망했습니다. 1984년 그룹 조용필과 위대한 탄생 키보디스트로 데뷔했으며 1986년에는 불세출의 가수 김현식과 그룹 봄여름가을겨울에서 활동하였고, 1990년대 대한민국 가요사에 큰 획을 그었던 젊은 날의 비망록을 쓰고 간 가수입니다. 그의 음악을 듣다보면 왜 이리 철 없이 쓸쓸하게 방황하던 기억이 떠오르는지.

우리는 어린이에 대해 전혀 아무것도 모른다. 그러므로 우리가 현재 지니고 있는 그릇된 생각을 바탕으로 하여 논의를 진행시켜 간다면 앞으로 나아갈수록 우리들은 더 그릇된 방향으로 빠지게 될 것이다.

가장 현명한 사람들조차도 어른들이 알아두어야 할 중요한 일에만 전념하는 나머지 어린이들이 현재 무엇을 배울 수 있는가에 대해서는 생각하지 않는다. 그들은 한결같이 어린이 속에서 어른을 찾고 있으며, 어린이가 어른이 되기 이전에는 어떤 존재인가 하는 것은 생각하지 않고 있다.

루소의 자녀교육서 『에밀』에서

Morris Albert- Feelings (감정)

감정 그저 사랑의 감정 일뿐 이제 내 사랑의 감정을 잊으려 합니다.
얼굴에 흘러내리는 눈물
이제 내 사랑의 느낌을 잊으려 합니다.
사랑의 감정 내 평생 동안 그것을 느낄 것입니다.
차라리 당신을 만나지 않았더라면 당신은 결코 다시 오지 않겠지요.

2월21일

브라질 출신으로써 미국에서 활동했으며 〈Feelings〉이 곡 외에 〈Got A Go Home〉등 여러 곡이 있으나 이 곡이 그를 스타로 만들어준 대표곡이 되었습니다.
어르신들의 말씀을 듣다보면 차라리 물질적으로 덜 풍요로웠던 70년대가 더 살기 좋고 인정도 많았다고 합니다. 저는 70년대를 약간 맛보기는 했는데, 이 노래를 듣다보면 그 시절을 떠올리게 합니다. 1978년에 개봉한 이탈리아 영화 〈Feeling Love〉에 삽입된 곡입니다.

1976년 앵거스 캠벨이라는 학자는 행복은 주변 환경에 만족하느냐 아니냐에 따라 좌우된다고 했는데 1990년 영국심리학자 마이클 아이셍크는 '행복=만족+쾌락'이라고 발표했습니다.
그래서 영국의 저명한 과학지가 행복의 실측에 나섰는데 1999년부터 2년 동안 79개국 사람들에게 당신은 얼마나 행복하냐는 질문에 기아에 허덕일 것 같은 아프리카의 나이지리아인들이 국민으로서 가장 행복하다고 대답했습니다. 행복지수를 나라 별로 측정한 결과 가난한 나라가 행복하고 웰빙도 더 제대로 즐기는 것으로 나타났습니다.

Mouth & MacNeal - Helloa (안녕하세요?)

2월 22일

그 추웠던 겨울은 지나고
따뜻한 봄이 오면 내님도 나를 찾겠지
아름다운 꽃이 피어나는
따뜻한 봄이 오면 그 님도 나를 찾겠지
헬로아 헬로아 꽃들은 헬로아 헬로아 어디에
헬로아 헬로아 봄날은 헬로아 헬로아 우리들에게
흠마흠마흠마 흠마흠마흠마 흠마흠마흠마흠마예

네덜란드 필립스 레코드에서 마우스와 맥닐은 각자 아티스트로 활동하다 제작자인 한스 반 헴페르트가 이 두 사람을 규합시켜 한 팀을 만들어냈습니다. 그 해 발표한 〈How Do You Do〉가 대히트를 합니다. 이 음반은 곧 미국에서 발매 되었으며 미국 내 차트에서 톱 10에 오르는 대단한 인기를 끌었습니다. 마우스와 맥닐은 여전히 고국에서 성공적인 연예 활동을 누렸습니다. 장미화가 이 노래를 〈봄이 오면〉이라는 제목으로 번안했습니다.

'행복하다.'는 동사가 아니라 형용사입니다. 이렇게 형용사는 명령조로 쓰면 어색하다는 특징이 있습니다. 동사를 이용해서 '뛰어가세요.', '조심히 가세요.'라고 하면 듣는 사람이 자연스럽게 행동에 옮기지만 형용사를 이용해 '기뻐하세요.', '슬퍼하세요.' 라고 말하면 이 말을 듣는 사람은 매우 부자연스럽습니다.
이왕 행복을 빌 것이라면 '행복하시기 바랍니다.' 라는 정확한 기원의 형태로 말해 진짜 행복을 빌어주는 것이 좋습니다. 비슷한 예로 '올해도 건강하세요.' 라는 표현도 자주 쓰는데 이 역시 '건강하다'는 동사가 아니기에 '올해도 건강하시기 바랍니다.'로 인사를 드려야 맞는 인사라고 합니다.

Alice Cooper- School Out (학교를 나가)

여름을 위해 학교를 나가요
영원히 학교를 나가요
학교는 산산조각 났어요
더 이상 연필이 필요 없는
더 이상 책이 필요 없는
더 이상 선생님이 필요 없는
소용 없는 것들이지요

2월 23일

창단 멤버인 빈센트 퍼니에는 고교생 친구들과 밴드를 결성하였습니다. 빈센트 퍼니에는 앨리스 쿠퍼로 개명하였고 그 이름 그대로 그룹명으로 채택하여 앨리스 쿠퍼 그룹이 되었습니다. 이번에 소개할 음악은 서태지의 학교 교육에 반기를 든 〈교실 이데아〉의 원조 격인 노래, '학교를 나가 버려'입니다. 학교가 학생들을 교육하는 전당이긴 하지만, 때로는 잘못된 획일화로 비틀린 모습들을 보게 되면 학교를 통해 순진한 아이들이 나쁜 영향을 받는 것 같아 씁쓸합니다.

올해 중학교에 입학하는 딸을 둔 주부는 아이가 받아온 교복 구입 안내서를 보고 기가 막혔습니다. 남편의 이번 겨울에 맞춘 양복 값이 25만원이었는데 교복 가격은 이보다 더 비싼 30만 원이었습니다.

사교육비 때문에 허리가 휠 지경인데 교복마저 고가라서 버겁다고 주부는 불만을 쏟아냅니다. 이렇다보니 저소득층 학생들이 교복 마련에 어려움을 겪자 시민단체가 이들을 돕기 위해 나섰습니다.

이런 문제에 대해 업계 관계자는 원가 공개는 시장경쟁 원칙에 어긋난다며 저소득층 학생들에게 장학금을 주는 등 업계도 나름대로 노력하고 있다고 말했습니다. 금실로 만든 옷이 아닌 다음에야 아이들 교복이 왜 그렇게 비싼지에 대해서는 의문입니다. 원가공개가 시장경쟁 원칙에 어긋난다고 하는 말은 무엇을 숨기고 있다는 뜻과 비슷하게 생각되는데 저 혼자만의 생각은 아니겠지요?

ZZ Top – Gimme All Your Lovin' (당신의 모든 사랑을 내게 주세요)

2월 24일

나는 당신이 가진 좋은 점을 알고 있어
그건 달콤한 거지
당신은 반복되어 돌아오는 부메랑처럼 나에게 정열을 알려주지
나에게 사랑을 주오, 당신을 안고 키스해 줄게
나에게 사랑을 주오
서로 통할 때까지 멈추지 않을래

1971년 첫 앨범 〈ZZ Top's First Album〉을 발표하며 앨리스 쿠퍼에서 텐 이어즈 애프터, 그리고 롤링 스톤즈 등의 오프닝 밴드로 맹렬한 순회공연을 펼쳤습니다. 1973년부터는 내놓는 레코드마다 플래티넘 레코드를 기록하며 1976년에 텍사스를 시발점으로 전 세계 순회공연을 하게 됩니다. 그들이 사랑을 달라고 간절히 호소합니다.

가끔은 사랑이라고 하는 것들에 물음표를 달아 주십시오.
원하는 만큼 나눠주고 있는지 받은 만큼 되돌려 주고는 있는지, 그럼에 한 치의 잣대도 없이 세상의 사랑에 온전히 자신의 마음을 실어 내보내고 있는지. 가끔은 사랑이라고 하는 것들에 물음표를 달아 주십시오.

가끔은 행복이라고 하는 것들에 느낌표를 찍어 보십시오.
마음속에 행복을 혹 스스로 버리고 있는 건 아닌지, 만들기보다는 요행의 속임수에 다가오기만을 기다리고 있는 건 아닌지, 그리하여 오늘도 내일도 마음 안에 있는 행복이 석고처럼 굳어가고 있는 건 아닌지, 가끔은 행복이라고 하는 것들에 느낌표를 찍어 보십시오.

Bob Dylan - One More Cup Of Coffee (커피 한잔 더)

달콤한 당신의 숨결과
하늘에 빛나는 보석 같은 두 눈
베개에 머리를 대고
반듯이 누운
당신의 부드러운 머리결
하지만 나는 그 어떤 사랑이나
감사의 마음도 감지할 수가 없어
저 계곡 아래로
떠나기 전에 커피 한잔만 더

2월25일

밥 딜런의 본명은 Robert Allen Zimmerman이며 1941년 5월 24일에 미국에서 출생하였습니다.
1970년대 최고의 포크 대부로 불리는 포크 가수입니다. 반전 음악을 통해 미국에서 많은 논란을 일으켰던 음유 시인이기도 합니다. 그가 이웃에게 친근한 어조로 한 잔의 커피를 권유합니다.

오늘 아침 풍경입니다. 위층에 새로운 이웃이 이사 오는지 밖에 이삿짐이 잔뜩 들어오고 있습니다. 짐을 나르는 사람들의 요란한 발자국 소리에 잠시 창을 통해 내다보면서 그중 손짓을 해가며 짐을 정리하는 사람이 새로 이사 오는 사람이라는 걸 가늠할 수 있었습니다.

이런 풍경이 도심 속 우리들 이웃의 모습인가 봅니다. 옆집에 누가 사는지 누가 이사를 오는지 모르는 채 어느 날 문득 이삿짐을 올리는 요란한 기계소리가 들려서야 잠시 내다보며 '아, 누가 이사왔나보다!' 또는 '이사 갔나보다.' 하는 정도이죠. 가만히 생각해 보면 이웃 간 참 두꺼운 벽이 나 있다고 생각했습니다. 바로 아래층 위층 살면서 눈인사 한번 건네지 못하고 지나치는 이웃들이 몇 있습니다.

갑자기 이웃 간 막혀진 벽이 답답해집니다. 오늘은 조금 멋쩍지만 위층에 새로 이사 온 사람에게 먼저 커피 한잔이라도 건네며 최소한 아래층 이웃의 흔적을 남겨볼까 합니다.

산울림 – 어젯밤 꿈속에

2월 26일

"난 로보트도 아니고 인형도 아니고 돌맹이처럼 감정이 없는 물건도 아니야. 행복은 성적순이 아니잖아?"
여주인공 이미연의 대사가 뇌리에 깊이 남아 있습니다.

산울림은 현재까지 연기자이자 가수 겸 mc로 활발히 활동하는 김창완이 있어 유명한 그룹입니다. 김창완의 삼형제가 발표한 앨범들은 싸이키델릭, 포크, 동요 등을 연주하며 담백한 가사와 노래로 많은 사랑을 받았지요.1990년대 학교의 성적 지상주의에 반기를 든 한국 영화 〈행복은 성적순이 아니잖아요〉에 들어 있는 노래입니다.

지금의 성적표에서는 거의 찾아 볼 수 없지만 30대가 넘은 분들은 학창 시절에 성적표에 표기된 '수 우 미 양 가'를 기억할 겁니다. 이 '수 우 미 양 가'를 순서 그대로 받아들여서 양이나 가를 받아오면 잘한다, 못 한다 이렇게 단정 짓기도 했습니다. 뜻 하나하나 살펴보면 어느 하나 못한다는 뜻은 없습니다.
우선 우리들이 잘했다고 하는 수부터 살펴보면 수는 빼어날 '수'자로 우수하다는 뜻이고 우는 우등생 할 때의 '우' 자로 넉넉하다 라는 뜻입니다.
그리고 미는 아시다피, 아름다울 '미'로 좋다,
양은 양호하다의 '양'으로 역시 좋다, 어질다, 뛰어나다의 뜻이고 또 우리가 가장 못했다고 생각해서 성적이 '가'라고 하면 놀림을 받기도 했던 가(可)라는 뜻은 놀랍게도 가능하나 고 할 때의 '가로 옳다는' 뜻을 가지고 있으며, 충분한 가능성을 가지고 있다는 뜻으로 어찌 보면 수우미양가중에서 가장 좋은 뜻이 숨어있습니다.
선생님들의 성적표 작성법은 그 누구도 포기하지 않고 좋은 길로 이끌어야 한다는 아름다운 지도의 뜻이 숨어 있습니다.

Boston- More Than A Feeling (감상에 젖다)

나는 오늘 아침에 밖을 내다 봤더니 태양이 없어졌어요
나의 하루를 시작하는 음악을 좀 켜고 익숙한 노래에 몰두했어요
눈 감고, 내가 그 세계로 미끄러져 나갔어요
그래서 많은 사람들이 왔다가 갔어요
세월이 지나가고 그들의 얼굴이 퇴색할 때도, 여름 청명한 하늘과 태양도
내가 방황했던 때도 모두 기억나요

2월 27일

MIT 공과 대학 출신 멤버들, 공학도답게 자신이 손수 제작한 기타와 이펙터, 정교한 팀워크에 의한 깨끗한 사운드. 바로 이런 것들이 1970년대 중반 미국 록음악 계에 신선한 충격을 가한 이 밴드를 짧고 정확하게 표현하는 문구들입니다.

1976년에 데뷔 음반을 발표해 록계를 발칵 뒤집어 놓은 보스톤은 포리너(Foreigner), 저니(Journey), 후반기의 스틱스(Styx) 등과 함께 1970년대 후반부터 1980년대까지 성인 취향의 하드록을 연주했습니다. 여기 그들이 신나는 록발라드의 곡을 선사합니다. 카페에 앉아 신나게 수다를 즐기는 커피 마니아들이 연상되는 곡입니다.

대화를 할 때 상대를 오래도록 주시하는 경우는 말의 내용보다 그 사람에게 관심을 갖고 있다는 뜻인데, 보통 우리가 일대일로 대화를 나눌 때 상대의 얼굴에 시선을 집중하는 시간은 대화 전체 시간의 30~60퍼센트밖에 안되기 때문에 이 평균치를 넘어서 상대를 계속 주시한다는 것은 말의 내용보다 그 사람 자체에 관심이 있다는 뜻입니다.

모든 대화는 눈에서부터 시작한다고 말씀하시는 분들도 있는데 틀린 말은 아닙니다. 서로 바라보지 않는 대화는 아무 의미가 없습니다.

김영임 - 경기 아리랑

2월28일

아리랑 아리랑 아라 리 요
아리랑 고개로 넘어간다
나를 버리고 가시는 님은
십리도 못 가서 발병난다

1956년 서울시에서 출생한 그녀는 한국국악예술학교 출신이며 〈회심곡〉으로 데뷔했습니다. 2009년 제10회 대한민국 국회대상 올해의 국악상, 1997년 한국방송대상 개인부문 국악인 상에 빛나는 국악인입니다.

한 동영상이 전 세계 네티즌에게 전파되면서 인기를 끌었고, 국내 사이트에도 옮겨져 빠르게 확산됐습니다. 김치를 좋아하는 캐나바 벤쿠버에 거주하는 외국인이 우리 민요 아리랑을 노래해 화제입니다.

그는 20년 전 2년간 선교사로 한국에 머물렀다고 하는데 부인과 함께 우리 민요 아리랑을 부르는데 제법 잘 부릅니다.

아리랑의 클라이막스 부분인 '십리도 못가서 발병난다' 라는 부분에선 마치 고함치듯 읊어서 폭소를 자아내게 합니다.

물론 우리 민요 아리랑을 대놓고 외국 사람이 편곡 한다는 것에 불만을 표현하는 네티즌도 있지만 대부분 우리 문화의 매력에 대한 건전한 토론이 댓글로 이어지고 있습니다.

Twisted Sister - We're Not Gonna Take It (우린 참지 않아)

자, 시작하자 우리를 만들자
와봐, 너의 모든 건 가치 없고 약하지
자, 관두고 공연 입장료 20달러나 내놔
오 박혀버린 못처럼 쓸모 없는 거
너 그리고 너의 끔직한 제복
우린 참지 않겠다
우린 더이상 참지 않아

3월 1일

80년대 당시 미국 내 학부모들로부터 자녀에게 가장 악영향을 끼치는 밴드로 낙인 찍혔습니다. 당시 부모들이 생각하기에 록 음악은 시끄럽고 문제 많은 음악으로 비쳤습니다. 이 밴드들이 발표한 이 음악은 자기들을 비판하는 기성세대의 시선에 반기를 들고 부모들에게 맞장을 제안합니다. 이를 뮤직비디오로 제작해 화제를 모으기도 했지요. 그랬던 그들도 벌써 환갑의 부모가 되었고, 당시 노래를 즐겼던 친구들은 노년을 바라보는 중년이 되어있습니다. 자신의 의견을 용감하게 표현하는 용기가 재미있습니다. 남들의 편견이 두려워 할 말 조차 못하는 사회가 되어서는 안 되겠죠.

젊은이들 사이에는 일본 따라하기가 극에 달하고 있습니다. 패션뿐만 아니라 입고 먹고 놀고 생각하자는 닛폰 필 현상까지 급속도로 번지고 있는데 반면 독도 등 민족 문제와 관련한 일본인 망언에 대해선 별 반응이 없습니다.
3·1운동 92년이자 광복절 66주년을 맞는 2011년 신세대의 현주소입니다.
1919년 3월 1일, 같은 젊은이였던 유관순 열사의 마지막 유언은
"나라에 바칠 목숨이 오직 하나밖에 없는 것만이 이 소녀의 유일한 슬픔입니다." 라는 말을 남기고 숨져갔습니다.
"과거를 잊으면 과거는 반복된다." 라는 말이 있습니다. 문화적 교류가 있다는 일본이라도 할 말은 하고 살아야 하지 않겠습니까.

이지수, 정겨운 – 친절한 금자씨

박찬욱 감독의 영화 〈친절한 금자씨〉의 OST

3월 2일

뛰어난 미녀인 금자는 스무 살에 죄를 짓고 감옥에 가게 됩니다. 어린 나이, 너무 아름다운 외모로 인해 검거되는 순간에도 언론에 유명세를 치릅니다.
13년 동안 교도소에 복역하면서 모범적인 수감생활을 보낸 금자씨는 자신을 이곳에 갇히게 한 남자를 찾아 복수를 감행합니다.
이 음악은 이지수와 정겨운의 바이올린 협연이 들어가 있는데, 복수심에 불타지만 속으로 억누르고 있는 금자씨의 섬뜩한 심리를 재연해 냅니다.

한국영화 〈친절한 금자씨〉기억하십니까? 지난 2005년 개봉되어 많은 사람들에게 인기를 끌었던 영화였는데 이 영화에 등장하는 대사인 "너나 잘하세요."라는 유행어는 당시 전국을 떠들썩하게 했었습니다.
친절한 금자씨는 이미 알게 모르게 북한 사람들에게 비디오로 퍼지고 있고 그 영화 속에 등장하는 대사였던 "너나 잘하세요."가 "너나 걱정하세요."로 바뀌어져 크게 유행중이라고 합니다. 북한에선 이를 걱정해서 단속하지만 형식에 불과하다고 합니다. 단속에 걸린다고 해도 단속원들도 상황을 봐가며 적당히 눈감아 주고 있습니다.
이렇게 좋아하고 유행을 따라가는 것은 남과 북을 가를 수 없는 어쩔 수 없는 흐름입니다. 더불어 남북한의 문화적인 공감이 봄날의 햇살처럼 따스한 소식이 많이 날아들었으면 좋겠습니다.

Hermes House Band - Que Sera, Sera (될대로되라)

내가 아주 어렸을 적에 어머니에게 물었어요.
난 커서 뭐가 될까요? 내가 예뻐질 수 있을까요?
부자가 될까요? 어머니는 이렇게 말했어요.
'케세라 세라' 무엇이 되든지 되겠지
미래는 우리가 볼 수 있는 것이 아니란다.
'케세라 세라' 무엇이 되든지 간에

3월 3일

네덜랜드에서 결성된 밴드로 1990년대 중반 〈I Will Survive〉의 히트곡을 냈습니다. 이 곡 또한 돌리스 데이의 히트곡을 리메이크한 곡입니다. 오스트리아와 스위스 등 유럽 전역의 차트를 석권하며 〈Those Were The Days〉, 〈Can't Take My Eyes Off of You〉, 〈Take Me Home Country Roads〉등으로 다양하게 인기를 끌면서 그들이 더 이상 한 곡만 히트곡을 내고 사라지는 One-Hit-Wonder가 아님을 증명했는데 지금까지도 많은 댄스 컴필레이션 음반에 감초로 그들의 음악이 삽입이 되는 걸 보면 진정 파티 밴드를 외치던 이들의 목표는 성공한 듯 싶습니다.

어떤 음악이든 이들에게로 옮겨지면 바로 파티장 분위기로 이끌고 있는 그들의 음악은 무조건 신나야 한다는 뚜렷한 철학을 지니고 활동한 밴드입니다. 네덜란드 출신으로 로빈, 잡, 셀리, 쥬디스로 뭉친 남녀 혼성 4인조 그룹입니다.

1984년 이 그룹의 전신이라 할 수 있는 교내 써클이 로테르담에 위치한 헤르메스는 단골술집에서 자주 모임을 가졌기에 헤르메스 하우스 밴드라는 아주 뜻 깊은 그룹명을 짓게 되었습니다.

그렇게 시작된 써클은 80년대 디스코 열풍에 힘입어 교내에서 학생들을 위한 공연을 가졌고 1985년 첫 LP를 제작하게 됩니다.

1994년 글로리아 게이너(Gloria Gaynor)의 〈I Will Survive〉를 커버해서 발표하자마자 폴란드에서는 1위 벨기에에서는 10위 안에 드는 기염을 토하며 10만장 이상의 앨범 판매 기록을 올리기도 합니다.
이들의 특유의 경쾌한 음악들로 인해 월드컵 가수로도 유명한데 그래서 축구장에서는 〈La La La〉가 늘 울려 퍼집니다.
1969년에 영국의 여가수 메리홉킨스의 곡 〈Those Were The Days〉를 리메이크해서 파티 분위기로 이끄는지 한번 그들의 경쾌함 속으로 빠져본다면 오늘 하루가 흥겹게 변할 것입니다.

Rose Laurens – Cherche (찾아라)

3월 4일

1953년 3월 4일 생이며 상드로즈의 여성 보컬인 그녀는 힘과 감정 표현 애절함, 서정적인 느낌을 모두 갖추고 있으면서도 조화롭게 허스키한 톤으로 노래합니다.

프랑스의 전설적인 그룹인 상드로즈(Sandrose)하면 장 삐에르 알라르셍의 음악 감독의 역량과 기타 소리의 흡족함 속에서 당당히 제치고 나오는 매력적인 여성 보컬 로즈 로렌스의 결코 화려하지 않지만 애절한 목소리를 떠올릴 수 있습니다.

샤우트한 로즈 포드외니의 보컬과 뒤에 깔리는 멜로트론의 소용돌이 그리고 알라르셍의 예술적인 기타소리가 한판 어우러지는 상드로즈는 장 삐에르 알라르셍 음악 감독이 리더로서 결성한 밴드로 그는 세션맨 활동을 하며 유심히 봐두었던 여성 보컬 로즈 포드외니를 불러 그녀의 이름도 따고 예전 밴드의 느낌도 살린 상드로즈라는 밴드를 시작합니다.

하지만 로즈 포드외니 이름보다 〈American Love〉, 〈Africa〉의 로즈로렌스하면 낯설지 않을 겁니다. 72년 밴드가 와해되고 약 10년 후 로즈 로렌스로 개명한 후 3~4장의 앨범을 발표하며 언더그라운드 시절의 로즈 포드외니를 지우고 주류 대열에 합류합니다.

물론 로즈 포드외니란 이름을 버리고 홀로서기를 시작한 그녀에게 상드로즈 시절의 신비한 이미지는 찾아볼 수 없습니다. 하지만 그녀에게서 애절하게 튀어나오는 분위기나 힘 있게 조율되는 허스키한 보이스의 매력은 마니아들에게 사랑받고 있습니다.

Shirley Bassey - Big Spender (돈을 막 쓰는 사람)

니가 여기 걸어 들어온 순간
딱 다른 남자라는 것을 느꼈지, 아주 돈이 많은
생긴 것도 괜찮은 게 섹시하고
내가 무슨 생각하고 있는지 알고 싶지 않아?
본론으로 바로 들어가자
나와 함께 시간을 보내자구

3월 5일

셜리 바세이는 1937년 1월 8일 영국에서 출생하였습니다. 데뷔는 1961년 1집 앨범 [Fabulous Shirley Bassey]으로 하였습니다. 1993년 영국에서 CBE 작위라고 하는 영국의 이익에 공헌하거나 경제, 문화, 스포츠 분야에서 뛰어난 활약을 보인 이들에게 주어지는 훈장을 받았습니다. 1999년에는 DBE 작위를 받았는데 이는 기사(Knight) 작위에 해당합니다. 그녀가 돈을 흥청망청 쓰는 사람에 대해 하고 싶은 이야기가 있다고 합니다.

최근 보험사에서 신용등급이 낮은 서민은 보험 가입 자체를 거절하고 있습니다. 현재 보험법에도 보험 가입자에 대한 불합리한 차별을 금하고 있습니다.
보험회사들이 수익에 눈멀어 보험의 의미조차 상실하고 있다면, 이는 자기 배만 부르면 타인은 어떻게 되든 상관 없다는 건 기업 이기주의입니다.

Yosefa – Lullaby (자장가)

당신은 결코 안정된 곳에 있지 않네
손들은 아직 뻗어서 잡으려 하질 않네
당신이 보는 것은, 당신이 얻은 것
당신은 당신이하고 있는 것을 더 잘 알고 있네
당신은 당신이 얻어 왔던 것을 더 잘 알고 있네

3월 6일

당신이 울 곳은 어디에도 없네
당신이 울지 않을 때 더 이상은 어떤 충격도 없네
난 내가 들어 왔던 것을 알지 못하네
돈이 있는 곳으로 그들은 가버렸네
당신이 찬바람에 휩싸였을 때
당신은 당신이 키웠던 것을 감싸고 있을 거네
당신이 뜨개질하고, 더 이상 울 곳은 없네
당신이 울지 않는다면 더 이상 충격이 없네

아름다운 곡이란 사람들의 가슴에 오랫동안 남을 수밖에 없습니다. 더군다나 애잔한 목소리에는 감성을 가진 사람이면 누구나 절로 눈을 감게 하는 그런 곡입니다.
이스라엘의 디바라고 불리는 요세파(Yosefa)는 이스라엘에서 쓰는 히브리어식 이름으로 교회에서의 세례명 및 천주교 신부님 이름으로도 많이 쓰이는 이름입니다.
어떤 사람은 이 곡을 들을 때마다 소리에 젖고 가사에 아프고 선율에 흡수된다고 표현하는 분이 있는데 음악이란 것은 사연과 함께 어우러지다보면 기억에 오래 남을 수밖에 없습니다.
그녀는 이스라엘 가수라는 것 외에는 정보가 없어서 오히려 더 끌리게 합니다. 이 곡은 드라마 〈눈사람〉에서도 선보여 사람들에게 인기를 끌었습니다. 그리고 우리나라 가수 중에 김찬이 곡에다 〈빗나간 사랑〉이라는 제목을 붙여 한동안 인기를 끌기도 했습니다.

Four Aces- Love Is A Many Splendored Thing
영화 〈모정〉 주제곡

3월 7일

사랑이란 찬란한 거예요, 사랑이란 4월의 장미 이른 봄에 피어나지요
사랑이란 주는 것이 자연스러운 거예요
사랑이란 살아가는 이유예요
사랑이란 금관이지요 평범한 사람을 왕으로 만들거든요

영화 〈모정〉은 1956년 아카데미 음악상, 주제가상, 의상상을 수상했으며 주제가는 폴 앵카, 냇 킹콜, 앤디 윌리암스 등이 불러 많은 사랑을 받았습니다.
원작자 한수인은 영국과 중국의 혼혈인으로 1952년 발표한 그녀의 자서전을 영화한 작품입니다.
지금은 고인이 되었으며 여주인공 역의 제니퍼 존스도 2009년 12월 17일 90세의 나이로 캘리포니아의 자택에서 사망했습니다.

봄이 오는 기류

                김은영

푸른 커튼을 벗기면 씨앗들은 기침을 한다
3월의 하늘아래 해빙기의 아침은 줄기를 피워 올릴 사이도 없이

자신의 몸을 불태운다
봄이 오는 기류에 씨앗들은 빗물을 머금기 시작 한다

머지않아 이 언덕 위에도
붉은 태양은 에메랄드빛 융단을 깔고 오겠지

Al Green – Call Me (Come Back Home) (전화해)

전화해 전화해 전화해
우리가 함께할 아름다운 시간이야
이런 늦었네, 우리는 떠나야만 해
자 우리가 즐겼던 시간을 기억해줘
그리고 내가 최선을 다한 좋은 놈이란 거 알지?
자, 일하기 좋은 날이야

3월 8일

미시간주 그랜드래피즈에서 성장했습니다. 가족과 함께 그린 브라더스(Greene Brothers)라는 사중창단을 결성하여 가스펠송을 불렀으며 1969년 제작자 윌리 미첼을 만나 멤피스의 하이 레코드와 계약을 체결한 후 〈Let's Stay Together〉, 〈You Ought to Be With Me〉, 〈I'm Still in Love With You〉 등의 앨범과 13곡의 히트 싱글을 발표합니다.

알그린은 총 2,000만 장 이상의 레코드를 발매했으며 1972년에서부터 1973년까지 6장의 싱글이 잇달아 톱 10에 오릅니다. 1980년에는 멤피스에서 목사로 일하기도 했으며 이후 종교적인 음악에 심취하면서 점점 대중과 멀어집니다. 1995년 로큰롤 명예의 전당 공연자 부문에 오르는 영광을 누립니다.

가끔은 삶이라고 하는 것들에 쉼표를 써보십시오.
앞만 보며 달려가다 등 뒤로 사라지게 한 소중함은 없는지, 자신의 행복에 도취되어 그늘진 곳을 외면하고 있는 건 아닌지, 물질에 앞이 가려 앞에서는 웃고 뒤에서는 자신의 마음이 길을 잃는 건 아닌지, 가끔은 채움에서 비어감은 없는지 조용히 쉼표를 써보세요.

Devo - Whip It (말 해)

3월 9일

72년 결성된 성공적인 뉴 웨이브 밴드 중의 하나입니다. 제리케세일, 마크 마더스보, 밥 케세일, 밥 마더스보, 그리고 앨런 마이어스로 결성된 이들은 인류는 진보 대신 계속적으로 퇴보해 왔다는 생각으로 De-Evolution(진화에 역행한다는 뜻)의 개념에서 그룹명을 따왔습니다. 〈Whip It〉이 수록된 [Freedom of Choice](80)앨범으로 메인스트림에 등장하였지만 이들의 성공은 그리 길지 않아 다음 앨범 [New Traditionalists](81)는 팬들의 반응을 이끌어 내는데 실패합니다. 이후에 [Oh, No! It's Devo] 앨범에서 아이디어가 고갈되었음을 보여준 이들은 이후 실망스러운 작품들을 내놓다가 90년대 초 활동을 중단하면서 우리 곁을 떠났습니다. 이 그룹은 노래합니다. 할 말은 하고 살라고, 말할 것은 말하라고, 요즘 양심적으로 장사하지 않는 못된 기업들이 늘어나는 추세입니다. 그들에게 양심적으로 장사하라고 충고하고 싶습니다.

알뜰한 주부님이라면 먼저 생각하는 것이 알뜰함을 생각해서 이왕 구입하는 물건 더 저렴하고 양이 많은 쪽으로 손이 먼저 가게 됩니다. 대형 마트에서 일부 섬유 유연제 리필 제품이 용기 제품보다 비싼 가격에 팔리고 있습니다.
장삿속에 눈이 먼 기업이 우리 주부님들의 알뜰한 심리를 역으로 이용한 겁니다. 조금이라도 아껴서 가계 살림에 도움을 주고자 하는 우리 주부님들의 소박한 마음을 역이용하는 이런 기업체들은 없어져야합니다.

Dolly Parton - 9 To 5 (9시 출근 5시 퇴근)

침대에서 머뭇거리다 일어나 부엌으로 비틀거리며 걸어가서 패기를 재충전하고 하품을 하면서 기지개를 펴고 일상 생활로 돌아오려고 애쓰죠
급히 샤워실로 뛰어 들어가면 혈기가 솟아오르기 시작하죠
길거리로 뛰쳐나와 9시부터 5까지 일하는 직장을 가진 나 같은 사람들의 교통 지옥이 시작되요

3월10일

9시부터 5시까지 일해서 먹고 사는 삶이란 겨우 벌어 먹고 사는 인생이죠
모든 걸 얻고 베풀지는 않아요

돌리 파튼은 영화배우이자 가수이고 1946년 1월 19일 미국에서 출생하였습니다.
데뷔는 1967년 방송 〈포터 와고너 쇼〉로 하였습니다.
80년대 컨트리음악 계에서 성형 수술로 가슴이 큰 가수로 알려지면서 가십거리의 조롱의 대상이 되어 안타깝기만 합니다. 그렇지만 한 시대를 풍미한 가수임에는 틀림없습니다. 그녀가 노래합니다. 〈9시부터 5시까지〉 직장에서 일하는 시간을 노래합니다.

목에서 어깨로 내려오는 부위와 날개 뼈 부분의 통증이 심해서 목 디스크나 오십견이 아닌가 하고 고민할 때도 있다고 하는데 이러한 증상들은 모두 VDT 증후군으로 속칭 모니터 병입니다. 잘못된 자세로 컴퓨터 작업을 오래 했을 때 생기는 병입니다. 이럴 때는 컴퓨터 작업할 때 턱을 끌어당겨 목과 어깨를 누르는 무게를 덜어주고 엉덩이를 의자 깊숙이 넣어 90도 자세를 유지해주는 것이 좋습니다. 잠깐 일어나서 몇 분 간 스트레칭을 하면 경직된 몸을 풀어주기에 좋습니다.

Anna Vissi- Paramithi Hehasmemo (전설 같은 사랑)

3월11일

당신은 내게 잊혀진 전설 같은 사랑을 원해요
시끌벅적한 시장의 소리에 가짜 동전이 사리지 듯
오늘밤 당신에게 슬픈 노래를 불러드릴게요
날씨를 얘기하며 늦은 밤을 지새우는 사람들에
관한 노래를 말이에요
나는 꿈에서 울어요, 그리고 울며 깨어나지요
사랑은 거짓이라고 그리고 바보들의 장난이라고
내 자신에게 그렇게 이야기하고 있어요

1990년 MBC 드라마 〈폭풍의 계절〉과 〈천국의 아이들〉OST 수록곡 〈Paramithi Hehasmeno〉로 우리에게 널리 알려진 월드 뮤직 가수입니다.
우리들에겐 애틋한 발라드 음악 아티스트로 알려져 있으나 그리스의 마돈나로 불리고 있는 댄스 가수이며 동시에 오페라에서부터 사랑의 발라드, 팝, 록 등을 넘나드는 만능 엔터테이너입니다. 그녀의 모국어는 물론 영어로 매끄럽게 넘나들며 100만장 이상 팔린 황금음반 이외에도 플래티넘을 기록하였으며 수많은 매진 흥행쇼를 펼쳤습니다. 1997년에는 그리스 최고 여성가수상과 라디오방송상을 포함한 많은 상을 받았습니다.

3일 후면 화이트데이입니다. 누구처럼 백만 원을 호가하는 장미 꽃다발은 아니더라도 장미 한 송이라도 곁에 있는 사람에게 나눠주며 어깨라도 감싸 안아주는 것이 어떨까요? 쑥스럽다고요? 사랑은 기다리는 것이 아니라 다가가서 보여주는 것입니다.

Freddie King – TV Mama (티비 보는 엄마)

3월12일

프레디 킹, 알버트 킹, 비비킹을 3대 블루스 거장이라고 표현합니다. 그는 20세기 가장 위대한 블루스연주자로 손꼽히며 스티비 레이 본, 에릭 클립톤 그리고 블루스뿐 아니라 많은 록 연주자들에게도 영향을 주었습니다.

텍사스에서 어린 시절을 보낸 그는 16세가 될 무렵 블루스의 메카라 하는 시카고로 갑니다. 그리고 도시 내 있는 수많은 블루스클럽에 다니면서 라이브를 듣고 또 연주하면서 자신의 음악적 역량을 키워나갑니다.

1950년대까지 인기를 얻지 못했지만 1960년 자신의 첫 데뷔 음반을 발매 후 서서히 자신의 진가를 알리면서 대중들로부터 큰 주목을 받았고 1976년 42세의 젊은 나이로 사망하기까지 왕성한 활동을 합니다.

아이들의 해맑은 모습이나 가족의 행복한 모습을 동영상으로 만들어 남들에게 보여준다는 것은 기분 좋은 일입니다. 이렇게 영화를 빗댄 패러디나 생활 속 자기만의 지혜를 만들어 스마트폰으로 직접 찍어 올리는 인터넷 UCC 즉 인터넷 손수제작물이 봇물을 이루고 있습니다.

이런 제작물이 좋은 쪽으로 흘러간다면 자기들만의 노하우나 행복한 모습을 담아내는 것은 아름다운 모습입니다.

Sam Brown - Stop (멈추다)

난 당신이 내게 준 것 만을전부로 가지고 있을 뿐이에요
내가 당신에게 의지하게 될 거라고 생각이나 해 봤나요
내 안에 있는 사랑을 다 주었는데, 당신은 그런 내게 거짓말을 했다니 믿기 힘들군요

3월13일

광고음악에 자주 쓰이는 88년도 음악입니다.
싱어송라이터 샘 브라운은 1964년 생으로, 영국 출신입니다. 음악 분위기가 야하고 끈적해서 춤 안 추면 안 될 것 같은 분위기를 연출합니다.

때때로 사랑이란 이름으로 우리는 놓치는 것들이 너무 많습니다. 하지만 사랑보다 더 중요한 것은 사람이 살아가는데 필요한 정입니다.
사랑은 식을지 모르나 정이라는 건 식을 줄 모르는 또 하나의 건재한 인생입니다.
사랑한다는 것이 얼마나 좋은지는 누구나 다 알고 있지만 하지만 그 사랑한다는 것마저도 생활의 일부에 들어있는 부록 같은 것이죠.

Righteous Brothers - Unchained Melody (자유로운 멜로디)

오, 나의 사랑 나는 당신의 손길에 굶주려 있었어요
길고 외로운 시간들
시간들은 너무 천천히 흐르지요
당신은 여전히 나의 것이지요
난 당신의 사랑이 필요해요

3월14일

1964년 차트 4위까지 기록했던 스탠더드 팝의 고전으로 1990년 개봉된 영화 패트릭 스웨이즈와 데미무어가 주연한 영화〈고스트〉의 주제가입니다.
사랑을 간절히 원한다는 노랫말을 담고 있는 이 곡은 1955년 레스 박스터가 노래해서 차트 정상을 밟았던 노래이기도 합니다. 55년이 지난 지금까지 사랑받는 연인들을 위한 음악입니다.

오늘은 화이트데이로 남성이 좋아하는 여성에게 사탕을 선물하며 자신의 마음을 고백하는 날입니다. 사실 우리나라도 화이트데이 못지 않은 토종 연인의 날이 있었습니다.
정월대보름과 경칩, 칠월칠석이 바로 그날인데 정월대보름은 신라시대 때부터 처녀들이 한해 중 단 한번 공식적으로 외출을 허락받아서 탑돌이를 했는데 미혼의 젊은 남녀가 탑을 돌다가 눈이 맞아 마음이 통하면 사랑을 나누는 그런 날이었습니다.
또 경칩엔 젊은 남녀들이 서로 사랑을 확인하는 징표로써 은행씨앗을 선물로 주고받으며, 은밀히 은행을 나누어 먹는 풍습도 있었는데 이 날 날이 어두워지면 동구 밖에 있는 수나무 암나무를 도는 사랑놀이로 정을 다지기도 했다고 전해집니다.
여기에 칠월칠석은 누구나 아는 것처럼 은하수 양끝에 살고 있는 견우와 직녀가 만나는 날인데 칠석날에는 짝떡이라 부르는 반달 모양의 흰 찰떡을 먹으며 마음 맞는 짝과 결혼하게 해달라고 빌었습니다.

Wet Wet Wet- Love Is All Around (사랑은 어디에나 있다)

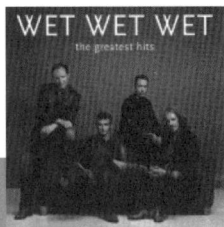

3월15일

내 손끝으로 느낄 수 있어요
내 발끝으로 느낄 수 있어요
사랑은 온통 내 주위를 감싸고 있어요
그리고 사랑은 점점 커가고 있어요
바람을 통해서도 느낄 수 있어요
어디를 가든 사랑뿐이고
그래요, 어디에서든 느낄 수 있어요

보컬에 마티 펠로우와 드럼에 톰 커닝햄, 베이스에 그램 클라크, 키보드에 닐 미첼로 구성되었습니다.
 1987년 싱글 앨범 [Wishing I was Lucky]로 데뷔하였습니다.
사랑은 나의 가장 가까운 곳에 있습니다.

우리나라 미혼남녀들이 배우자감으로 가장 싫어하는 유형은 어떤 사람일까요?
가장 싫어하는 이성 유형은 우유부단한 남성과 깐깐한 여성으로 나타났습니다. 저 역시 남성이지만 필요이상으로 까칠하거나 깐깐한 여성은 썩 마음에 내키지 않습니다.
이밖에 유형으로는 여성들은 남성의 비전이 없고 이성을 너무 밝혀서 품위가 없다는 점을 지적했고, 남성들은 여성이 우유부단해서 비전이 없고 매너가 없어서 등을 꼽았습니다.
반대로 교제가 진행될수록 상대가 호감가는 경우는 남녀 모두 편안함을 선택했습니다. 편안함은 우리 모두가 원하는 이상형이네요.

Johnny Mathis- When A Child Is Born (아이가 태어날 때)

희망의 빛이 저 하늘에서 빛납니다
높이 뜬 작은 별도 빛납니다
방방곡곡에서 새 아침이 밝아오고요
이런 일들은 한 아이가 태어날 때 일어나지요
바다 속의 고기도 7대양을 헤엄치고
세월의 미풍이 나뭇가지에서 살랑이지요
의심의 말들도 사라지고요
이런 일들은 한 아이가 태어날 때 일어나지요
온 누리도 장미빛 이슬로 물들고
아무도 절망하지 않고
안도의 기쁨을 느끼게 되지요
이런 일들은 한 아이가 태어날 때 일어나지요

3월16일

조니 마티스는 1935년 9월 30일 미국에서 출생하였으며 샌프란시스코주립대학교 출신입니다. 1956년 1집 앨범 [Johnny Mathis: A New Sound In Popular Song]으로 데뷔하였습니다.
부부 간 괴롭다 이럴 때 이 음악을 추천합니다.

다시 태어난다면 지금 살고 계시는 아내 혹은 남편과 다시 결혼하시겠습니까?
이런 질문을 받으면 머릿속으로 많은 생각을 하게 될 텐데 한 방송국이 여론조사를 통해 우리나라 부부들의 속마음을 알아봤습니다.
남성은 절반 이상이 '예'라고 대답한 반면 여성 2/3 가량이 '아니오'라는 처참한 결과가 나왔습니다. 지금 배우자에 만족한다는 응답 역시 남성보다 여성이 적었습니다.
자신이랑 생각이 다르다고 따지는 것보다는 자신이랑 다르다는 것을 인정하고 상대방 단점에 대해서 좀 기다려줄 수 있는 마음들이 필요하다고 전문가들은 말합니다.
하지만 전문가의 말처럼 쉽지 않습니다. 헤헤.

Nat King Cole- Quizas, Quizas, Quizas (아마도 아마도 아마도)

늘 내게 묻네
언제? 어떻게? 어디서?
어쩌면 어쩌면 어쩌면
이렇게 날은 지나가고
너는 늘 대답이
어쩌면 어쩌면 어쩌면

3월17일

가수 나탈리 콜의 아버지이자 50년대와 60년대를 풍미한 가수인 냇킹콜은 침례교 목사의 둘째 아들로 태어났습니다. 아버지 교회에서 오르간을 연주하다가 16세에 자신의 밴드를 결성하였습니다. 그는 환상적인 사운드와 더불어 전설이 되었습니다. 일본 작가 무라카미 하루키가 그의 곡 〈South of the Border, West of the Sun(국경의 남쪽 태양의 서쪽)〉을 책 제목으로 쓸 정도로 사후에도 사랑을 받고 있습니다.

요절해버린 Nat King Cole의 명성을 우리는 잘 알지 못합니다. 단지 우리는 그의 첫 앨범인 크루너 노이르나 프랭크 시나트라의 모나리자를 통해 그를 회상해 볼 뿐입니다.

그는 단지 노래로 그친 것이 아니라 새로운 재즈 연주법인 비법을 견고히 한 위대한 재즈 피아니스트입니다. 피아노-베이스-기타 트리오의 독특한 형식으로 가장 미묘하고도 세련된 음악의 기원으로 자리 잡았습니다.

대중가수로 더 잘 알려진 냇 킹 콜은 고전 재즈와 밥 재즈 사이에 잠재하는 연결고리를 이루어낸 피아니스트이기도 한 냇 킹 콜은 1939년 킹 콜 트리오를 결성하여 악기 트리오로서 인기를 얻었으나 1951년 트리오를 해산하고 가수 생활에 전념하였는데 세련된 도회적 정서와 따뜻한 인간미, 그리고 흑인 특유의 애수, 독특한 재즈 감수성이 매력적입니다.

우리나라에서 히트한 음반은 모나리자, 투 영 등이며 킹이라는 애칭은 1939년에 황금빛 종이 왕관을 머리에 얹고 클럽에 출연하면서 자기 자신이 붙였습니다.
⟨Quizas, Quizas, Quizas⟩는 말 그대로 우리나라의 아리랑의 작곡한 사람이 누굴까 라는 질문과 같다고 봐야하는데 워낙 유명한 노래이다 보니 많은 가수들이 부르긴 했지만 작곡자가 누군지는 아무도 모릅니다.
음악 전문가들도 의견이 분분한 상태입니다. 이 곡을 대중적으로 알린 유명한 가수들 몇 명을 꼽자면 Nat King Cole, Trio los panchos, Claude Ciari가 있습니다.
우리는 흔히 키싸스 키싸스 키싸스로 발음하지만 스페인발음으로는 끼사스 끼사스 끼사스로 발음해야 옳습니다.
'그럴 수도 있겠지' 라는 뜻을 가지고 있고 영어로 해석하면 '아무도' 라는 뜻을 가지고 있다고 합니다. 사람의 마음을 흔드는 냇 킹 콜의 목소리로 오늘 하루 흔들어볼까요.

Eric Clapton - Tears In Heaven (천국의 눈물)

3월 18일

너를 천국에서 만난다면 너는 내 이름을 알까?
내가 너를 천국에서 만난다면 지금과 같을까?
난 강인하게 삶을 계속 살아 가야겠어
난 이 천국에 남아 있을 수 없다는 걸 알고 있으니까
천국에서 널 만나면 내 손을 잡아 주겠니?
천국에서 널 만나면 날 도와 일으켜 주겠니?
난 밤과 낮을 헤쳐 내 갈 길을 찾아야겠어
난 천국에 남아 있을 수 없단 걸 알아
세월은 널 굴복시킬 수 있고 무릎 꿇게 하지
마음의 상처도 입히고 간청하게 할 수도 있지
저 문 밖에는 평화가 있을 거라 확신해
그리고 더이상 천국에서 흘리는 눈물도 없을 거라고

에릭 클립튼은 1945년 3월 30일 영국에서 출생하였습니다. 킹스턴대학 출신으로 데뷔는 1970년 1집 앨범 [Eric Clapton]으로 하였습니다. 블루스 기타리스트로 미국과 영국을 포함한 기타를 쥐고 있는 아티스트들에게 존경을 받는 뮤지션으로 비틀즈와 자웅을 겨루던 야드버즈의 멤버로도 활동하였습니다.
천재 뮤지션 에릭클립튼이 어린나이에 세상을 떠난 아들을 위해서 만든 곡입니다. 세상의 모든 애물단지들에게 이 곡을 띄웁니다.

오죽하면 자식이 죽으면 부모 가슴에 묻는다는 말이 나왔겠습니까? 모든 자식은 부모님이 살아있는 그날까지 부모님께는 애물입니다.
가끔 부모님께 안부 전화하면서 하루 정도 애물단지에서 벗어나는 것도 좋으리라 생각됩니다.

Stevie Wonder- I wish (나의 바램)

내 불량스런 친구들과 어울리려고 뒷문으로 살짝 빠져나갔지
"내가 밖에 나가지 말라고 말했을 텐데."라고 부모님이 말씀하셨는데도 말이야
눈물을 머금고 말이야
너의 뒤에서 어머니가 눈물을 흘리며 우는 것을 멈춰야 한다고 생각했지
난 그날들이, 그날들이 다시 왔으면 좋겠어
왜 그날들이 가야만 했을까
난 그날들이, 그날들이 다시 왔으면 좋겠어

3월 19일

미시간주 새기노에서 태어났고, 미숙아로 태어나 인큐베이터에서 과다산소로 인해 실명되었지만 어릴 때부터 여러 악기를 능숙하게 다루었습니다.
12세인 1963년 모타운 레코드에서 첫 앨범 [Little Stevie Wonder]를 발표하였고 〈Fingertips (Part 2)〉가 인기순위 1위에 오르며 히트했습니다. 1966년에는 자신이 작곡한 〈Uptight (Everything's Alright)〉라는 곡을 통해 실력 있는 가수로 인정받았습니다.
1970년대에는 〈Superstition〉(1972), 〈You Are the Sunshine of My Life〉(1973), 〈Living for the City〉(1974), 〈I Wish〉(1976), 〈Sir Duke〉(1977) 등이 히트했습니다. 1980년대에도 〈I Just Called to Say I Love You〉(1984), 〈Part-Time Lover〉(1985) 등이 히트했습니다.

John Mcdermott – When you and I were young, Maggie
(당신과 내가 젊은 시절)

3월 20일

보랏빛 제비꽃들은 숲을 향기로 채우고
산들바람에 매력을 한껏 뽐내고 있어요
매기여
당신만을 사랑한다고 처음 고백했을 때, 매기
당신도 나만을 사랑한다고 말했지요.
숲 속의 빈 터에서 밤꽃이 푸르게 피어나고
나무에서 새가 크게 노래 불렀어요.

사람은 추억을 먹고 산다고 하는데 그만큼 추억이라는 것이 시대를 넘나들며 감정의 집을 짓게 합니다.
오늘 아련한 추억에 애틋한 집을 짓게 할 곡은 옛날의 금잔디 하면 바로 떠올려지는 매기의 추억으로 Ann Breen의 〈When you and I Were Young, Maggie〉라는 곡입니다. 미국의 대표적인 민요 중의 하나로 1866년 버터필드가 작곡한 것으로 알려졌습니다. 그의 작품 가운데 유일하게 이 작품만 알려져 있는데 이 노래 가사는 『단풍잎』이라는 시집에 실려 있던 시로써 시를 쓴 사람은 캐나다 출신의 존슨으로 죽은 부인 매기 클라크에 대한 추억을 그렸습니다.
시를 쓴 존슨은 매기 클라크를 사랑하여 결혼하였지만 매기가 결혼한 지 1년도 못되어 결핵으로 세상을 떠납니다. 아내 매기를 너무나도 사랑했던 존슨은 매기를 잃은 아픔을 벗어나기 위해서 매기와의 추억이 어려 있는 토론토로 돌아와서 친구 버터필드에게 자신의 시에다 멜로디를 붙여 작곡해 줄 것을 부탁하였습니다.
바로 이곡이 지금까지도 사람들의 가슴을 저미게 하는 매기의 추억 탄생 과정입니다.

Leonard Cohen- So Long Marianne (안녕 마리안느)

하루종일 꿈속에서 헤매며 쓰러졌다.
어지러운 꿈에는 홍수를 뚫는 차들이 보였고
그 차에는 미처 자라지도 머무르지도 못한 내가 산만하게 두리번거리고 있었다.
도시같은 답답한 무대에 오르고 내일은 탈옥하는 날이다
정말 떠나보내야 할 것들을 떠나보내지 못하고 묶어둔 내 맘은 내내 불안했다
라일락의 우거진 푸른 숲에는 사람이 없다
안녕 메리앤

3월21일

레오나드 코헨, 그의 노래를 들으면 한편의 시를 읽는 착각에 빠집니다.
캐나다 몬트리올 출신의 시인 겸 소설가 레오나드 코헨은 60년대에 나타난 가수입니다. 그의 음악은 굵은 음성과 단조로운 가락으로 인해 멜로디가 풍부한 노래에 비해 마이너스가 되지만, 그러한 약점을 보상하듯 읊조리는 노랫말은 그 속에 내재된 밀도 있는 시 언어를 통해 성공적으로 구현하였습니다. 1955년부터 1960년대까지 많은 시집들과 두 권의 소설을 출판하였습니다.

부끄럽게도 우리 한국인들이 전 세계 30개국을 대상으로 주당 독서 시간을 조사한 결과 한국인이 가장 책을 읽지 않는 것으로 나타났습니다. 다국적 여론조사 기관이 발표한 세계 30개국 미디어 소비량 조사 보고서에 따르면 한국인이 책, 신문, 잡지 등 활자 매체를 읽는데 소비하는 시간은 주당 3.1시간으로 1위인 인도의 약 1/3에 불과했습니다.
독서 시간은 30개국 평균치인 6.5시간에도 못 미치는 데 인도에 이어 책을 많이 읽는 국민은 태국, 중국, 필리핀, 이집트, 체코, 러시아, 프랑스 순으로 나타났습니다.

Karla Bonoff - The Water Is Wide (넓은 물)

바다가 너무 넓어 건널 수 없네요 난 날 수 있는 날개도 없는 걸요
배를 주세요 두 사람이 탈 수 있는
우리 둘이 저어 갈게요, 내 사랑과 나
사랑은 부드럽고, 사랑은 다정하죠

3월 22일

1951년 12월 27일에 미국에서 출생하였으며 미국 포크 계에서 노장이기도 합니다. 여러 밴드를 거쳐 1977년 1집 앨범 [Karla Bonoff]로 데뷔하였습니다. LA 소프토 록의 퇴락과 함께 그녀의 활동도 부진해지지만 그녀는 이에 굴하지 않고 지속적인 음악 활동을 펼치고 있습니다. 이 노래는 드라마 〈올드 미스 다이어리〉에 삽입되어 오랜 시간이 지나서야 국내 팬들에게 알려졌습니다.

우리는 물의 중요성이 절실한 가운데 물이 우리에게 주는 혜택은 생명을 주는 그 이상으로 소중하고 삶의 효자 노릇을 톡톡히 하고 있지만 아직도 우리는 물의 소중함을 잊은 채 오염시키고 낭비하고 있습니다.
어린 시절 어느 하천이고 들여다보면 유유히 노니는 고기떼의 풍경은 깊은 계곡이 아니면 구경하기 힘들고 깨벅쟁이 친구들과 개구리헤엄을 치며 물장구치던 그 자리에는 수질 오염을 우려한 출입금지 표지판이 무서운 장승처럼 버티고 있습니다.
이제는 공원에 꾸며진 인공 시냇물 말고 계곡에 흐르는 물소리를 듣고 싶네요.

Bobby Mcferrin-Don't Worry Be Happy (걱정마 행복해져야지)

고민이 있으면 전화하세요
당신을 행복하게 해드릴께요
돈도 하나 없고 지저분해서
그 어떤 여자도 당신을 좋아하지 않더라도
자꾸 걱정하면 괜히 얼굴만 찌푸려지고
다른 사람 보기에도 안 좋으니까요
얼굴에 미소를 띄워보세요.
괜히 다른 사람까지 힘들게 하지 마세요
편하게 생각하세요
어떤 일이든 금방 지나가니까요

3월23일

국내에 아카펠라라는 단어를 알려준 가수입니다.
헐리우드의 대표적 미남 배우 탐 크루즈가 주연한 영화 〈칵테일〉에 사용된 곡이며 미국 대통령 선거에 캠페인 송으로 채택되어 당신에 큰 영향을 끼치기도 했던 곡이지요. 정치에 사용됐다는 점을 배제하고 이 노래를 들으면 노래 제목처럼 행복해지는 마법에 빠지게 됩니다. 탐 크루즈의 등장과 동시에 흘러나오던 이 음악은 배우의 미소와도 잘 어울렸지요.

주변에 암 환자가 늘어나고 있습니다. 우리는 암이라는 무서운 질병을 예방하고 또 설령 암에 걸렸다 하더라도 그 병을 이기고자 노력과 투병 의지를 보여야 합니다.
그 중 병을 이긴 사람들 대부분은 절망을 극복하고 스스로 병을 극복하고 말겠다는 삶에 대한 강한 의지와 투지가 있었던 것으로 나타났습니다.
물론 죽어간다는 사실 앞에서 그런 의지가 쉽게 생겨나는 것은 아니겠지만 그렇게 암을 이겨낸 사람들은 자신에게 행운처럼 건강이 돌아올 것이라는 믿음을 포기한 적이 없었기에 병을 이겨냈다고 합니다.
지금도 암으로 인해 고통 받고 있는 환자나 가족들 모두에게 그런 믿음으로 가족의 행복을 다시 찾았으면 바람입니다. 던 워리 비 해피.

Alannah Myles - Black Velvet (검은 비단)

검은 벨벳과 소년의 미소
남부 스타일의 블랙 벨벳
당신의 무릎에 나중에 갖다드릴게요
새로운 종교로
당신이 기뻐한다면

3월 24일

1990년에 첫 싱글 〈Black Velvet〉으로 일약 스타덤에 올라 빌보드 싱글 차트와 앨범 록 차트를 석권하고 세계적으로 700만 장의 판매고를 올렸습니다. 남성들을 빨아들일 것 같은 섹시한 외모와 열정을 지녔으며 이 곡을 녹음할 당시 스튜디오에서 감정을 살리고자 옷을 벗어던지고 곡에 온 정신을 치중하여 노래를 불렀습니다. 블루스와 로큰롤로 무장된 곡입니다.

어느 날 갑자기 도시 한복판에서 '내일 당신의 피부가 어떻게 될지 예보해드립니다.' 라는 광고 카피가 떴습니다. 한동안 이 카피는 여성들 심리를 자극해서 크게 인기를 끌었다가 사라졌습니다. 대박 히트를 내며 사라져버렸는데, 이를 지칭하는 말로 원 힛 원더(One Hit Wonder)라는 용어를 사용합니다. 원 힛 원더의 음악세계에 해당될 때에는 음악을 하는 뮤지션에게는 말할 것도 없고 그들을 좋아했던 팬들에게도 기운 빠지게 합니다.

하나의 히트곡으로 세상을 떠들썩하게 하다가 슬그머니 자취를 감추는 뮤지션 중에서 1990년에 첫 싱글 〈Black Velvet〉으로 일약 스타덤에 올라 빌보드 싱글 차트와 앨범 록 차트를 석권하고 세계적으로 700만 장의 판매고를 올리고 지금 팬들의 뇌리에서 사라져간 앨러나 마일즈(Alannah Myles)가 그 경우입니다.

캐나다 토론토 출신의 여성 로커로 조니 미첼(Joni Mitchell)과 레오나드 코헨(Leonard Cohen)에게서 영향을 받았다고 합니다.

이렇게 해서 시작된 그녀의 성공가도는 싱글커트 된 〈Black velvet〉이 빌보드차트 정상을 정복해 캐나다 팝 사상 데뷔 앨범의 판매고를 가장 많이 올린 대기록을 세우고 그 해 그래미시상식에서 최우수 여성 록보컬 연주 부문을 수상하는 등 승승장구 성공하였습니다. 그러나 세상은 그녀의 성공에 호락호락한 틈을 주지 않았습니다. 2집, 3집이 기대에 비해 신통치 않았고 엎친데 덮친 격으로 앨라니스 모리셋이라는 새로운 여성 로커가 등장하면서 앨레나 마일즈는 점점 팬들의 뇌리에서 사라졌습니다.

그나마 다행인 것은 최근 소속사를 옮기고 베스트 앨범을 발표하며 자신이 여전히 활동하고 살아있음을 알렸습니다. 다시 한번 세상을 놀라게 할지 기다려봐야겠습니다.

최양락 - 개구리 왕눈이

3월 25일

개구리 소년 빰빠밤
네가 울면 무지개 연못에 비가 온단다.
비바람 몰아쳐도 이겨내고 일곱 번 넘어져도 일어나라, 울지말고 일어나 피리를 불어라

옛날 아주 작은 연못에 개구리 왕눈이가 살고 있었습니다, 왕눈이는 하나를 알려주면 하나를 알았고 둘을 알려주면 둘을 알았으니 왕눈이야말로 이 시대의 진정한 개구리가 아니겠냐고 이 연사 낭랑한 목소리로 여러분 앞에 호소합니다

가녀린 체구에 반쯤 떠진 눈. 늘 당하고 사는 왕눈이. 그런 왕눈이지만 아로미가 곤경에 처해 있을 때는 물불을 가리지 않는 멋진 개구리로 돌변하는 귀여운 캐릭터입니다. 주제가처럼 왕눈이는 비바람 몰아쳐도 이겨내고, 시련이 있어도 일어나는 운명입니다.
어린 시절 흥미롭게 보던 애니메이션이 시간이 흘러 사회의 부조리를 풍자하거나 시대가 처한 상황을 재연해주는 매체로서 기능한다는 것을 알게 된 것은 고무적이었습니다.
당시 최고의 인기 개그맨이었던 최양락이 코믹한 목소리로 흥미롭게 재탄생시켰습니다.

개구리들은 이상하게도 비만 오면 더 열심히 울어댑니다. 어린 시절에는 말 잘 안 듣던 청개구리 엄마가 자기가 죽으면 산에 묻어 달라고 하면, 반대로만 행동하는 청개구리 아들이 혹시라도 물가에 묻을까봐 강에 묻어달라고 했는데, 청개구리는 엄마 개구리가 죽은 뒤에야 후회를 하며 엄마 개구리 유언대로 강에 묻어주었고 그 뒤로 비만 오면 엄마 무덤이 떠내려 갈까봐 개구리들이 운다고 합니다.
왜 자식들은 항상 부모의 마음과는 반대로 행동할까요?

Ronnie Mcdowell - Gimme' Some More (조금 더 주세요)

그래요, 딕시가 나의 마음 깊은 곳을 차지했어요
하지만 딕시는 나를 좋아하지 않았어요
딕시가 나에게 마음이 없다는 걸 알고 있어요

3월 26일

1950년 3월 26일 미국에서 태어났습니다. 박신양과 전도연이 주연한 한국 영화 〈편지〉 삽입곡 〈Dixie〉를 통해 알려진 가수입니다. 때론 컨트리 음악과 블루스 음악은 뿌리가 비슷해 그 경계가 모호하기도 합니다. 그러나 컨트리 음악 본연의 모습을 들여다보면 단순한 음악이란 걸 알아차릴 수 있습니다. 컨트리 음악 대부분 노래들은 세 개의 코드와 단조로운 멜로디 위에서 만들어집니다. 이러한 형태들은 무척 기본적인 것들이지요.
컨트리는 점점 이런 단순함 속에서 다양하면서도 많은 스타일의 음악을 받아들였습니다. 홍키통크, 재즈까지 받아들입니다.
미국 서부의 전통 음악에서 자라서 애팔래치언(Appalachian)과 블루스, 그리고 기타와 휘들이란 악기만을 가지고 연주한 올드타임 컨트리는 단순하고 민속적입니다.
로니 맥도웰의 〈Gimme' Some More〉는 컨트리 특유의 멜로디가 물씬 풍기는 곡인데 우리에게는 〈Dixie〉나 엘비스를 추모한 〈The King Is Gone〉으로 알려져 있는 로니 맥도웰은 예전 다운타운가에서 인기 있던 가수입니다.
하지만 이 가수의 음반이 워낙 귀해서 쉽게 들을 수 있는 음악은 아니었습니다. 그래서 더 관심을 끌었던 가수인데 그러는 점에서 볼 때 여기서 그의 음악들을 자주 만난다는 것은 그를 기억하는 분들께는 행운일지도 모르겠습니다.
로니 맥도웰의 〈Gimme' Some More〉입니다.

Gerald Joling - Love Is In Your Eyes (사랑은 당신의 눈에)

3월 27일

당신이 너무 우울해 할 필요는 없잖아요
우리 사이가 어떤 건지 당신도 잘 알잖아요
언제까지나 당신을 기다리고 있을게요
당신의 눈동자는 사랑으로 가득 하군요
누군가가 오늘밤 당신을 사랑해 줄 거예요

1960년 4월 29일 네덜란드에서 출생하였습니다. 데뷔는 1985년 싱글 앨범 [Love Is In Your Eyes]로 하였습니다.
가성을 유연하게 구사하며 이지리스닝 계열의 음악으로 열광적인 지지를 받았습니다. 특히 우리나라에서 큰 사랑을 받았습니다.

우리들은 대부분 낙서를 할 때 바보 멍청이라는 단어를 많이 쓰고 있습니다. 사람들의 낙서는 자신의 무의식을 반영하는 것인데 목적이나 생각 없이 그냥 손 가는 대로 긋거나 쓰는 것이 낙서입니다. 그래서 평소에 자기가 생각하거나 불만을 품었던 것을 자기도 모르게 그려놓거나 써 가는 것입니다.
비록 낙서지만 낙서 속안에 들어있는 감정은 또 하나의 자신 모습일 수도 있습니다. 그런 것을 볼 때 낙서 속에 바보, 멍청이라는 무의미한 단어보다는 나는 당신을 좋아한다. 아니면 당신은 훌륭하다. 이런 뜻있는 단어들을 쓰는 것은 어떻겠습니까?
무의식적으로 아무렇게나 적는 낙서지만 또 한편으로는 중요한 마음의 밑뿌리 감정일수 있습니다.
오늘 사랑하는 사람의 이름을 낙서해보는 것이 어떨까요. 사람의 마음을 묘하게 만듭니다. 사랑 감정 만큼이나 묘한 제랄드 졸링의 목소리를 들어보세요.

건아들 – 금연

오 그대가 뿜어내는 연기 담배 연기 싫어

멋있게 보일지는 모르지만
왜 그런지 나는 싫어 그대의 담배 연기
후후후후 싫어 그녀의 담배 연기
후후후후 싫어 그녀의 담배 연기

3월 28일

1980년 제1회 젊은이 가요제, 1979년 제1회 MBC강변가요제에서 입상하며 화려하게 데뷔합니다.
보컬과 기타에 박대봉과 이영복, 드럼에 김관영, 키보드에 김유정으로 구성되었으며 1983년 1집 앨범 [건아들 1집]을 출반하였습니다.

여기 이렇게 고백합니다. 사실 전 담배를 즐겨 태우는 흡연자입니다. 끊어야지 하면서도 쉽지 않는 것이 흡연입니다.
며칠 전에 외국 담뱃갑에 붙은 흡연 경고성을 알리는 사진을 보고 '아 정말 끊긴 끊어야겠구나.' 라는 생각을 했습니다. 그 담뱃갑에 붙은 금연 홍보 사진들을 혹시 보신 적 있나요? 공포스러움 그 자체입니다. 흡연을 한 사람들의 망가진 속과 썩어가는 구강 상태, 시커멓게 변해버린 치아, 폐인처럼 죽어가는 모습에 심지어 뱃속에서 죽은 아기의 사진까지, 직접 보신다면 잔인한 호러 영화 못지 않게 끔찍한 사진으로 가득 차 있습니다.
우리나라 담뱃갑에 붙은 경고 문구들은 요즘에 와서 [건강을 해치는 담배 그래도 피우시겠습니까?] 라는 문구로 표현이 완화되었습니다. 금연을 목적으로 한다면서 담배 값만 올리는 것이 능사라고 생각하는 우리에 비하면 그야말로 담뱃갑을 집었다가도 소름이 끼쳐 도로 내려놓을 정도로 외국의 무서운 경고 문구가 필요한 때입니다.

Nancy Sinatra & Lee Hazlewood - Summer Wine (여름 와인)

3월 29일

봄철 딸기와 체리와 천사의 키스
내 여름 와인은 그야말로 이 모든 것들로 만들어지지
그 은빛 박차를 벗고 나와 함께 시간을 보내요
그럼 여름 와인을 드릴게요
오, 여름 와인
내 눈은 무거워졌고 내 입술은 옴짝할 수도 없었어
일어나려 했지만 발이 어디 있는지 알 수가 없었지
낯선 모습의 그녀가 나를 안심시키며
여름 와인을 더 주었어
오 여름 와인

낸시 시나트라와 리헤이즐우드가 1967년에 발표한 곡입니다. 봄과 여름을 잘 표현한 곡으로서 프랭크시나트라의 딸인 낸시와 리헤이즐우드의 콤비가 잘 어울리는 노래입니다. 여름에 마시는 와인은 달콤하다고 하는데, 이 음악을 선곡하기 주저하게 됩니다. 달콤한 음악으로 인해 더 술을 마실까 그렇습니다. 술은 마실 때 활력소가 되지만 자주 마셔 중독자가 되면 심각한 고통을 수반합니다. 와인보다 더 달콤한 음악을 여러분에게 소개합니다.

Dwight Twilley Band - I'm On Fire
나 불 붙었어(어떤 일을 술 술 잘하게 될 것을 의미)

3월 30일

1970년대 중반 스크르프스, 칩 트릭, 슈스와 함께 힘있는 파워팝 2세대로 구성된 듀오입니다.
Dwight Twilley Band는 미국 오클라오마 출신 싱어송라이터 드와이트 트윌리와 필 세이모어로 구성된 듀오 그룹입니다. 국내 팬들에게는 〈Sleeping〉이라는 발라드는 지금도 올드팝 마니아들에게 옛 추억이 서려있습니다. 40대 남성분들 이 곡 듣고 힘내세요.

시인 이철승이 40대 자화상을 시로 옮기며 말했습니다. "나이 마흔이면 길가에 침을 뱉어도 외롭다."는 한마디로 40대의 고독을 명징하게 표현했다고 하는데 처량한 마음을 넥타이로 단단히 졸라매어도 길을 걷는 40대의 뒷모습은 허전합니다.
그래도 터벅터벅 걸을 수밖에 없는데 아이가 있고 부인이 있고 무엇보다 아직 살아온 시간만큼 남아 있는 내일이 있기 때문입니다. 평범한 40대 직장인들 고민은 퇴직 후 먹고 살 길이 막막하다고 합니다. 수명 연장 시대에 40대는 인생에서 제일 중요한 시점인데 50대가 되면 뭔가 다시 시작하기에 늦기 때문에 늦어도 40대 중반에는 적극적으로 인생 전환을 모색해야 한다고 전문가들은 조언하고 있습니다.

James Taylor – Handy Man (무엇이든 할 수 있는 사람)

3월31일

이봐요 아가씨들, 모여서 내 말 좀 들어 봐요
제가 당신의 수리공이거든요, 난 펜이나 자를 사용하지 않아요
난 사랑에 재주가 좋은 똑똑한 놈이에요, 난 상처받은 마음을 고쳐줍니다
알아요, 하지만 난 정말 할 수 있어요
상처받은 마음을 치유해야 한다면, 저를 만나 봐야 해요

제임스 테일러 (James Vernon Taylor)는 1968년 1집 앨범 [James Taylor]를 발표하였고 2001년 그래미어워드 최우수 남자 팝 보컬상, 1998년 그래미어워드 최우수 팝 앨범상을 받았습니다. 핸디맨은 남자 바람둥이를 뜻하는 은어입니다. 방에 웅크려있는 취업 준비생도 바람둥이 못지 않은 자신감이 있으면 하는 바람에서 선곡했습니다.

구직 활동을 하면서 겪은 심리적 강박증으로는 자신감 저하를 꼽았으며 실패에 대한 불안감, 대인기피증, 무기력감, 과거에 대한 집착 등이 순서였습니다.
취업이 장기화되면서 미취업에 따른 극심한 스트레스에 시달리는 구직자들이 늘고 있는데 혼자만의 어려움이 아닌 만큼 무엇보다 자신감을 잃지 않으려는 노력이 중요합니다.

김추자 – 거짓말이야

그렇게도 잊었나 세월따라 잊었나
웃음 속에 만나고 눈물 속에 헤어져
다시 사랑 않으리 그대 잊으리 그대 나를 만나고
나를 버렸지 나를 버렸지
거짓말이야 거짓말이야 거짓말이야

4월 1일

가요계의 산증인 신중현 사단하면 제일 먼저 떠오르는 60년대를 풍미한 가수입니다. 쥐어짜듯 부르는 노래가 일품입니다. 〈님은 먼곳에〉, 〈늦기 전에〉, 〈월남에서 돌아온 김 상사〉 등 다수의 히트곡이 있습니다.

인터넷에서 연인에게 가장 많이 했던 '거짓말'은 무엇인지라는 이색 설문 조사를 했는데 응답자의 대부분이 '사랑해'라는 거짓말을 뽑았다고 하는 군요.
그 다음은 근소한 차로 '니가 처음이야'가 랭크되었고 '넌 정말 멋져.' 또는 '예뻐.'라고 답했고 '너랑 결혼할 거야', '나만 믿어.' 순으로 답했다고 하는 군요,
사랑한다는 말이든 처음이라는 말이든 거짓말하는 사람은 능청스럽게 했을 것이고, 받아들이는 사람은 거짓이라도 믿고 싶은 마음이 클 것입니다. 저 역시 사랑하는 사람을 위해서는 가끔 가볍게 하는 하얀 거짓말은 이해될 수 있을 것 같은데요.
대다수 네티즌들도 사랑에 있어 거짓말은 필요하다는 반응입니다.
그러나 과하면 넘치는 법입니다. 웃고 넘길 거짓말이라면 애교로 통하겠지만 연인에게 상처를 줄 수 있는 큰 거짓말은 자제하는 것이 좋을 것 같습니다.
사랑하는 연인을 위해서 악의 없는 사랑의 거짓말 정도는 가끔씩 해 주시는 것도 분위기를 위해서는 좋을 듯합니다.

John Lennon - Woman (여인)

여인이여 뭐라고 표현하기 어렵군요
내 짧은 생각에 얽히는 내 감정을
그대에게 빚을 갚아야 할 신세입니다
그리고 여인이여 표현해 보도록 애써보지요
가슴 속 감정들과 고마움을, 그대 내게 성공의
의미를 가르쳐 주었기에

4월 2일

영국 리버풀 출생의 영국 4인조 록그룹인 비틀스의 중심멤버로서 활약하는 한편, 회화에도 소질이 있어 삽화가 들어 있는 단편집 2권 〈In his own Write〉(1964) 〈A Spaniard in the Works〉(1965)를 내놓았습니다.

1969년에는 암스테르담의 호텔에서 평화운동으로 7일간의 베드인(Bed-In)을 벌이는 등 많은 화제를 불러일으켰는데, 베드인이란 항의의 한 방법으로 길거리 같은 데에 침대를 꺼내놓고 거기에 누워 항의하는 것으로 존레넌과 오노요코 부부가 시작하였습니다. 존레논은 음악계는 물론이고 정치계에서도 세계적인 화재가 되었던 20세기 최고의 뮤지션입니다. 안타깝게도 1980년 12월 8일 밤에 뉴욕에서 광 팬의 총격으로 살해됐습니다.

여성의 사회적 진출이 늘어나면서 줌마렐라들이 늘고 있습니다.

줌마렐라는 아줌마와 신데렐라의 합성어인데 경제적인 능력을 갖고 적극적인 사회생활을 하는 30대 후반에서 40대 후반 기혼여성을 일컫는 말입니다. 줌마렐라의 큰 특징은 자신을 적극적으로 관리한다는 점인데 우선, 이들은 외모 관리에 철저합니다. 줌마렐라들은 자기 계발에도 철저한데 지식 충전을 위해 학원이나 대학원에 진학하는 경우도 적지 않습니다. 자기 자신에 투자하는 것은 결국 자기뿐만 아니라 가족들과도 합류할 수 있는 시도가 될 수 있고 중년 여성의 헐거로움에서 벗어날 수 있는 이미지 변신입니다. 이러한 변신은 가정에도 활력소가 될 수 있습니다.

Vanessa Williams - Happiness (행복)

행복은 내 인생이 뭔지에 대해
나 없이 행복 할 수 없어요
행복 아무 것도 나를 멈추게 할 수 없어요

4월 3일

그녀는 1985년, 미국 역사상 흑인으로서 최초로 미스 아메리카에 당선이 되어 미국인들은 물론 전 세계인을 놀라게 하였습니다만 성인잡지의 누드 모델 경력이 밝혀지면서 미스 아메리카 왕관을 박탈당합니다.
미스 아메리카의 희비가 교차되면서 그녀는 92년 3월에 [The Comfort Zone]로 가수의 문을 두드렸고 〈Save The Best For Last〉로 빌보드 싱글 차트 연속 5주간 1위를 차지하는 기염을 토하였습니다.

아마 누구나 행복의 점수만큼은 후하게 주고 싶고 후하게 받고 싶은 마음인데 의외로 우리 한국인의 행복감은 100점 만점으로 기준해서 평균 69.1점이라는 낮은 결과가 나왔습니다.
행복을 결정하는 요건은 대부분 응답자가 건강이라고 말해서 돈이라는 응답보다 훨씬 많지만 하지만 이 경우도 소득 적은 사람들일수록 건강보다는 소득의 정도가 행복을 결정하는데 중요한 요인이라고 생각하고 있는 것으로 나타났습니다.
하지만 조금 더 행복한 사람은 마음의 안정과 가족화목이었고 덜 행복하다고 생각하는 사람들은 경제적 문제와 공부, 학업을 각각 이유로 들은 걸로 봐서 역시 행복의 가장 원칙적인 조건은 마음의 안정과 가족 화목인 것으로 드러나고 있습니다.
여러분은 가족의 화목과 경제적인 문제 중 어느 쪽을 선택하시겠습니까?

Led Zeppelin - Black mountain side (검은산 주변)

4월 4일

"우리는 우리가 최고 밴드라고는 생각지 않는다. 다만 2등인 그룹보다는 나은 그룹이라고 생각한다."
보컬 로버트 플랜트(Robert Plant)가 1975년 록 평론가 리자 로빈슨에게 자신의 그룹 레드 제플린을 한 줄의 문장으로 평가한 내용입니다. 이 곡은 기타리스트 지미페이지의 연주 세계를 엿볼 수 있는 명곡입니다.

산불로 주변 산림과 주요 건물들이 대거 소실됐던 강원도 양양 낙산사에 생태계 복원 조짐이 나타나고 있습니다. 산불직후 숯을 연상시킬 정도로 검기만 했던 사찰 경내에 이곳저곳 풀들이 돋아나며 점차 푸름을 회복하고 있는데 의상대와 다래원 주변 소나무 10여 그루는 큰 화상을 입어 소생 여부가 불투명했지만 3개월이 지나면서 솔잎 색깔이 눈에 띄게 푸르게 변하는 등 끈질긴 생명력을 보여주고 있습니다.
특히 의상대 동쪽에서 정자의 운치를 한층 돋웠던 관음송은 산불 당시에는 남쪽 가지 일부에만 푸른색이 남아 있었으나 가지에 돋아난 대부분의 솔잎들이 녹색으로 변하는 등 소생 조짐이 뚜렷하다고 하는데 이는 화상치료를 받은 데다 최근 내린 비로 적당한 수분이 공급됐기 때문입니다.
큰 화마에도 스스로 소생의 힘을 되살리고 있는 자연의 생명력은 흥미롭습니다.

Tony Orland & Dawn-Tie A Yellow Ribon Around The Old Oak
(참나무에 노란 리본을 묶어)

지금 버스 안은 모두 환호성이에요
그리고 나는 내 눈을 믿을 수 없어요
옛 오크나무에 백개의 리본이 달려 있어요
나는 집으로 돌아가요
옛 오크나무에 리본을 달아줘요

4월 5일

1971년에 앨범[Candida]에서 〈Knock three times〉가 빌보드 1위에 오르면서 인기 그룹으로 발돋움하였습니다. 지금 소개하는 이 곡은 1973년 4월 출시가 되자마자 4주간 미국과 영국에서 차트기록 1위를 기록하였습니다. 이 곡은 복역수가 감옥에서 형을 살고 나오면서 여자 친구와 만나기로 약속을 합니다. 오크나무에 복역수였던 나를 받아준다면 노란 리본을 달아달라고 부탁을 합니다.

오늘은 식목일, 나무들 많이 심으셨나요? 우리는 간혹 심는 것 보다 자라는 나무를 방치하고 있습니다. 그러는 반면 죽어서 한 그루의 나무가 되고 싶다는 실천에 나무의 거름이 되려는 사람이 있습니다.

지난해 9월 고려대 농대 교수가 수목장 방식으로 장례를 치르면서 널리 알려졌는데 유족들은 평소 나무 사랑이 각별했던 고인이 '나무로 돌아가겠다.'는 뜻을 받들어 화장한 고인의 유골을 경기도 양평에 있는 고려대 농업연습림의 참나무 아래 묻었고 이 참나무에는 '김장수 할아버지 나무'라는 말이 붙어 있습니다.

보통 사람은 죽음을 두려워하는 순간까지 자신이 묻힐 땅에 필요 이상의 공간을 확보하려고 하는 것이 욕심인데 죽어서도 나무가 되고 싶은 사람들이야 말로 진정으로 자연에서 왔다가 자연으로 돌아가는 삶입니다.

김창완 - 초야(初夜)

따스한 정이 흐르네
오늘 같이 흐뭇한 날엔 술 한 잔 권하고 싶어
하얀 불이 붉어 지면은 그댄 어떨지 몰라
사랑해 사랑해

4월 6일

초야는 신랑신부가 혼례를 치르고 첫날밤을 보내는 뜻입니다. 산 울림의 김창완이 부른 곡입니다.

재혼했다는 사실 하나만으로 인격적 결함을 가진 사람으로 취급받기 일쑤였습니다. 이 때문에 재혼한 사람들은 마치 자신들이 죄인의 탈을 쓴 것처럼 재혼 사실을 숨긴 채 살아가곤 했습니다.

하지만 최근 들어 재혼에 대해 바라보는 시선이 바뀌어가고 있습니다. 이혼율 급등도 있지만, 또 사회적인 흐름상 살다보면 일어날 수 있는 일로 받아 들여져서 그전보다 사람들의 시야가 많이 넓어졌습니다.

한 설문 조사에서는 절반 이상이 재혼식을 올리겠다고 대답했으며, 재혼식을 당연한 절차라고 당당히 밝히고 있습니다.

재혼식을 올리는 이유로 더 행복한 재혼생활을 위해, 재혼 상대에 대한 배려, 부부로서 인정받기 위해서 올린다고 밝히고 있습니다. 초혼이든 재혼이든 결혼식은 인생의 동반자를 맞아들이는 당연한 의례라는 것이죠.

물론 개중에는 아직도 이런 재혼식에 대한 부담을 갖고 계신 분들도 많으시겠지만 지나온 이유야 어찌됐든 또 다르게 새 출발 하는 일인 만큼 진심으로 축복하고 또 시작하는 분들도 당당해지는 것이 어떨까 합니다.

이연실 - 목로주점

이왕이면 더 큰 잔에 술을 따르고
이왕이면 마주앉아 마시자 그랬지
그래 그렇게 마주 앉아서
그래 그렇게 부딪혀 보자
가장 멋진 목소리로 기원하려마
가장 멋진 웃음으로 화답해줄께
오늘도 목로주점 흙바람 벽엔
삼십촉 백열등이 그네를 탄다

4월 7일

막걸리하면 그 옛날 찌그러진 주전자에 담겨진 것 술을 대접만한 사발에 따라서 총각김치나 김치 한 절음에 시원하게 벌컥벌컥 마시던 우리 아버지들의 모습이 연상됩니다.

지금이야 술 종류도 다양해지고 술집 역시 일일이 나열하기 힘들 정도로 많아졌지만, 옛날에는 아버지들의 컬컬한 목소리가 흘러나오던 대폿집이 대부분이었습니다.

그 대폿집은 서민들의 살아가는 또 다른 인생의 장소였고 또 어떤 때는 고달픈 인생을 대포 한잔에 담아 풀어내던 장소였습니다. 그러던 장소가 점점 세월이 흐르면서 화려한 술집에 밀려 사라진지 오래됐습니다.

그런데 최근 술 문화에도 양극화 바람이 일면서 주머니가 가벼운 서민들이 값이 싸고 푸짐한 대폿집을 찾는 일이 많아졌습니다. 옛날의 향수도 향수지만 점점 경기가 힘들어 가벼운 주머니로 갈 곳이 없어진 서민들로 인해 다시 붐비기 시작했습니다. 거기다 막걸리는 값이 싸면서도 건강에 해롭지 않은 곡주라는 인식 때문에 인기를 끌고 있습니다.

무엇보다도 가난했던 시절, 우리의 아버지들이 구수한 입담이 흘러나오던 대폿집, 내일은 그런 시절을 떠올리며 대폿집에서 한잔 하는 것이 어떻습니까?

Carry & Ron (캐리 & 론) - What Do Mama's Know (엄마가 아는 것은 무엇인가)

4월 8일

드라마 〈애인〉의 삽입곡 I.O.U (I Owe You)를 불러서 국내 팬들에게 사랑받는 독일 출신의 부부 듀엣입니다. 드라마 열풍에 힘입어 내한 공연을 했고 심적으로 고통을 겪던 가수 본인들도 한국인들의 사랑을 받아 위로를 받았다는 후문이 있습니다.
데뷔는 1980년에 싱글 앨범 [I Don't Wanna Be Alone]으로 데뷔했습니다.

여성이 남성보다 오래 사는 이유는 잘 먹어서도 아니고 예뻐서도 아니고 심장이 더 강해서 오래 삽니다. 남성의 경우 70세가 되면 심장 기능의 최대 25%를 상실하지만 여성은 20세의 심장을 그대로 유지합니다.

영국의 한 연구팀은 18세부터 80세까지 남녀 250명을 대상으로 2년 동안 연구한 결과 남성은 70세가 되면 심장 근육세포 수백만 개가 소멸되지만 여성은 나이가 들어도 근육세포 소멸이 나타나지 않았다고 했답니다. 따라서 규칙적인 운동이 심장 노화를 막을 수 있는 만큼 남성들의 심장 노화를 막기 위한 프로그램 보급이 필요하다고 덧붙였고 여성의 심장 기능이 운동을 하지 않아도 유지되는 이유에 대해서는 아직 밝혀내지 못했습니다.

우리의 어머니들이 그토록 어려운 환경에 처할 때마다 강해지고 굳건할 수 있었던 것은 어쩌면 어머니 마음인 심장이 강하기 때문입니다.

S club 7 – Bring It All Back (모두 돌려 보내다)

그들이 하는 말이 맞아
모든 일에는 이유들이 있지
그러나 너만을 위한 시간이 다가온다는 걸 알아 뒀으면 해
노력을 멈추지 말란 말이지.

4월 9일

4명의 소녀들과 3명의 소년들로 이루어진 혼성그룹이었습니다. 이들은 스파이스 걸스의 전 매니저였던 사이몬 풀러에 의해 만들어졌는데 1999년 영국의 BBC방송의 시트콤 드라마〈마이아미〉에 출연했던 연기자들이 모여서 결성되었습니다.

데뷔곡은 〈Bring It All Back〉입니다. 영국을 비롯하여 유럽, 호주 등에서 꽤 인기를 얻게 되면서 브리드 어워드에서 신인상을 수상하는 등 2집까지 인기를 끌었으나 멤버 한 명이 나감으로 해서 해체하게 됩니다. 멤버 중에 폴 카터몰이 음악적으로 맞지 않아 전격적으로 탈퇴하면서 3집 활동을 끝으로 더 이상 에스 클럽 세븐(S club 7)이란 이름이 의미 없어집니다.

7명이라서 7을 붙인 건데 1명이 빠져 나가서 에스 클럽이란 이름으로 바꿔 4집 [Alive]란 곡을 발표했으나 그전의 인기를 다시 살리지 못합니다. 이때 에스클럽세븐 소속사가 에스클럽세븐 뒤를 이을 그룹을 다시 결성하기 위해 오디션을 통해 선발한 그룹이 에스 클럽 주니어를 결성합니다. 그러니까 에스 클럽과 에스 클럽 주니어는 멤버들이 전혀 다른 팀이라고 봐야 합니다.

이런 우여곡절 끝에 S club은 4집 발표 후 〈Say Good Bye〉를 베스트에 올리고 해체함으로서 사실상 에스클럽세븐은 사라집니다. 그러나 음악은 살아 있다고 이렇게 그들의 음악만이 그를 아끼는 마니아들로 인해 우리들 곁에 머무르고 있습니다. 에스클럽세븐의 히트곡이라 할 수 있는 〈Bring It All Back〉입니다.

Sarah Vaughan - A Lover's Concerto (연인의 협주곡)

들판에 나리는 빗방울은 부드럽고 나뭇가지에 있는 새들은 사랑의 노래를 꽃들에게 들려주네요
언덕 위에 밝은 빛깔의 무지개를 보네요
오늘 신비로운 힘이 우리를 사랑하게 만들었어요.
이제 저는 당신의 영원한 사랑입니다. 부드럽게 사랑해 주세요. 당신에게 모든 걸 드릴게요.

4월10일

사라 본 (Sarah Lois Vaughan)은 엘라 피츠제랄드(Ella Fitzgerald), 빌리 홀리데이(Billie Holiday)와 함께 20세기 최고의 여성 재즈 보컬리스트로 사랑 받은 가수입니다. 전도연, 한석규 주연 영화 〈접속〉에도 나와 큰 사랑을 받았던 곡입니다. 인터넷을 통해 만나는 만남에도 연애 감정이 시작될 수 있다는 내용인데, 요즘 인터넷에서 만나 결혼을 하는 커플이 많죠. 그런 한편 인터넷 상에서 과격한 악플을 볼 때면 씁쓸할 때가 있는데, 대한민국의 모든 악플러들 이 곡을 듣고 얌전한 마음을 가져보아요.

세상 사람들의 눈과 귀가 인터넷으로 쏠리면서 점점 사람과 사람사이의 거리가 멀어지고 있습니다. 컴퓨터 모니터 안에서는 굳이 성격도 얼굴도, 재산도, 나이도, 이름도 하물며 성별까지도 숨기고 얼마든지 사람들과 접속할 수 있는 점을 이용하여 무차별적 인신 공격을 합니다.

얼굴을 직접 마주보며 살아가는 바깥 세상은 오해나 분노 같은 것은 술 한 잔 나누며 풀면 다음 날 다시 웃을 수 있지만 인터넷 세상은 작은 오해가 생기면 오해한 데로 스위치를 꺼버리면 그만이기 때문에 인터넷 속 인간 갈등 문제는 쉽게 해결되지 않습니다.

아름다운 인연을 맺고 싶다면, 우리 마음이 얌전해져야 합니다. 인터넷 인연이란 아무렇게나 만드는 것이 아닙니다. 상대를 존중하도록 지켜가야 합니다.

John Legend- Stay With You (당신과 함께 머무르다)

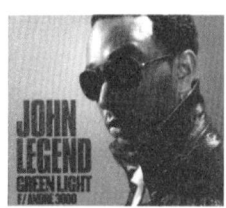

지금 우리 잠시 동안 같이 지내요.
우리가 매일 매일 좋아지고 있어요
의심할 여지 없이 기분이 좋아요
당신과 함께 있을 거예요

4월11일

보이즈 투 맨(Boyz II Men)과 엠씨 해머(MC Hammer)등의 음악에 영향을 받으며 성장했으며 리듬앤블루스를 현대 음악으로 재해석한 네오소울의 아티스트인 질 스캇(Jill Scott)의 영향을 받았습니다.

2005년 오늘과 같은 일자에 발매된 앨범 [Get lifted]의 음악에 수록된 존레전드의 음악을 만나도록 하겠습니다. 울적한 기분이 들 때 그의 노래를 들으면 뒤집힌 마음까지 위로해줍니다.

1978년 12월 28일 미국 일리노이주의 주인 스프링필드에서 출생한 존 레전드(John Legend)는 펜실베니아 대학에서 영문학을 전공했습니다. 보통 아티스트들은 음악을 전공하는 데, 존 레전드는 문학을 전공한 독특한 이력이 있습니다.

〈Stay With You〉도 바로 이 앨범에 수록되어 있는 곡인데 이 곡이 앨범차트 1위까지 오르는 과정이 독특합니다. 흔히들 입소문이라고 하지요. 소리 소문 없이 슬그머니 세상에 던져진 이 음악은 아무도 관심을 가지지 않는 가운데 슬금슬금 빌보드 상위권 속으로 진입하더니 앨범차트 1위라는 타이틀을 차지합니다.

하지만 우리 속담에 아니 땐 굴뚝에 연기난다는 말이 있는데 레전드가 그렇게 소리 없이 성공한 뒤에는 바로 전미 대중 음악계를 쥐고 흔들었던 명 프로듀서 카니에 웨스트(Kanye West)라는 거목이 뒤에서 진두지휘하고 있었습니다.

Eleanor Mcevoy – The Rain Falls (비가 내리다)

비가 내린다, 비가 내린다, 네게
그리고 넌 내 면전에서 직접 그 사실을
말할 것이라고 생각하지 않았지
그런데 그 소문들은 사실이었어
너는 누군가 새로운 사람을 만나기 시작했고
내가 사는 곳에서 그녀에게 이야기했음을
그리고 지금 넌 날 차버리려고 해

4월 12일

엘레너 맥커보이(Eleanor McEvoy)는 1967년 1월 22일에 아일랜드에서 출생하였고 아일랜드 최고의 음악 대학 트리니티 대학에서 음악학을 전공하였습니다. 아일랜드 국립 교향악단에서 바이올리니스트로 5년간 재직했을 정도로 학구파 실력파 가수입니다. 1983년 1집 앨범 [Mary Black]으로 데뷔하였고, 그녀가 싱어송라이터로 작업한 노래 〈Only A Woman's Heart〉가 담긴 편집 앨범이 1년 동안 탑10에 오르는 기염을 토할 정도로 성장합니다. 많은 음악인들이 그녀가 작곡한 노래를 받고자 대기하고 있다고 전해집니다.

실제로 한 마을에 소문이 퍼지는 속도는 놀라운 정도입니다. 가령 어떤 남자가 인구 스무 명 정도의 마을에 모든 사람들이 놀라워할 만한 소식을 가지고 아침 8시에 도착했다 치고 그는 숙박할 집에서 단 3명의 마을 주민에게 이 소식을 전했을 때 이 소식을 전달하는데 대략 15분이 걸립니다.

그러면 아침 8시 15분에 이 소식은 이 마을에서 4명이 알 게 되고 이 소식을 전해들은 3명의 마을 사람들은 각각 그 이야기를 다른 3명의 친구들에게 전하게 되면 여기에서도 역시 15분이 걸리는 계산이 나와서 결국 도착한 지 30여분 후에 소식은 벌써 4+3×3=13명에게 퍼지게 됩니다.

좋은 소문은 때때로 한 사람의 인생을 바꿀 수도 있습니다.

Creedence Clearwater Reviva - Bad Moon Rising
(불길한 달이 떠올라요)

불길한 달이 떠오르는 것을 보았습니다.
재난이 일어나는 것을 보았습니다.
지진과 번개도 보았습니다.
불길한 오늘을 보았습니다.
오늘밤에는 돌아다니지 마십시오
당신의 삶을 가져갈지도 모릅니다.
불길한 달이 떠올라 있거든요

4월13일

C.C.R은 미국 캘리포니아에서 결성된 록밴드입니다. 1959년에 결성한 C.C.R은 Creedence Clearwater Revival의 약자로서, 더러운 물을 깨끗이 정화한다는 의미입니다.

여성형 유방증이 있는데, 이 병은 남성의 가슴이 마치 여성의 가슴처럼 바뀌는 질병입니다. 잘못된 식습관에서 오는 비만으로 인한 질병입니다.
이 병은 청소년과 청년층에서 요즘 크게 늘고 있는 질병인데 서구화된 식습관으로 인한 비만이 가장 큰 원인으로 남성 호르몬과 여성 호르몬의 균형이 깨지면서 남성의 가슴이 여성처럼 커지는 것입니다. 전문의들은 여성형 유방증의 일부는 실제로 유방암으로 발전할 가능성도 있기 때문에 주의해야 한다고 충고하고 있습니다.
서구적인 음식도 좋지만 이왕이면 우리 입맛에 맞는 우리 한식으로 한창 커가는 아이들의 건강을 지켜줘야 합니다.

Van Morrison - Brown Eyed Girl (갈색 눈동자의 소녀)

무슨 일이 일어난 거지. 화요일은 느리게 가고 올드 맨 강가에 트랜지스터 라디오를 가지고 내려가서 햇볕을 쬐며 웃네
무지개에 숨어서 당신과 함께 폭포를 향해 걸으면서 미끄러지고 넘어지고
갈색 눈동자의 소녀, 당신은 나의 갈색 눈동자의 소녀이지요.

4월14일

밴 모리슨 (George Ivan Morrison)은 아이리시소울과 포크록을 노래하는 싱어송라이터 가수입니다.
북아일랜드에서 일찍부터 블루스와 재즈를 듣고 자랐으며, 색소폰·기타·하모니카 등을 연주하며 십대 때부터 여러 밴드에서 활동했습니다. 1967년에 미국으로 활동 무대를 옮긴 뒤 첫 솔로 싱글 리듬앤드블루스 곡 〈Brown Eyed Girl〉을 발표해서 큰 사랑을 받았습니다.

첫인상의 핵심이 '보는 것'을 의미하는데 보는데 걸리는 시간은 단 5초입니다. 그러므로 첫인상은 고작 5초의 순간입니다.
생각에 따라 짧은 순간이지만 어떤 사람이 '머리가 좋다'라는 사실이 밝혀지기 전에 성실한 사람이라는 첫인상을 보여주었다면 그 사람은 전체적으로 현명하고 지혜로운 사람으로 평가됩니다.
하지만 첫인상이 이기적인 사람으로 비춰졌을 때는 교활한 사람으로 전체적인 평가가 내려집니다. 정말 순간적으로 한 사람의 전체 평가가 내려지는 무서운 5초라고 할 수 있는데 더욱이 한번 내려진 평가는 나중에 그 사람에 대한 다른 정보가 들어와도 귀를 기울이지 않는다고 하네요.
그야말로 첫인상은 단 5초에 내려진 평생 인상이라고 할 수 있습니다. 그렇다면 처음 상대방과 대면할 때는 가능한 웃는 얼굴로 대해야겠습니다.

Chuck Mangione - Feels So Good (느낌이 좋아)

4월 15일

척 맨지오니(Charles Frank Mangione)는 트럼펫 비슷하게 생겼으나 소리는 좀 더 부드러운 플루겔호른 연주자입니다.
1976년에 제19회 미국 그래미 어워드 최우수 작곡상을 받았고 1978년 제21회 미국 그래미 어워드 최우수 팝 연주상을 수여받았습니다.
듣다보면 입가에 미소가 걸리는 연주 음악입니다. 이 음악이 있어 삶에 활력소가 됩니다.

"인생은 우리에게 쉬지 말고 길을 가라고 재촉하지만, 우리에게는 멈추어 쉬는 시간이 필요하다. 평소에 멈추어 서서 삶을 되돌아볼 만큼 여유를 지닌 사람은 거의 없다. 그런데 전혀 예상하지 않았던 어떤 일이 일어났을 때, 예를 들어 갑자기 병이 찾아왔거나 어려움이 닥쳐왔을 때, 우리는 가던 길을 멈추고 인생이라는 식탁에 둘러앉아 이야기를 나눌 시간을 갖게 된다."

캘리포티아 샌프란시스코 임상 교수 레이첼 나오미 레멘의 글처럼 어떤 힘든 역경이 찾아 왔을 때 왜 그랬을까를 되뇌어 보지만 그때는 이미 늦은 경우가 많습니다.

Gabrielle - Out Of Reach (닿지 않는)

손이 닿지 않는 곳에, 너무나 멀리 있는 당신
나는 결코 당신 마음을 가져보지 못했네요.
내 손이 닿지 않는 곳에 있는 당신을, 난 알 수 없어요.
우리는 함께 있을 운명이 아니었나봐요.

4월16일

1970년 4월 16일 영국에서 태어난 가수입니다. 영화음악 감독이 선택하는 가수입니다. 〈매그놀리아〉, 〈러브 액추얼리〉, 〈브리짓 존스의 일기2〉등에 삽입곡을 불렀습니다. 지금 소개하는 곡은 〈브리짓 존스의 일기2〉에 흘러나온 곡입니다. 카페에서 마늘 바케트 빵과 커피를 먹고 마시며 그녀의 목소리를 들어보는 것도 큰 축복이겠죠.

비가 오거나 날씨가 흐리면 사람은 서정 시인이 되듯 아련한 감상에 빠지게 됩니다. 그런 분위기에 맞는 음악을 만나면 더더욱 그렇죠.

그럴 때 맞춰보는 곡이 있는데 너무 빠르지도 않고 그렇다고 축 늘어지지 않은 적당하게 어울리는 곡이 있는데 가브리엘의 〈Out Of Reach〉입니다. 우리가 기억하고 있는 〈브리짓 존슨의 일기〉의 OST 삽입곡입니다.

가브리엘의 음악 세계를 들여다보면 1999년 톰크루즈 주연의 영화 〈매그놀리아〉에서 〈Dreams〉를 들을 수 있고 그리고 가장 최근에는 관객들이 뽑은 최고의 로맨스 영화 〈러브액츄얼리〉에서 삽입곡 〈Sometimes〉를 들을 수 있습니다.

끝으로 〈Out Of Reach〉에 대해서 한마디만 더 붙이면 이루스딕 버전으로 〈브릿지 존슨의 일기〉 2편에 다시 삽입됩니다. 영화 음악에 잘 어울리는 그녀의 곡을 영화와 함께 감상한다면 연애하는 기분에 빠질 것 같아서 두렵습니다.

Bajofondo Tango Club – Perfume (향기)

4월17일

세계 영화음악계의 거장 구스타보 산타올라야가 이끄는 일렉트로닉 탱고 밴드입니다. 영화 〈바벨〉, 〈브로크백 마운틴〉, 〈모터사이클 다이어리〉 등으로 2005년과 2006년 아카데미 영화음악상을 2회 연속 수상했습니다.
구스타보 산타올라야는 아르헨티나의 최고의 실력파 탱고 뮤지션 7명을 규합해 21세기 탱고의 혁명이라 할 수 있는 일렉트로 탱고 밴드 바호폰도를 결성해 2002년 데뷔 앨범 [바호폰도 탱고 클럽 (Bajofondo Tango Club)]을 출시하며 세계 음악인들의 주목을 받았습니다.
바호폰도는 영어로 underground라는 뜻. 이 앨범은 2002년 가을 아르헨티나, 멕시코, 유럽 등에서 동시 발매된 이후 이들 나라의 팝 차트를 휩쓸고 있습니다.
탱고를 바탕으로 트랜스, 하우스, 유럽의 트립팝 그리고 칠-아웃 뮤직이 절묘하게 혼합되어 일렉트로 탱고라는 새로운 장르를 탄생시켰습니다.

향에 따라 성격에도 차이가 있다고 하는데, 여러분은 어떤 향을 좋아하십니까? 저는 언제 어디서 만나도 좋은 사람 향을 제일 좋아 합니다.

Jordy – Dur Dur D'etre Bebe (아기 짓도 못해먹겠군)

내 이름은 조르디, 네 살이에요
아기가 되기는 힘들어요
여기 와라. 그건 만지지 마라. 얌전히 앉아있어라
거기 가지마라.
이거 해라. 저거 해라. 어쩌구 저쩌구
할아버지, 할머니, 엄마
아기가 되기는 힘들어요

4월 18일

조르디 르무와느는 프랑스 노르망디 출신의 최연소 가수입니다. 조르디는 만 4세 6개월이었던 해인 1993년 〈Dur dur d'être bébé〉(아기 짓도 못해먹겠군)라는 곡으로 싱글차트 1위를 차지합니다.

부모가 아이에게 처음 말을 가르칠 때, 가장 먼저 알려주는 말이 있는데 도리도리, 잼잼, 곤지곤지 같은 단어들인데 부모들이 정작 담긴 뜻을 모르는 경우가 허다합니다. 단군시대부터 내려져 온 이 단어들은 과거 왕족들의 교육 방식이었다고 하는데 이를 단동십훈이라고 했습니다.

우선 도리도리(道理道理)는 천지만물이 하늘의 도리로 생긴 것처럼 너도 자연의 섭리를 잊지 말아라는 의미가 담겨져 있습니다. 손을 폈다 쥐는 동작을 반복하는 잼잼은 한자어 지암지암의 줄임말로 세상의 밝고 어두운 것을 가려라는 뜻입니다.

또, 곤지곤지(坤地坤地)는 하늘과 땅이 조화로운 것을 보고 음양의 조화를 잘 배우란 말이고 가장 흔하게 쓰는 짝짜꿍은 한자로는 작작궁 작삭궁(作作弓 作作弓)으로 이 모든 이치를 깨닫고 즐겁게 춤을 추어라는 의미로 이중 가장 큰 의미가 숨겨져 있습니다.

Yes - Owner Of A Lonely Heart (외로운 마음의 주인)

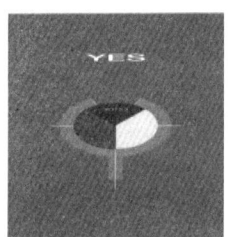

움직여라
너는 항상 네 인생을 살 필요가 있어
결코 미래 따위를 걱정할 필요는 없어
스스로를 증명하라
생각한 대로 행동하라
외로운 마음의 주인이여

4월19일

1969년 영국에서 결성된 프로그래스브록 그룹으로 여성적인 음성의 존앤더슨이 리드보컬로 팀의 핵심입니다.
60년대 말에 활동한 영국 그룹으로 크림의 고별 무대에 오프닝을 참여하면서 알려지기 시작합니다. 데뷔앨범 [Yes](69)를 발표하면서 프로그레시브 록을 대표하는 그룹으로 인정받게 되고 록 애호가로부터 찬사를 받기도 했던 그룹입니다.
어떤 분위기에도 어울리는 명곡입니다.

사람이 태어나서 병에 걸리는 것은 힘들고 가족 전체까지 고통스러운데 소득이 낮을수록 암에 걸릴 확률이 높다면 절망적인 결과로 보입니다.
실제 국민건강보험공단은 지난 2001년 암에 걸린 환자를 소득별로 분석한 연구결과를 발표했는데 이에 따르면 소득 하위층이 상위층보다 암 발생률이 높았습니다.
연구팀은 '소득계층으로 본 연구 결과 암 발생률과 치명률에서 저소득층이 고소득층에 비해 상대적으로 불리한 불평등이 있는 것으로 판단된다.'면서 '이러한 불평등을 해소하기 위해 정부나 사회 각 부분에서 대책을 마련해야 한다.'고 말했습니다.
이 기사를 보면서 참 안타까운 생각이 들었는데 물론 생기는 병을 어찌할 수는 없지만 정부의 시책도 문제지만 중요한 것은 이럴수록 스스로 건강을 지키고 관리하는 일 그리고 힘들수록 가족의 따뜻함이 전해진다면 가족 모두가 건강하게 살아가지 않을까 생각합니다.

Marmalade - Reflections Of My Life (내 인생의 회고)

강렬한 햇빛에서 은은한 달빛으로 변해가고 있는
내 인생을 돌이켜 봅니다
그 삶의 파편들이 눈에 선합니다
어려운 시절에 서로 용기를 북돋아주던 이웃들
내 인생을 돌이켜 보면
아, 그 삶의 파편들이 눈에 선합니다

4월 20일

1960년대 후반과 70년대 초반 왕성하게 활동한 마말레이드는 하모니가 아름답게 조화된 그룹으로 영국에서 대중적인 그룹입니다. 히트곡 중 싱글 〈Reflections of My Life〉는 미국 차트에서도 폭발적인 인기를 얻었으며 국내 다운타운에서 먼저 사랑을 받았던 명곡입니다. 아쉽게도 1960년대의 미국에서는 히트 못했지만 1976년에 발표한 〈Falling Apart At The Seams〉는 미국 차트에 다시 등장하여 빅 히트곡이 되었답니다. 그들이 어려웠던 시절을 반추하는 내용으로 노래를 만들었습니다.

뇌성마비로 언어장애가 있고 온몸을 제어 못하고 흔든다고 해서 지능이 낮은 것으로 생각하는데 그렇지 않습니다. 뇌성마비의 지능지수는 정상입니다.
정신지체를 바보 또는 정신박약이라고 놀리고 나이에 상관없이 반말을 하는데 그들의 인격을 존중해 주어야 합니다.
청각장애우의 언어인 수화를 몇 단어라도 익히자 간단한 인사를 하면 가까운 사이가 될 수 있습니다. 청각장애우는 알아듣지 못한다고 함부로 말을 하는데 청각장애인들은 이미 알고 있습니다.
오늘은 장애우의 날입니다. 장애우는 우리보다 불편을 느끼는 사람들일 뿐입니다. 장애우라는 잣대를 바라보는 시선 속에 혹 자신의 마음에 장애가 있는 것은 아닌지 생각해봐야 합니다.

장덕 - 님 떠난 후

사랑했던 사람은 곁에 없지만
사랑했던 마음은 남아있어요
홀로 남아 이렇게 생각해봐도
어쩌면은 그것이 잘된 일이야
어느날 우연히 사랑을 알게 됐지만
사랑을 하면서 슬픔은 커져만 가고
서로가 서로를 더 깊이 이해 못하며
우리의 갈등은 자꾸만 커져갔지요
나 혼자면 어때요 난 아직 어린 걸

4월 21일

진미령이 불렀던 〈소녀와 가로등〉을 15세에 작곡을 하여 대한민국 가요계를 놀라게 할 정도로 발군의 실력을 지닌 천재라는 말이 어울리는 소녀였습니다. 동시에 가수로도 활동했는데 〈님 떠난 후〉로 가요톱텐 연속 5주 동안 1위를 차지하며 다시 한번 세상을 놀라게 했습니다. 작곡가로서도 활동을 했는데 이은하가 부른 〈미소를 띄우며 나를 보낸 그 모습처럼〉과 진미령이 부른 〈소녀와 가로등〉은 현재도 꾸준히 신청될 정도로 백미를 자랑하는 음악이지요. 그녀는 십대와 이십대를 넘나들며 소녀의 감수성을 노래로 만드는 재주를 지니고 있었습니다. 지극히 개인적인 사연을 노래로 담았는데, 이것이 당시 7,80년대 사랑법에 어느 정도 보편성을 획득한 것으로 보입니다. 대중에게 사랑받았다는 것이 그 한 예가 되겠죠. 그런 그녀에게도 가족을 둘러싼 아픈 사건들이 속출하고, 80년대에서 90년대로 넘어가는 그 해, 그러니깐 90년에 일찍 요절하였습니다.
대개 가수들이 남이 만들어준 노래를 앵무새처럼 따라부르지만, 그녀는 자신의 감수성을 온전히 대중가요로 만들었던 자신에게 솔직하고 충실했던 싱어송라이터였습니다.

Andrea Bocelli- Besame Mucho (베사메무쵸)

4월22일

나에게 키스해 줘요, 오늘밤이 마지막인 것처럼
내게 키스해줘요, 많이 해줘요
당신을 잃을까 두렵네요
아주 가까이 당신을 갖고 싶네요
당신의 눈에서 나를 보고 싶고
항상 당신 곁에 있고 싶어요
생각해봐요, 아마도 내일은 이미 나는 멀리 있을 거라고
여기서 아주 멀리

이탈리아의 테너 가수인 그는 아내와 두 명 아들과 함께 그가 태어나고 자란 토스카나 주 라자티코에서 살고 있습니다.
그는 선천적인 녹내장을 앓았으며, 12세 무렵에 축구 시합을 하던 도중 머리에 충격을 받고 시력을 잃었습니다. 2006년 이탈리아 공화국 Grande Ufficiale 훈장(2등급)을 받았습니다.
실업률로 힘들어하는 분들께 키스를 선물하고 싶네요. 안드리아 보첼 리가 노래합니다. 베사메 무초.

Ray Conniff And His Orchestra-Rudolph The Red Nosed Reindeer
(루돌프 사슴코)

루돌프 사슴코는 매우 반짝이는 코
만일 내가 봤다면 불붙는다 했겠지
다른 모든 사슴들 놀려대며 웃었네
가엾은 저 루돌프 외톨이가 되었네

4월23일

1958년 영화음악을 작곡하고, 이어 TV드라마 〈피터 건〉에 재즈를 도입한 음악으로 대중의 주목을 끌었고 그 후, 할리우드에서 영화음악에 전념하였습니다.
대표곡은 〈티파니에서 아침을〉, 〈술과 장미의 나날〉 등이 있으며 1960년대 미국의 영화음악을 대표하는 작곡가가 되었습니다.
1960년에 그래미 시상식에서 최우수 재즈 연주가상과 편곡상을 수상하였습니다.

콧구멍에는 뻣뻣한 코털이 나 있는데 이것은 비교적 큰 먼지 입자를 제거해 줍니다.
이렇게 코를 통과한 공기는 목으로 들어가서 기관지를 거쳐 폐로 들어가게 됩니다.
끈끈하고 누런 가래와 같은 콧물이 나온다면 코에 물혹이 생겼거나 축농증이 걸린 것은 아닐까 의심해봐야 합니다.
그리고 울 때 콧물도 함께 흐르는 이유는 슬플 때 나오는 콧물이 코에서 나오는 것이 아니라 눈에서 나오는 눈물이 콧속으로 흘러서 내리는 것입니다.
눈물이 날 때 동시에 코 쪽의 통로를 통해서 모두 연결되어 있기 때문이라고 하는데 눈물은 눈물샘에서 만들어지는데 이것이 흘러 넘쳐서 눈 밖으로 흐릅니다. 우리는 이것을 눈물이라고 부릅니다. 그러나 이 눈물과 콧물이 함께 나오는 것은 원래 눈에서 나오는 것이니 눈물이 맞지만 코를 통해서 흘러나오니 콧물이라고 부른답니다.

임창정 – 소주 한잔

여보세요 나야 거기 잘 지내니 여보세요 왜 말 안하니 울고 있니 내가 오랜만이라서 사랑하는 사람이라서
그대 소중한 마음 밀쳐낸 이기적인 그때에 나에게 그대를 다시 불러오라고 미친듯이 외쳤어

4월 24일

영화배우 겸 가수인 임창정이 부르는 곡으로 애주가 남성들에게 절대적인 지지를 받은 곡 〈소주 한잔〉을 선곡해 보았습니다. 사실 한국 최초의 광고음악은 1959년 진로 소주 광고 음악이었습니다.

예전에 소주병은 모두 투명한 병이었습니다. 1993년쯤 두산에서 소주 시장에 처음 뛰어들었을 때 그때 당시에 화두였던 친환경, 클린의 이미지였던 녹색의 이미지를 살려 소주병에 녹색을 넣어 그린이라는 소주를 시판했었는데 그것이 소비자들에게 크게 어필해서 판매가 잘 되었습니다.

녹색 병의 소주가 투명 병의 소주보다 깨끗하고 덜 독하다는 인상 때문인데 그 뒤로 각 소주 회사는 두산의 그린을 따라 해서 모두 병 색깔을 녹색으로 바꾸었고 여담으로 두산에서 미소주라고 다시 투명 병에 담긴 소주를 내 놓았는데 역시나 독해 보인다는 인상 때문에 실패를 했습니다.

물론 아직 진로는 투명 병을 사용한 소주를 판매하고 있습니다. 옛날의 향수 또는 진로 맛을 버리기 싫어하는 소비자를 위해 아직 생산하고 있습니다. 그리고 또 다른 이유는 소주가 맨 처음엔 투명 병으로 나왔지만 물가가 오르고 소주 값도 올라야하는데 소주는 부유층이 아닌 일반인이 먹는 술이라 가격을 올리면 소비가 많이 줄어든다하여 원가를 줄이기 위해 녹색으로 바꿨습니다. 술병을 만들면 처음 만들어지는 색이 녹색입니다. 투명한 병이나 다른 색 병을 만들려면 만들 때 또 다른 물품을 첨가해야 하기 때문에 원가 인하 정책으로 소주병이 녹색이 되었습니다.

이명훈 – 얼굴 빨개졌다네(1982)

천사 같은 그 애가 내 곁에 와서는
좋아한다 말하고 얼굴 빨개졌다네
깜짝 놀란 그 말에
가슴은 뛰었고 나도 그만 모르게
얼굴 빨개졌다네
입 맞추고 싶은
빨간 복사뺨 잡아 보고 싶은 고운 그대 손

4월 25일

1980년대를 강타한 그룹사운드, 휘버스(Fevers)입니다. 연세대학교 레크리에이션 연구동아리(RRC)에서 활동하다가 1978년 제1회 TBC 해변가요제, 1978년 제1회 TBC 해변가요제에 수상하며 화려하게 데뷔합니다.

얼굴이 붉어지는 안면 홍조 현상은 아시아인에게만 발견되는 현상입니다. 콜럼비아 대학 연구팀에 따르면 미국에 거주하는 아시아 인구의 절반이 안면 홍조 현상을 보였다고 하면서 다른 인종의 경우는 안면 홍조 현상이 거의 나타나지 않았다고 발표했습니다.

안면 홍조 현상은 아시아계 사람에게만 나타난다는 뜻에서 아시안 홍조라고도 불리는데 이 현상은 몸에 들어온 알코올이 완전히 분해되지 못했을 때 생기는 증상입니다. 안면 홍조 현상은 단순히 얼굴이 붉어지는 것뿐 아니라 어지럼증, 두통, 혈압 상승 등의 증세를 동반하기도 합니다.

이 증상의 예방과 치료에 대한 연구는 아직까지 이루어진 적이 없습니다. 술을 조금 먹는 것 밖에는 방법이 없네요.

Skeeter Davis & Bobby Bare - A Little Bitty Tear (작은 눈물)

내일이면 당신이 떠난다고 하니 오늘은 우리들의 마지막 날이네요
내가 발걸음을 옮겨도 당신은 웃을거고 하나도 슬퍼하지 않을 꺼라고 말했어요
하지만 나도 모르게 그만 눈물이 나와서 서툰 광대 연기를 망쳐 놓았어요
나는 얼굴을 찡그리지는 않았지만 눈물을 찔끔 흘리고 말았어요

4월 26일

이 노래는 전석환의 〈석별의 정〉으로 국내에서 많이 불리어진 곡입니다. 원곡은 1962년 벌 아이브스가 발표한 곡이 원곡입니다. 〈석별의 정〉은 졸업식처럼 친구 또는 스승과 헤어질 때 부르곤 했었습니다. 당시가 떠올라 절로 눈이 불거지며 눈물을 흘리며 부르던 이별가였지요.

생활하면서 속상한 일이나 답답한 일을 터트리고 실컷 울면 속이 시원해집니다. 나이가 들면 눈물의 양은 오히려 줄어드나 이 구멍이 좁아져서 눈물이 잘 빠지지 않아 노인들이 손수건으로 눈물을 찍어내기도 합니다.
단순히 자극을 받아 나오는 눈물과 슬퍼서 울 때 눈물은 성분이 다르다고 하는데. 슬퍼서 울 때 눈물 속에는 프롤락틴과 부신피질자극호르몬이 들어있으며 이 호르몬은 눈물과 함께 제거함으로써 스트레스로 인한 정신적 압박감을 해소하기 때문에 울고 나면 시원해집니다.
이제부터라도 속상하거나 답답한 일이 있으시면 남자도 체면 그만 챙기고 실컷 울어야 마음에 담긴 울화를 제거할 수 있습니다.

Cars – Drive (운전)

당신이 넘어지면 누가 일으켜줄까요?
당신이 전화했을 때, 전화 끊을 사람이 나 말고 누가 있을까요
나 말고 누가 당신의 꿈에 관심을 가질까요
당신이 소리를 꽥꽥 지를 때, 나 말고 누가 귀를 막을까요
당신은 아무런 문제가 없다고 생각하면서 계속 지낼 수는 없어요
누가 오늘밤 당신을 차로 집까지 데려다줄까요.

4월 27일

1970년대 후반에 등장하여 인기 정상의 뉴웨이브 그룹으로 자리잡은 보스턴 출신의 5인조 밴드 카스(The Cars)는 미국을 대표하는 뉴웨이브 1세대 팝 감각이 뛰어난 록그룹입니다.
이들의 음악은 프로그레시브 록과 펑크 음악, 그리고 전위적인 요소들 까지 포함되어 있어서 감성을 자극하는 록발라드를 사랑하는 한국인의 특성상 몇 곡을 제외하고 크게 주목 받지는 못했던 그룹입니다. 하지만 미국에서는 엄청난 인기를 누렸던 록그룹이었죠.
사랑하는 자신을 빼고는 당신을 위해 운전해줄 사람은 없다고 합니다.

차만타면 멀미하는 분들이라면 가능한 책을 읽지 않는 것이 좋습니다. 멀미를 안 하더라도 차에 탔을 땐 책을 읽으면 시각 정보가 누락되므로 가능한 차에서는 편안한 자세로 여행을 하는 것이 좋습니다.

Gladys Knight & The Pips - Help Me Make It Through The Night
(이 밤을 지낼 수 있도록 도와주세요)

내 머리의 리본을 떼어내 보세요.
리본을 흔들어 느슨하게 해서 늘어뜨리세요.
나에게 살포시 누워보세요
벽에 비친 그림차처럼
이리와서 내 옆에 누워요
아침 햇살이 비칠 때까지
난 그저 시간을 조금 달라는 것 뿐
밤을 샐 수 있도록 도와줘요

4월28일

1966년에 모타운과 계약을 맺고 〈I Heard It Through The Grapevine〉을 비롯 〈The Nitty Gritty〉, 〈Friendsip Train〉등을 히트 시킵니다.
80년대 국내 나이트클럽등지에서는 블루스타임 음악으로 언제나 흘러나왔던 명곡입니다. 원곡은 싱어송라이터 컨트리 가수 〈크리스 크리스토퍼슨〉곡이 원곡입니다. 잠을 부르는 곡입니다. 내일 중요한 일이 있어서 얼른 자고 싶은데 졸립지 않다면, 이 곡을 들어보세요.

주무실 때 어떠한 자세로 주무시는지 생각해보셨습니까? 잠자는 자세로 사람의 성격이나 감정을 판별할 수 있다고 합니다.
이러한 연구결과가 영국 BBC 인터넷 판에 보도된 바로는

◎[옆으로 누워 허리를 구부리고 무릎을 당기는 가장 보편적인 형태의 태아 형]
강한 겉모습과 달리 감수성이 예민하고 이 자세로 취침하는 사람들은 주로 여성들로 누군가를 처음 만났을 때 부끄러워 하지만 곧 편안함을 되찾는다고 합니다.

◎[두 팔을 내린 채 옆으로 누워 자는 통나무 형]
매사에 느긋해하고 사교성이 강하며 낯선 사람을 쉽게 신뢰하는 유형의 성격이지만 남에게 쉽게 속아 넘어가는 단점을 지녔습니다.

◎[옆으로 누워 두 팔을 앞으로 향하고 자는 갈망 형]
열린 성격을 지녔지만 의심이 많고 냉소적이고 어떤 결정을 내리는 데 시간이 걸리지만 일단 결정하면 절대 마음을 바꾸지 않는 고집형입니다.

◎[차려 자세로 하늘을 보고 바로 누운 자세의 군인 형]
조용하고 인내심이 많으며 조급해하지 않는 성격으로 자기 자신에 대해 엄격한 잣대를 제시하는 유형의 사람들입니다.

◎[엎드린 채 고개를 옆으로 향하고 두 팔로 베개를 감싸는 자유낙하 형]
사교적이고 맹렬한 구석이 있지만 극단적인 상황이나 남의 비판에 신경질적으로 반응하는 과민한 성격을 지녔답니다.

◎[똑바로 누워 두 팔을 머리로 향하는 불가사리 형]
항상 남의 말을 듣거나 남을 도울 준비가 돼 있는 다정한 성격이지만 남들의 이목을 끌고 싶어 하지 않는 유형입니다.

Paul Anka-I don't like to sleep alone (혼자 잠들고 싶지 않아요)

난 혼자 자기 싫어 그러니 가지마
내 곁에 있어줘
잠시만이라도 얘기해
널 많이 알고 싶어
손을 뻗어 널 만지고 싶어

4월 29일

다이아나라는 곡으로 어린나이에 팝 계에 등장한 캐나다 출신 폴 앵카가 1975년에 발표한 곡으로 30여년 넘은 묵은 음악이지만 가끔씩 광고음악으로 들을 수 있는 명곡입니다. 특히 후렴부의 오데 아코테스의 목소리가 잘 조화된 곡입니다.

흔히 할머니들은 '나이 들면 잠이 없어진다.'라는 말씀들을 종종하곤 했는데 그래서 인지 할머니나 할아버지들은 항상 젊은 사람들보다 유난히 아침을 일찍 맞이합니다. 그런데 그 이유가 잠이 없어지는 것이 아니라 수면도 함께 늙어가기 때문에 편한 잠자리가 어려워집니다.

노인들은 숙면을 취하기 힘들고 발소리나 모든 소음 등에 젊은 시절보다 더 예민하게 반응하게 됩니다. 어린 시절에는 금방 잠이 들고 길게 잠을 잤는데 나이가 들면 자주 깨고 65세 이상의 노인들은 밤에 적어도 한차례 화장실을 다녀오기 때문에 곤한 잠을 청하지 못합니다.

일부 전문가들은 낮 시간 비정상적으로 조는 노인들은 기억력 소실이나 다른 종류의 인지장애가 발생하고 있는 초기 징후일 수 있다고 지적하고 있습니다. 낮 시간의 따분함이나 사회적 활동이 없기 때문에 더 그렇습니다.

나이 드셨다고 아무것도 못하실 것이라는 생각보다는 뭔가 하실 수 있는 소일거리라도 만들어드리는 것이 좋을 것 같다는 생각을 해봅니다.

Joan Jett & The Blackhearts – I Love Rock 'N Roll
(나는 락 앤 롤을 좋아해요)

주크박스 옆에서 춤추는 그를 보았어요
나이는 17세 정도 되어 보였구요
노래 소리는 강렬하고
내가 좋아하는 노래를 하더군요
그가 나랑 함께 하는데 그리 오래 걸리지 않을 거란 걸 알았어요
노래해요, 난 정말 록앤롤이 좋아요

4월30일

1976년 5명의 여성들로 구성되어 LA에서 펑크 록 스타일의 음악을 연주하던 런어웨이 그룹의 리더이자 기타리스트였던 조안 젯은 1979년에 이 그룹이 해체되자 솔로로 독립하여 자신의 그룹인 조안 젯 & 더 블랙하츠를 만들었습니다.

1982년 초에 발표한 타이틀인 〈I Love Rock'n Roll〉이 7주 동안 넘버원을 차지하는 빅 히트 싱글이 되었습니다. 또한 타미제임스 & 더 샌들스의 대표곡인 〈Crimson &Clover〉를 리메이크해 히트시켰으며 〈Do You Wanna Touch Me(Oh Yeah)〉도 20위까지 올려놓는 등 3곡의 히트 싱글을 낳았습니다.

4월 잔인한 봄날에 가슴이 답답하다면 힘 있는 이곡을 추천해 드립니다.

세상사는 것이 답답하다고 느낄 정도로 마음 안에 짓눌림이나 실업 등 경제적 어려움으로 고민을 하는 사람들이 늘어나면서 우울증을 호소하는 분들이 많습니다.

이럴 때는 음악을 틀어놓고 남에게 피해를 주지 않는 선에서 춤을 추는 것이 좋습니다. 17세 소년 소녀의 시절을 떠올리며 볼륨을 한껏 올리고, 힘껏 세상을 향해 힘껏 외쳐보아요.

"아이 러브 락앤롤!"

세상이 깜짝 놀랄지도 모르겠네요.

Paul Simon - Mother And Child Reunion (엄마와 아이의 재회)

난 당신에게 헛된 희망을 갖게 할 순 없어요.
이렇게 낯설고 슬픈 날 하지만 바로 앞에서
엄마와 아이와 다시 만나고 있네요
내가 살아오면서
오늘보다 더 슬픈 날은 기억에 없네요
사람들은 그냥 내버려두라고들 하겠지요
하지만 그런 식으로 될 일은 아니에요
그리고 인생의 길은 계속해서 나아가지요
난 당신에게 헛된 희망을 갖게 할 순 없어요
이렇게 낯설고 슬픈 날 하지만 바로 앞에서
엄마와 아이와 다시 만나고 있네요
그런 일을 믿을 수가 없네요
이런 말하면 이상하게 들릴지도 모르지만
이렇게 신기한 방식으로
내가 초라하게 느껴진 적은 없었던 것 같아요
그리고 인생의 길은 계속해서 나아가지요

5월 1일

뉴저지에서 태어났습니다. 1950년대부터 가수 아트 가펑클(Art Garfunkel)과 함께 공연 활동을 시작했고 톰 앤드 제리라는 이름으로 1957년에 첫 녹음을 합니다.
그 후 유럽에서 포크 가수로 공연하다가 1964년 가펑클과 다시 결합하여 〈The Sounds of Silence〉를 발표하여 전세계적으로 크게 히트 했습니다
1970년대 초 가펑클과 결별한 뒤 〈Still Crazy after All These Years〉 등과 같은 여러 장의 솔로앨범을 내놓았고 2001년에는 로큰롤 명예의 전당에 공연자 부문으로 올랐습니다.

Elton John-Goodbye Yellow Brick Road (안녕, 노란 벽돌길이여)

도시여 안녕
언제 시골의 농장으로 내려갈까
언제 그곳에 정착하지.
난 농장에 머물러야 했어.
어른들의 말을 들었어야 했지.
이곳은 날 영원히 잡아둘 수 없어.
블루스를 노래하기엔 너무 어려.
아! 그러니 도시여 안녕.
사회적인 개들이 짖어대는 곳.

5월 2일

데뷔 1969년 1집 앨범 [Empty Sky]를 발표하며 화려하게 등장, 2004년 공연 예술 평생 공로상을 받았습니다. 빌리조엘과 더불어 피아노가 잘 어울리는 뮤지션입니다.
이 노래로 도시생활에 염증을 느끼고 시골로 떠나는 내용입니다. 작사한 사람이 엘튼 존 자신인 것을 가정한다면 순회공연하면서 느끼는 허무한 감수성을 훌륭하게 표현했습니다. 프랑스의 예술적 향취가 담긴 예쁜 시골길이 떠오르는 명곡입니다.

캐나다의 한 재단은 최근 도시 중심과 외곽에 거주하는 사람들의 건강 상태를 비교 연구한 결과 '도시 외곽에 거주하는 것이 건강에는 별 도움이 안 되는 것'으로 밝혀졌습니다.
보고서는 '외곽에 사는 사람들은 자동차로 출퇴근하는 등 차에 의존하는 생활에 익숙해 대체로 운동량이 부족하다고 밝히면서 그 결과 심장병에 걸릴 확률이 오히려 더 높다.'는 것입니다.
하루 최소 30분 이상 운동해야하고 따로 운동 시간을 내지 않더라도 엘리베이터나 에스컬레이터 대신 계단을 올라가고 가까운 거리는 걷고 주차장에 자동차를 좀더 멀리 주차한 다음 나머지 거리는 걸어가는 방법을 제시했습니다.

Culture Club - Karma Chameleon (변덕쟁이인 그녀)

당신의 두 눈 속엔 사막과도 같은 사랑이 보이네요
내가 당신 거짓말을 들어준다면 당신은?
난 무죄라고
난 모순 따윈 모르는 사람이라고
말해줄 수 있나요?
오고 가네요 당신이란 사람은

5월 3일 여성처럼 보이는 보이조지가 보컬로 있는 컬처클럽입니다. 1980년대 대한민국에서는 롤러스케이트 장이 청소년들 사이에서 대유행이었는데, 이 음악이 그곳에서 백미를 이루었습니다. 소개하는 이 곡은 1983년 영국 싱글차트 1위곡이기도 합니다. 변덕스러운 여자의 마음을 카멜레온에 비교한 재미있는 곡입니다. 성형수술을 해서라도 아름다워지려는 여자의 심리, 당신은 카멜레온 우훗훗.

상당수 네티즌들은 '성공적으로 수술만 된다면 성형수술을 해도 괜찮다.'고 생각하는 것으로 조사됐습니다. 여성포털 사이트가 한 달 동안 남성 회원 157명과 여성 회원 430명을 대상으로 인터넷 설문조사를 실시한 결과 반수 이상의 남성과 여성이 고쳐서 성공하면 좋은 일이라며 성형 수술에 대해 긍정적인 반응을 보였습니다.
연인의 성형수술을 알았을 때 어떻게 반응할 것이냐? 는 질문에 대해 남성은 '어떤 모습이라도 사랑하니까 상관없다.'고 답했으며 여성도 '처음부터 알고 사귄 거라면 상관없다.'고 응답했습니다.

Westlife – I Have a Dream (나는 꿈이 있어요)

나에게는 꿈이 있고, 부를 노래가 있어요
꿈과 노래는 어려움을 극복하는데 도움이 돼요
동화 속의 경이로운 장면을 볼 수 있다면
비록 실패해도, 당신은 미래를 꿈꿀 수 있어요
나는 천사의 존재를 믿어요
내가 보는 것마다 좋은 점을 찾아내요
나에게는 꿈이 있어요, 환상 말이에요
이것들은 현실을 극복하는데 도움이 되어줘요
나의 목적지가 내 꿈을 가치 있게 만들어줘요
어둠 속을 빠져나가면서, 가야할 길이 많지만

5월 4일

아일랜드 더블린 출신 아이돌 밴드로서 1998년 결성되었고 사이먼 코웰과 계약하였습니다. 이들도 나이를 먹음에 따라 기존 틴에이지 발라드에서 어덜트 컨템포러리로 음악적 변화를 꾀하고 있습니다.
자국인 아일랜드뿐만 아니라 영국에서 대단한 인기를 얻고 있는 그룹으로 1999년에서 2006년 사이 14곡을 영국 싱글 차트 정상에 올려놓았습니다. 꿈이 있는 사람은 매 순간 활기차서 타인을 자신의 영역에 끌어들이는 능력이 있지요.

꿈을 꾸지 않는 사람은 죽은 거나 마찬가지라는 말도 있습니다. 그 꿈이 허망하거나 환상속이라고 해도 사람은 꿈을 꾸기에 살아가는 것입니다. 아무도 꿈속에서 하늘을 날아다니는 꿈을 꾼다고 막는 일이 없듯이 꿈은 나이와 국경을 모두 잊게 하는 살아가는 사람들의 제2의 음식과도 마찬가지입니다.
꿈을 꾸시기 바랍니다. 그것이 자신이 살아가고 있다는 하나의 징표입니다.

Anthony Quinn & Charlie – Life Itself Will Let You Know
(삶이 알려줄거야)

아빠, 아빠 같은 사람이 되는 게
그저 꿈에 지나지 않나요
가끔은 그 꿈들이
실현되는 것 같아요
어른이 되어 일어나는 일들이요
저는 이제 시작이라는 걸 저도 알아요
그 꿈이 어디에 있든
저는 제 꿈을 알고 있어요
살아가다 보면 꿈이 이루어진다는 걸 저는 알아요
꿈이 이루어진다는 걸

5월 5일

영화배우 안소니퀸의 굵고 부드러운 목소리로 인생 이야기를 들려주던 이 노래를 탤런트 최불암과 정여진이 원곡 분위기를 최대한 유지하여 번안곡으로 국내에서 히트시킨 곡입니다. 아빠와 아들이 주고받는 대화는 깜찍하게도 인생의 대화입니다.

"죄 없고 허물없는 평화롭고 자유로운 하늘나라! 그것은 우리 어린이의 나라이다. 우리는 언제까지든 이 하늘나라를 더럽히지 말아야 할 것이며 이 세상에 사는 사람이 모두 깨끗한 나라에서 살도록 우리의 나라를 넓혀가야 할 것이다."

세상 모든 어린이들의 아버지라 일컫는 소파 방정환 선생님이 어린이 신문 창간호에서 한말입니다. 이렇듯 방정환 선생님은 암울했던 시대를 한탄하며 '우리들의 희망은 오직 한 가지 어린이를 잘 키우는 데 있다.' 고 지적했습니다.

오늘은 어린이 날입니다. 어린이는 부모가 이야기하는 모양을 흉내 낸다는 말도 있듯이 이 땅의 꿈나무들에게 우리 어른들의 세상이 어떻게 만들어 가는가에 따라 어린이들의 세상도 달라집니다.

Ann Margaret - What Am I Supposed To Do
(내가 무엇을 해야 하나요)

당신이 내게 다시 돌아오지 않을 거라고
나는 그저 당신의 친구로 남게 되나요
그것도 아님, 다시 만나 사랑할까요
내 사랑, 오 내 사랑
그때까지 난 어떻게 해야하나요

그녀의 연극 공연에 엘비스 프레슬리가 끊임 없이 화환을 보내 유명해졌습니다. 〈욕망이라는 이름의 전차〉, 〈애정과 욕망〉 등 섹시 스타로서 영화배우이면서도 동시에 훌륭한 가수이기도 했던 앤 마가렛의 [What am I supposed to do]는 사랑하는 연인이 떠나고 상처받은 자신의 마음을 어떻게 추스르지도 못하는 슬픔에 잠긴 여자의 독백을 담은 곡입니다.

5월 6일

데카르트는 '마음이 선량하면 모든 것이 좋아진다. 마음을 열고 향상시키기 위해서는 명상이 필요하다.'라고 했습니다.
신은 우리에게 선물을 주실 때 고통을 포장해서 주신다고 합니다. 하지만 우리에게 주어지는 모든 고통은 삶 속에서 일어나는 예방주사와도 같은 것일지도 모릅니다. 때로는 어떠한 신념보다 코감기가 더 고통스럽다는 말이 있듯이 사실 고통이라는 건 어찌 보면 마음에서 일어나는 습관입니다.
이기고 지는 것 역시 마음먹기에 달려 있습니다.

Carmen Cuesta – Shape Of My Heart (내 심장 모양)

만약 내가 당신을 사랑한다고 말하면
당신은 아마 뭔가 이상하다고 생각하겠죠
난 여러 얼굴을 가진 사람이 아니랍니다
내가 쓴 가면은 하나랍니다
말을 하는 사람들은 아무것도 모른답니다
댓가를 치르고 나서야 알게 되죠
여기저기에서 자신의 행운을 탓하는 사람들처럼
그리고 두려워하는 사람은 게임에서 지고 말아요

5월 7일

스페인 출신의 여성 재즈 보컬리스트인 그녀가 스팅의 노래를 리메이크해서 사랑을 받은 곡입니다.
영화 〈레옹〉에서 스팅이 불렀던 곡을 재즈 스타일로 리메이크했습니다. 원곡은 비내리는 날 잘 어울리는 곡이었는데, 그녀의 곡은 별이 빛나는 밤에 들어도 어울리는 세련된 편곡이 인상적입니다.

인성에 따른 향과 색의 선호도 분석

레몬향을 선호한다고 답한 이들 중에는 다혈질에 본능적으로 말하고 행동하는 성격이 가장 많았습니다.
장미향을 좋아하는 사람을 보면 생각을 많이 하는 철학자 스타일이 많았고 사향선호자는 감정에 충실한 형으로 분류됐습니다.

Jimmy Osmond - Mother Of Mine (엄마의 마음)

나의 어머니, 제가 어렸을 적에
당신은 제게 세상을 살아가며 해야 할 올바른 이치를 가르쳐 주셨지요
당신의 사랑 없이 제가 어디에 있었겠습니까?
어머니, 사랑하는 나의 어머니

가족 그룹 오스몬드의 막내인 지미가 7살 때 부른 곡으로 어머니에 대한 깊은 사랑과 애정을 담은 팝의 명곡입니다. 오스몬드 그룹은 당시 마이클잭슨이 몸담고 있었던 잭슨파이브와는 라이벌 구도를 이루며 어깨를 나란히 했던 그룹입니다. 아, 어머니.

5월 8일

'아들 내 말 좀 들어 보소. 걱정이 되어 하는 말이네. 이 세상은 좋은 것도 많이 있지만 이름 모르는 병도 너무 많아 내 몸을 내가 조심하고 관리하지 않으면 안 되는 것을 명심하거나 젊은 나이가 항상 있는 것은 아니라네.

아들도 오십이 넘어 육십을 바라보는 나이라네. 요새 사람들은 좋다는 것은 다 먹고 좋다는 운동은 다 하는데 아들은 물론 시간도 없지마는 제발 몸 관리 좀 하게 시간 나는 대로 병원에 가서 혈압도 재보고 검사도 가끔 하면서 제발 내 몸을 내가 챙기고 관리 좀 하란 말이네. 어미의 간절한 부탁이네.'

이글은 팔순의 노모가 쉰을 넘긴 아들에게 보낸 편지내용입니다.

환갑 넘은 자식이 외출할 때도 차 조심하라는 한국어머니들의 마음이 그대로 옮겨진 편지입니다.

아무리 나이가 들어도 부모님 앞에서는 물가에 내놓은 자식일수 밖에 없습니다. 수십 년을 챙겨 받은 부모님들의 마음 이제는 되돌려 드릴 때가 아닌가 싶어요. 돌려드린다고 해도 다시 곱절의 마음이 되돌아 올 것입니다. 그것이 우리 부모님들의 사랑입니다.

Three Dog Night - Black & White (검은색 그리고 하얀색)

이제 우리는 제대로 보고 있어요.
우리는 자유로운 춤을 출 거에요.
이 세상은 검은 색이에요. 이 세상은 하얀 색이에요.
낮과 밤이 바뀌어요.
아이는 검은 색이에요. 아이는 하얀 색이에요.
함께 그들은 자라면서 빛을 보아요.

5월 9일

1969년부터 1974년 사이에 히트 공연을 하며 상업적으로 성공한 미국 그룹입니다.
대표곡은 〈The Show Must Go On〉, 〈An Old Fashioned Love Song〉, 영화 〈포레스트 검프〉 OST로 사용된 〈Joy To The World〉외 다수 히트곡을 발표했습니다.
인종차별은 없어져야 한다는 메시지를 담고 있습니다. 나이가 들수록 피부에 민감하죠.

우리는 흔히 남성들보다 여성이 피부가 하얀 것으로 알고 있고 그리고 그것이 사실이었습니다. 그렇다면 남성과 여성의 피부색은 태어날 때부터 다른 것일까?
K대 의대 피부과 교수는 태어난 지 사흘 된 건강한 신생아를 대상으로 피부색의 차이를 조사한 결과 출생 당시에는 피부색 차이가 없다는 결론을 얻었습니다.
신생아들의 고유한 피부색은 체중이나 임신 기간, 출생 계절 등과 연관이 없는 것으로 연구팀은 분석했습니다. 또 성인에서 나타나는 남녀 간의 피부색의 차이는 성장 과정에서 자외선 노출과 여성들의 자외선 차단제 사용 등 생활 방식의 차이와 연관성이 큰 것으로 추정했습니다.
하루하루 늙어가는 피부, 남성분들도 피부를 촉촉하게 가꿀 때가 되었네요.

John Denver - Rocky Mountain High (록키 산 꼭대기)

하늘에서 불이 떨어지는 것을 보았지
독수리가 나는걸 보지 못했다면 그는 불쌍한 사람이라네
록키산에서 하늘에서 불이 떨어지는 것을 보았지
친구들이 불 주위에 몰려 있고 모두들 흥겹네

1943년 12월 31일 공군 조종사의 아들로 태어난 존덴버는 컨트리 음악계에서 최고의 사랑을 받았지만 1997년 10월 12일 경비행기 사고로 사망했습니다. 존 덴버 팬들은 그의 건전한 발라드 곡들은 백설처럼 순수하다고 생각하며, 음악에 신선한 공기로 숨통을 터주는 존재이며, 부패되어 가는 사회에 한가닥 희망찬 빛이었다고 평합니다. 인공적인 도시 이야기보다 자연을 노래했던 컨트리 가수입니다.

5월10일

건강을 위해서 등산을 자주 가시는 분들이 많은 걸로 알고 있습니다. 사실 깊은 산속으로 등산을 할 때, 게다가 초행길일 때는 길을 잃어버릴 수 있습니다. 나침반 같은 것이 없을 때 흔히들 나무를 보라는 말들을 하는 데요. 그 이유가 있습니다.
일단 통 채로 잘려진 나무의 경우 밑 둥의 나이테가 보이는데 나이테는 여름과 겨울의 나무 성장 속도의 차이 때문에 생기는 것으로 같은 시간대에 자란 나이테라도 햇볕을 받은 남쪽의 나이테가 북쪽의 나이테보다 간격이 더 크다고 하는군요. 그래서 나이테가 간격이 넓은 쪽이 남쪽이라고 판단을 할 수 있다는 거죠.
또 다른 방법은 나무 가지의 뻗은 상태를 보고 알 수 있는데요. 나이테와 마찬가지로 햇볕이 잘 드는 남쪽이 더 성장 상태가 좋습니다.

Wolfgang Amadeus Mozart-Sehnsucht nach dem Fruehling
(K.596번 봄을 기다리며)

불쌍한 이 소녀는 꽃이 필 날만 기다리고 있지
나는 그녀가 심심해하지 말라고 장난감을 갖다줬지만 소용이 없었지
그 아인 알을 품은 암탉처럼 작은 의자에 가만히 앉아 있었지
아, 바깥이 조금만 더 따뜻하고 푸르렀다면
아름다운 오월아, 우리 어린이들에게 어서 와주길 간절하게 기도할게

5월11일

모짜르트가 세상을 떠나던 해인 1791년 1월 14일에 비인에서 작곡되었고, 작사자는 오버벡크(Christian Adolf Overbeck 1756-1821)로 원래의 제목은 〈5월의 프리츠군(君)〉(Fritzchen an den Mai)입니다. 클래식 작곡의 천재 아마데우스는 오스트리아에서 1755년 1월 27일에 출생해서 1791년 12월 5일에 사망하셨습니다. 아마데우스가 느낀 봄을 음악으로 느낄 수 있다니, 이것은 5월의 축복입니다.

봄을 가리켜 여성의 계절이라고 합니다. 옛 말에도 봄을 맞아 설레는 여성의 마음을 표현한 것들이 많은데 봄바람은 처녀 바람이고, 가을 바람은 총각 바람이라는 속담도 봄엔 처녀 가슴이 설레고, 가을철엔 총각들이 들뜬다는 뜻입니다.

그렇다면 여성과 봄바람은 실제로 관계가 있을까요?

사람과 자연현상이나 사물을 연결짓는 사고는 음양오행설을 중시하는 동양적 인식에서 출발합니다. 음양오행에서 여자는 나무에 속하고 봄은 나무에 새 생명을 불어넣는 계절로 풀이되는데 선조들은 봄을 '번식의 계절, 여성의 계절'로 해석했습니다. 의학계에서는 일조량이 늘어나는 데에 따른 신체변화와 봄이 주는 심리 변화가 설레임으로 나타난다고 보고 봄이 되어 일조량이 늘어나면 뇌에서 멜라토닌의 분비가 증가해 사람의 기분을 좋게 만듭니다.

Eros Ramazzotti - A Mezza Via (인생 중반에서)

인생 중반에서
난 지금 길 중간에서 진실을 찾고 있어
그 진실이 어찌됐건 너를 믿지
여기 너와 함께 있어, 난 어디로 갈지 모르겠어
그렇지만 최소한 너만은 이해할 수 있지
그런 시간이란 걸 모든 게 너무 빨리 돌아가
산다는 것조차 잊을만큼

국내화장품 CF에 사용된 그의 대표곡입니다. 1963년생으로 85년에 이탈리아에서 1집 앨범 [Cuori agitati]을 발표하며 대중들에게 알려지기 시작한 가수입니다.

5월12일

학교에서 밥까지 먹여주다니 참으로 편한 세상이지만 그런데 젖 먹여 키우던 엄마의 동물적 본능인지 가끔 허전한 기분이 듭니다. 이제는 자식이 점심 때 무엇을 먹고사는지도 모르는 각박한 엄마가 되어가는 것 같아서죠. 생활이 편해진 만큼 학창시절 도시락에 얽힌 아이들의 낭만도 점차 사라져가고 있습니다.

우리 때는 무거운 책가방, 도시락가방, 미술도구나 체육복을 넣는 보조가방까지 들고 다녔고 비라도 오는 날이면 우산까지 들고 버스도 안다니는 학교 길을 털레털레 걸어갔었습니다.

조금이라도 빠른 지름길을 찾아보려고 낯선 골목길을 혼자 방황하기도 했었고 그럼에도 학교에 다니는 유일한 낙이라면 친구들과 수다 떨며 도시락을 까먹는 점심시간을 맞이하는 일이었습니다.

공부를 끝내고 빈 도시락이 달그락거리는 소리를 들으며 집에 돌아오면 다시는 안 볼 것처럼 책가방을 던져놓고 놀았습니다. 요즘 아이들처럼 학원 같은데 갈 일도 없고 숙제나 안 빼먹으면 가끔 모범생 소리도 듣던 나름대로 편안하고 소박한 시절이었습니다.

걸을 때 부끄럽게도 가방 안에서 솔솔 풍겨오던 시큼한 김치냄새 잉크병 뚜껑이 꼭 닫히지 않았던지 잉크가 새서 책갈피 사이로 스며들어 울퉁불퉁해진 책도 그렇고 새벽에 일어난 엄마는 30촉짜리 전깃불을 켜놓고 어둑한 부엌에서 그림자를 일렁이며 연탄불에 밥을 지었던 어머니의 모습도 그립습니다.

우리가 일어날 즈음이면 벌써 대여섯 개나 되는 도시락을 일렬횡대로 세워놓고 차곡차곡 따스한 밥을 퍼 담고 계시던 어머니, 비록 점심 때 쯤이면 다 식은 밥이 될지라도 소박한 반찬에 도시락밥을 먹고 있노라면 엄마의 따스한 온기를 느낄 수 있었습니다.

요즘 아이들이 3교시 수업 끝나고 쉬는 시간에 몰래 먹는 도둑 밥의 맛을 알까요? 양은 도시락의 뚜껑을 열 때 밥에 계란 후라이가 있는지 없는지 확인하는 것은 보물찾기만큼이나 설레었습니다. 뜬금없이 유리 커피병에 김치를 담아 가지고 다니는 것이 유행이었던 그 시절 또한 기억하십니까?

모두가 힘든 시기 잠시나마 옛 추억을 떠올리시면서 한숨 돌리시라고 추억이 가득한 글을 잠시 옮겨봤습니다.

Frank Mills - The Poet And I (시인과 나)

1942년생으로 의학을 전공했지만 음대에 진학한 프랭크 밀스는 1971년에 록밴드를 시작으로 음악 계에서 두각을 나타내기 시작하였습니다. 산뜻한 분위기를 연출해 내는 깔끔한 연주곡들이 국내에서도 큰 사랑을 받고 있습니다.
봄에 잘 어울리는 연주곡이면서 라디오방송의 시그널로 우리에게 많이 익숙해져 있는 곡입니다.

5월13일

환절기나 봄만 되면 아토피를 가진 분들은 꽃가루 등으로 무척이나 고생합니다.
〈아토피 증세를 완화하기위해 지켜야할 주의 사항〉

피부는 늘 깨끗하고 촉촉하게 유지 하도록 합니다.
목욕물은 미지근한 온도로 맞추고 목욕 후에는 3분 이내에 보습제를 발라주는 것이 좋습니다.
적절한 실내 온도 및 습도를 조성해야합니다.
땀이 나는 것은 피부에 자극을 줘 가려움증을 악화시킵니다.
아이에게 면소재의 옷을 입히고 손톱은 짧게 깎아줘야 합니다.
가려운 부위의 피부를 긁어서 상처가 생길 경우 아토피 증상이 악화되므로 손톱은 항상 짧게 깎아줘야합니다.

Pyotr Ilyich Chaikovsky – Valse des Fleurs
(차이코프스키의 꽃의 왈츠)

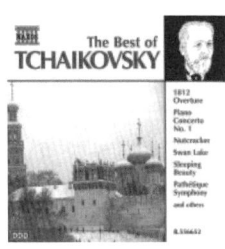

5월14일

러시아 작곡가. 1840년 5월 7일 보트킨스크 출생. 프랑스 계 어머니의 영향으로 프랑스식 교육을 받았으며 피아노도 배웠습니다. 1850년 상트페테르부르크의 법률 학교에 입학 1852년에 독일 작곡가 R. 큔딩거에게 피아노와 음악이론을 배웠으며 루빈스타인이 주재하는 1862년 상트페테르부르크음악원에 입학하였고 그곳에서 루빈스타인과 N. 자렌바에게서 작곡을 배웠고 1866년 1등으로 졸업하였습니다. 특히 [백조의 호수]는 초연 때 별로 주목받지 못하였으나, 그의 사후에 진가가 인정되어 발레의 고전으로 지금까지 널리 공연되었으며 이 시기의 작품들은 비평가들로부터는 혹평을 받기도 하였으나 애호가들과 청중들로부터 많은 지지를 받아 작곡가로서 확고한 지위를 굳힐 수 있었습니다.

개인의 취향에 따라 좋아하는 꽃과 향이 다르듯이 좋아하는 색깔도 각기 다릅니다. 그린색을 좋아하시는 분은 모범적 시민이며 사회의 기둥, 도덕적 민주적인 견해를 가지고 있는 사람에 평판이 좋고 사회적 관습과 예의범절에 민감하며 기품 있고 성실한 사람이 초록을 좋아합니다. 또 남자는 나서기를 싫어하며 관대하고 편견이 없는데 한 가지 단점은 남에게 곧잘 이용당하기도 합니다.

주황색을 좋아하는 사람들은 부러울 정도로 건강이 넘쳐 빈부, 총명함과 어리석음 지위고하를 막론하고 어떤 사람과도 어울리는 능력을 가졌습니다. 사람들과 금방 어울리고 친해지기도 하지만 미혼인 채로 남아 있는 경우가 많아서 독신이 많습니다.

이미자 – 섬마을 선생님

구름도 쫓겨가는 섬마을에 무엇하러 왔는가
총각 선생님 그리움이 별처럼 쌓이는 바닷가에
시름을 달래보는 총각 선생님
서울엘랑 가지를 마오
가지를 마오

5월15일

1941년 10월 30일에 서울시에서 태어났습니다. 1959년 〈열아홉순정〉으로 데뷔하였고 2009년 은관문화훈장을 받았으며 60년대에서부터 80년대까지 그 세대에 정서를 공유했던 아버님 어머님께 많은 사랑을 받았던 국민가수입니다. 오래 전 일본에서 이미자의 성대는 연구할만한 가치가 있다고 발언하여 한 때 큰 화제를 낳기도 했습니다. 목소리에 어떤 힘이 있길래 우리 부모님 세대들이 그렇게 그녀의 노래를 좋아했을까. 자, 스승을 존경하던 시절에 불렸던 노래입니다.

스승을 부모보다 더 공경하고 각별히 예우하라는 옛 선조들의 지침이 있었습니다. 이런 신성한 가르침은 어디로 가고 5월에 스승의 날을 맞은 선생님들은 서러운 날이라며 하소연을 하고 있습니다. 자신의 모습이 스승은커녕 온갖 부정적인 직업인으로 비추어지고 있는 현실에 상처를 받고 있습니다.

언제부터인가 해마다 스승의 날만 되면 교사들은 마음의 상처를 입고 학생들은 스승에게 감사하는 마음을 제대로 전하지 못하는 우울함을 경험하고 있습니다. 스승의 날 운동장 혹은 교실에서 카네이션 향기 풍기며 선생님 기다리며 마음속에서부터 스승의 은혜를 불러냈던 우리들의 모습은 어디로 갔을까요?

세상의 샘은 다 말라도 사제지간의 샘은 마르지 않아야 온 세상이 참다운 사람으로 넘칠 수 있다는 것을 잊지 마시고 우리들의 스승님들을 그려보는 것은 어떻습니까?

Pretenders Complex Person – 복잡한 사람

난 매우 복잡한 사람입니다
내가 개선을 위해 노력하지만 당신은 내가 상황을 더 악화한다고 생각할 겁니다
난 당신이 나를 좋아해준다면 뭐든지 하겠어요
또는 날 유감으로 생각하지만 날 무시할 수 없을 겁니다

5월16일

프리텐더스의 음악은 전형적인 뉴웨이브이면서 60년대 록과 리듬 앤 블루스를 적절히 구사해 강렬하면서도 로맨틱한 사운드를 창조해내고 있어 한때 영국에서 가장 유망한 그룹이라는 평가를 받았습니다. 그룹 리더인 크리스(52년생)는 영국의 유력한 음악지로 손꼽히는 뉴 뮤지컬 익스프레스(NME)의 음악 평론가로 일하며 음악적 동료인 멤버들과 운명적으로 만납니다. 79년 데뷔작이자, 모던 록 역사에 길이 남을 명반 [Pretenders]를 필두로 83년 [Learning To Crawl], 90년 [Packed!] 등의 수작을 남깁니다. 70년대 말, 80년대 초 전 세계 록 세계를 주도해나갔던 최고의 밴드 중 하나입니다.

남성 콤플렉스는 여러 유형들

'능력 있는 남자가 예쁜 여자를 얻는다.'라고 믿는 남자들은 의외로 열등감이 심하며 자격증이나 학력 따위에 목을 매고 친한 친구마저도 경쟁자로 여기며 요령껏 출세하는 형입니다.

카인 콤플렉스는 아우나 후배의 성공을 도저히 참아낼 수 없는 경우의 사람을 말하고 윗사람으로서의 권위와 위계질서를 지나치게 강조하면서 후배를 경쟁 상대로 보기 때문에 항상 경계하고 두려워합니다.

토이 – Complex (Feat. 조 트리오)

Oh baby 너무 부담스러워요, 나를 그냥 인간으로 봐줘요
이슬만 먹고 사는 건 아니에요, 나 또한 화장실에 가는 걸요
아침에 눈을 뜨고 세수하다가 거울에 비친 나는 그럴만 하네요, 내가 보기에도 경이로운 모습
하지만 그대 부탁해요, 다른 여자처럼 포기하지 말아요

5월17일

토이(TOY)의 일인 멤버 유희열은 보컬, 키보드, 작곡을 소화해내는 만능 뮤지션입니다. 1993년 제4회 유재하 음악 경연대회 대상을 받으며 유명해졌고 1994년 1집 앨범 [내 마음속에]로 데뷔하였습니다. 2010년 최근 KBS 유희열의 [스케치북] 사회를 맡고 있으며 2,30대 여성들의 지지를 받는 행복한 음악인입니다. 누구나 콤플렉스가 있습니다. 마음속 응어리로 시작됨으로 이런 상태에 있다면 서로 이해하고 받아주는 것이 함께 살아가는 세상입니다.

여성의 콤플렉스 유형

평강공주 콤플렉스는 모자란 남성을 불쌍해서 사랑하고 있다고 생각한다면 이 경우일 가능성이 많습니다. 사랑이란 남자의 능력을 개발시켜주고 성공을 통해 느끼는 성취감에 있다고 믿는 여성입니다.

착한 여자 콤플렉스의 경우, 여성들은 착한 여자로 살아야 한다는 고정 관념에 얽매여 항상 다른 사람의 눈을 의식하면서 주변의 기대에 부응하려 하는데 만약 주변의 기대에 부응하지 못하거나 칭찬을 받지 못할 때는 자신을 비하하고 스스로 못된 여자라고 생각하는 열등 의식을 갖는 형입니다.

Jack Johnson - Better Together (함께 하면 좋은)

엽서에 딱히 적을만한 말도 없고
부를 노래도 없어요
하지만 당신을 위해서라면 노력할 수 있어요
우리 꿈은 사랑스러운 갈색 사진 속 구두 상자처럼
실재하는 것들과 거리가 먼 환상으로 이루어져 있네요

5월18일

시원하게 생긴 이목구비에 편안한 청바지가 잘 어울리는 그는 1975년 미국하와이 태생으로 서핑선수 겸 다큐멘터리 감독이라는 특이한 경력에 힘입어 국내 의류업체 모델로 활동한바 있습니다. 2005년 앨범 [In Between Dreams]을 통해서 바야흐로 대형 급 싱어송라이터로 거듭나게 됩니다. 쓸데없는 기교보다는 바다가 춤추듯 편안한 것이 그의 음악입니다.

누구나 꿈을 갖고 있고 또 꿈을 향하여 하루 걷는 일이 우리들이 살아가고 있다는 증거입니다. 더구나 어떤 특정한 곳에 뛰어난 재능을 지녀 그 길을 가고 있을 시에 당연히 자신의 천직이라고 생각하고 다른 길은 돌아보지도 않게 됩니다. 그러나 사람의 일이란 것이 자신이 생각대로 마냥 돌아가지 않습니다.
지금은 세계적인 가수가 된 훌리오 이글레시아스는 축구선수로 활약하던 중 부상으로 잠시 휴식을 통하다가 기타와의 인연으로 모두가 인정하는 스페인의 국민가수가 되었습니다.
잭 존슨도 마찬가지입니다. 열일곱 살 때 서핑 챔피언이 되어 스포츠 브랜드 퀵실버의 후원까지 받으며 촉망받던 서핑 챔피언이었지만 사고로 휴식기를 갖는 동안 우연히 뮤지션의 길로 들어서면서 필요 없는 기교를 부리지 않고 있는 그대로 잔잔한 파도가 일렁이는 듯한 편안함으로 성공을 거두었습니다.

이수영 – 당신은 사랑받기 위해 태어난 사람

당신은 사랑 받기 위해 태어난 사람
당신의 삶 속에서 그 사랑 받고 있지요

발라드 여왕이라는 칭호에 맞게 가을과 어울리는 음색을 지니고 있습니다. 사랑과 이별 노래를 잘 부르는 가수입니다. 〈덩그러니〉로 연말 가요시상식에서 대상을 받았고 이문세의 〈광화문 연가〉를 리메이크해서 큰 사랑을 받았습니다. 무명 시절, 어려운 살림 환경에서도 생활력 강하기로 소문날 정도로 똑순이처럼 살아온 저력 있는 가수입니다.

5월 19일

요즘 초등학생들의 새로운 생일 잔치 풍속도가 급속도로 확산되고 있습니다.
생일을 맞은 아이와 친구들은 찜질방 내에 있는 PC방과 만화방, 오락실 등에서 다음 날 새벽까지 놀다 잠이 든다고 하는데 물론 비용은 각자 부담했지만 학부모 입장에서는 1인당 2만 원이라는 금액은 부담이 가는 금액입니다.
가난했던 시절에는 부모님들이 해주신 미역국이나 백설기 떡만으로도 남부러울 것이 없는 생일상이었고 친구들을 초대해서 잔치를 한다는 것은 소위 있는 부잣집 아이들에게나 있었지 가난한 집 아이들은 꿈도 꾸지 못했습니다.
미역국으로 어머님의 손맛을 느끼던 그 시절이 그립습니다.

Demis Roussos - Come Waltz With Me (나와 함께 왈츠를)

안녕 내 사랑 잘 가요
안녕 잘 있어요
당신이 나를 기억하는 한
나는 그리 멀리 있지 않을 겁니다

5월20일

그는 1965년에 이집트 좌익 정권의 개혁 정책에 휘말려 많은 재산을 압수당한 채 그리스로 추방되었습니다. 고향으로 돌아온 그는 집안을 일으켜 세우기 위해 클럽 등을 전전하면서 고생스런 생활을 했습니다. 그 시절에 고국 그리스의 민속음악에 심취하게 되었고 음악의 핵을 이루는 비잔틴 스타일을 만들어갑니다. 그리스 전통 음악에다 현대적인 록 비트를 혼합한 그의 음악은 유럽 음악에 새로운 장을 열게 됩니다. 20세기 러시아를 대표하는 작곡가 쇼스타코비치의 왈츠를 리메이크했는데, 그 웅장한과 아름다운 노래에 가사를 붙여 노래를 불렀습니다. 파도가 넘실대는 여름을 기다리며 들어볼까요.

노래방에서 자주 쓰는 말로 '18번 노래해봐요.'라는 말이 있는데 일번도 아니고 하필 십팔 번인지 궁금한 적 있는지요?
이 말은 일본의 대중 연극인 가부키에서 유래됐다고 합니다. 여러 장으로 구성되어 있는 가부키에서 장이 바뀔 때마다 막간극을 공연했는데, 17세기 무렵 가부키 배우가 단막극 중에 크게 성공한 18가지 기예를 정리했습니다. 18가지 기예 중에 18번 째 기예가 가장 재미있었다고 하여 18번이라는 말이 생겨났습니다. 사람들은 그것을 가리켜 가부키 광언(재미있는 말)으로 십팔 번이라 불렀습니다. 여기에서 십팔 번이라는 말이 우리나라에 들어와 장기(長技), 애창곡의 뜻으로 쓰였습니다.
 이제부터는 18번이라는 말보다는 애창곡이라 부르는 것이 더 정확합니다.

Charles Aznavour – Isabelle (이사벨)

오랫동안 나의 마음은 고독했죠
깨어날 줄 모르던 나의 마음은
그러나 당신의 음성에 나의 고개는 들리고
사랑은 다시 시작되었죠
미처 깨닫기도 전에
이사벨 이사벨 이사벨
이사벨 이사벨 이사벨

프랑스에서 출생하였습니다. 부모의 소질을 이어받아 어릴 때부터 아역으로 무대에 섰습니다. 1942년 피에르 로슈와 짝이 되어 가수의 길로 나가 1946년경부터는 가사도 쓰기 시작하여 먼저 작사가로서 인정을 받았습니다.

5월21일

1950년 로슈와 헤어지고, 그 뒤 에디트 피아프에게 인정을 받아 솔로가수가 되었으며, 그때부터 작곡에도 손대게 됩니다.
그가 작곡한 〈라마마〉(1963)는 〈고엽(枯葉)〉이래 최고 걸작으로 꼽히고 있습니다. 배우로서 영화에도 많이 출연하였습니다. 이 곡은 사랑하는 여인의 이름을 애타게 부르는 곡입니다. 5월 21일은 부부의 날입니다.

오늘은 부부의 날입니다. 서로에게 꼭 맞는 짝이라고 생각하고 결혼했어도 그 기분으로 오래가지 못 하는 것이 바로 부부입니다. 하지만, '결혼, 그것은 한 권의 책이다. 그 제1장은 시로 쓰여 져 있으나 나머지 장은 산문.'이라는 말도 있듯이 부부는 화려한 시처럼 시작해서 결국 같은 배를 힘껏 노저어가며 살아야할 운명적인 인연입니다. 그 어느 하나라도 내리면 쓸쓸한 항해를 할 수밖에 없는 운명적 관계가 부부아닐까 합니다. 평탄한 길에서도 넘어지는 것이 부부이지만 또한 슬기롭게 다시 일어나는 것도 부부라는 아름다운 혼합체입니다. 오늘 사랑을 해보시는 이 음악과 함께 사랑을 해보시는 것이 어떨까요. '이자벨' 대신 남편 또는 아내의 이름을 부르면서요.

안치환, 오지총 – 외롭지 않은 섬 (독도)

우리의 핏줄이 닿아 있는 너
너를 위해 노래하리니
추한 욕심과 더러운 손이 닿지 않는 그날까지 언제나
너의 곁엔 우리가 있으니

5월22일

가수 안치환·오지총이 듀엣으로 부른 노래입니다.
오지총이 작사·작곡한 노래입니다. 그는 한의사 가수로 주로 사회성 짙은 노래들을 발표해왔으며 2004년 대통령 탄핵 당시 촛불 시위 현장에서 〈대한민국을 위하여〉, 〈헌법 제1조〉 등을 부르기도 했습니다. 독도를 서정적으로 바라본 가사와 멜로디가 두 사람의 음색과 잘 맞아떨어집니다.

독도는 바다 속에 55㎞에 이르는 바다 속에 세 개의 산으로 연결되어 있고 물에 잠긴 전체 면적이 울릉도 6배 크기인 450㎢에 이르는 것으로 조사됐습니다.
수면 아래 해산 높이도 한라산보다 높다고 하는데 한국해양연구원 측은 독도라 하면 일반적으로 물 위에 드러난 바위섬으로 보지만 실제 가치는 물 밑의 거대한 산과 넓은 평탄지라며 조사 자료를 공개했습니다. 평탄지 상당부분은 햇빛이 닿을 수 있기 때문에 광합성 해조류가 많이 자라고 어자원도 풍부한 것으로 조사됐다고 합니다.
이 3개의 해산은 5백만 년 전에서 2백70만 년 전 사이 일어난 화산 활동으로 형성된 것으로 일본의 대륙붕이나 독도에서 일본 쪽으로 가장 가까운 오키섬이 생성되는데 영향을 끼친 일본판 화산 활동과는 다르다고 합니다.
이렇듯 바다 밑에서 잠자고 있는 생태계 조차 독도는 분명 일본 땅과는 거리가 멀다는 것을 보여줍니다.

현이와 덕이 - 너 나 좋아해 나 너 좋아해

속절없이 흐르는 게 시간이야
세월가도 모르는 게 사랑이야
안개처럼 가리워진 마음이야
샛별처럼 빛나는 게 사랑이야

어제도(어제도) 오늘도(오늘도) 내일도(내일도)
변함없이 듣고 싶은 말

5월23일

여성 싱어송라이터 장덕은 오빠 장현과 현이와 덕이로 활동하면서 이 노래로 사랑받았습니다. 하지만 안타깝게도 오빠 장현이 설암이라는 큰 병으로 인해 가수 생활에 위기가 다가왔고 그녀 주위를 맴돌던 부모의 이혼, 오빠의 병과 같은 가족에 닥친 불행으로 인해 오빠보다 먼저 2월에 세상을 떠나게 됩니다. 그리고 오빠인 장현도 6개월 후인 1990년 8월에 동생을 따라 세상을 떠납니다.
아름다웠던 오누이 듀엣은 나란히 세상을 떠났고, 동료 가수들이 모여 장덕 추모 앨범에 〈예정된 시간을 위하여〉를 발표합니다.

어느 날 우연히 길을 가다가 혹은 라디오를 듣다가 어떤 노래를 처음 들었는데 노래 분위기나 멜로디 등, 모든 면에 반해버렸던 노래를 만나는 경험을 한두 번쯤은 있을 겁니다.
이런 경우는 음악을 좋아하는 사람이라면 많이 경험 하게 됩니다. 그런데 가수나 노래를 알아내는 경우는 그나마 다행인데 가수가 누구인지 제목이 무엇인지 알 수 없는 경우는 답답함으로 여기저기 찾아보기도 하고 혹시 또 어디선가 나오지 않나 기다리기도 하는 그런 일들을 음악을 사랑하는 사람이라면 다 동감할 겁니다. 장덕이라는 가수가 그렇습니다. 우리나라 최초로 여성 프로듀서였으며 작사 작곡을 겸비한 우수한 예술가였습니다.

김창남과 도시로 - 김치 같은 사랑

깍두기 같은 사랑 물김치 같은 사랑
맛 좋은 김치 같은 사랑 하루만 못 봐도
왠지 섭섭하지 우리 또한 그러기는 마찬가지야
온 세상에 전부 김치 같은 사랑이 가득하면 정말 좋겠네

5월24일

윤상필, 이유상, 박창규, 김창남으로 이루어진 그룹입니다. 김창남은 〈달빛 창가에서〉, 〈선녀와 나뭇꾼〉을 노래한 작곡가 겸 가수였습니다. 김치 사랑하면 이 노래를 빼놓을 수 없지요.

김치 좋아하십니까? 대한민국 국민이라면 누구나 김치가 없으면 라면을 못 먹을 정도로 우리의 가장 기본 식탁 메뉴가 김치입니다. 최근 양계농가, 통닭집을 줄줄이 문 닫게 하는 것도 모자라 사람에게도 위험천만인 조류독감이 유행했는데, 치료에는 김치 유산균이 특효라는 연구 결과가 나왔습니다.

지난 2003년 겨울 국내에서 고병원성 조류독감이 발생해 500만 마리 이상의 닭과 오리가 처분됐습니다. 한번 발생하면 엄청난 피해를 내는 이 같은 조류 독감을 김치 유산균으로 막을 수 있는 길이 열리게 됐습니다.

앞으로 바이러스와의 전쟁이라 해도 과언은 아닌 듯 싶은데 가족들이나 또 지금 막 커가는 자녀들에게도 인스턴트식품 보다는 이런 김치를 어렸을 때부터 섭취하는 습관을 자녀들에게 길러주는 것이 좋습니다.

Bad Boys Blue - Kiss You All Over, Baby
(그대에게 온통 키스를)

우리가 밤에 선택한 여자가
두 연인 같은 여자가
붕 떠 있는 비행에 합류했어.
너도 알다시피 날 위해 최선의 것이 무엇인지 말야.
그것을 보여줄 시간이야.
나를 스릴 있게 다뤄주오.

3인조로 구성된 Bad Boy Blue의 역사는 80년대 중반으로 거슬러 올라갑니다. 초창기 그룹의 멤버는 세 명으로 출발했으나 이중 타일러는 1989년 그룹을 떠납니다.

5월25일

배드 보이스 블루의 음악들은 음악과 작사를 담당한 토니 핸드릭과 카린 밴 하렌 이 두 사람에 의해 음악이 완성됐습니다.
이들 그룹은 매우 역동적이며 지금처럼 클래식 댄스를 부르짖는 다른 댄스그룹과는 선을 그은 특별한 음악을 들려줍니다. 음악은 지루하지 않아야 인기도 오래간다고 생각하는 그룹입니다.
모던 토킹이나 블루 시스템을 좋아하는 마니아라면 그들의 음악을 권해드립니다. 1985년 [Hot Girls-Bad Boys]라는 이들의 첫 앨범에 수록되어 있는 〈Kiss You All Over, Baby〉라는 곡입니다.

Garth Brooks - Desperado (무법자)

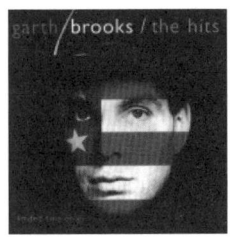

데스페라도, 오 이제 당신은 더 이상 젊지 않아
당신의 고통, 당신의 갈망, 그런 것들이 당신을 성숙케 하지
자유, 아, 자유란 그저 사람들이 하는 얘기일 뿐
당신은 세상을 홀로 돌아다니는 죄수일 뿐
겨울엔 발을 차갑게 하지 마
하늘에선 눈이 안 오고 태양은 빛나지 않을 거야
밤과 낮은 구분하기가 힘들지

5월 26일

미국 출신 1962년생이면서 오클라호마주립대학교 광고학 학사로 졸업 후, 1989년 1집 앨범 [Garth Brooks]로 데뷔하였습니다. 1991년 제34회 그래미 어워드에서 최우수 남자 컨트리 보컬상과 1997년 제40회 그래미 어워드에서 최우수 컨트리 협연상을 받을 정도로 컨트리 음악계에서는 손 꼽는 뮤지션입니다.

흰머리하면 우선 아이들은 할아버지나 할머니를 연상하는데 요즘은 나이에 상관없이 흰머리가 나는 분들이 많습니다. 새치냐 흰머리냐 라고 따지시는 분도 있지만 이유야 어쨌든 검은머리는 아니라는 것입니다.

흰머리가 날 때 가렵다고들 하는데 가려운 이유는 흰머리의 원인인 스트레스나 노화로 인해 자연적으로 떨어져 나가야할 노화된 두피세포가 탈락되지 못하고 또 두피가 건조해짐으로 가렵습니다.

문제는 스트레스로 인한 노화가 흰머리의 원인인데 정신노동을 많이 하는 사람은 머리가 일찍 희어집니다. 작가, 사업, 연구 직종에 종사하는 분들이 머리가 빨리 희어지는 것이 한 예입니다. 6.25 전쟁 때나 월남전에 자식을 참전시킨 부모들도 금방 백발이 되었습니다. 자연스러운 백발 머리 멋지기만 합니다. 어색한 염색보다는 자연스러운 백발로 타인의 시선에서 자유로워지는 건 어떨까요.

Bobby Blue Bland - Lead Me On (날 이끌어 주오)

당신은 내 기분이 어떤지 아나요
낯선 이방인이 된다는 게 어떤 기분인지
그리고 당신을 향한 태양이 비를 내리는 게 어떤 것인지
내 손을 잡아줘요.
나를 데려가요.

5월27일

1930년 1월생인 그는 미국의 리듬 앤 블루스 가수입니다. 풍부한 성량의 저음과 세련되고 감각적인 노래 스타일로 인기를 끌며 여성 청중들에게 인기가 높았습니다. 〈I Pity the Fool〉, 〈Turn on Your Love Light〉, 〈That's the Way Love Is〉 등의 히트곡이 있습니다.
조용필에 의해서 〈님이여〉로 번안해서 노래를 불렀습니다.
간혹 알 그린의 곡으로 알고 계시지만 알 그린은 이곡을 부르지 않았습니다. 낯선 이방인 기분을 느꼈을 때, 나를 이끌어 주고 리드 해달라고 노래를 합니다.

왼손잡이가 어렸을 때 밥을 먹을 때 왼손으로 수저를 잡았다가 많이 혼났다는 이야기를 종종 듣습니다. 상대방이 불편하게 봐서 그렇지 막상 왼손잡이 사람들은 그런 불편을 못 느낍니다. 또 의외로 왼손잡이 중에는 손재주가 뛰어난 사람이 많습니다. 그런데 미국 ABC 방송 보도에 따르면 '40대 이상의 산모는 20대 산모보다 왼손잡이 아이를 낳을 확률이 높았다.'고 전했습니다.
이 연구팀은 또 사람들은 싸움이나 스포츠 경기에서 주로 오른손잡이에 대비해 연습하기 때문에 왼손잡이 공격에 취약하기 쉽다고 합니다. 왼손잡이는 수적 열세에도 불구하고 오랜 기간 동안 오른손잡이와 당당히 공존해 올 수 있었습니다.
왼손잡이는 이상한 돌연변이가 아니라 일상적으로 볼 때 단지 오른손잡이만을 추천하는 획일화 사회에 활력소가 되고 있어 보기 좋습니다.

Creedence Clearwater Revival - Proud Mary (자랑스런 메리)

도시의 좋은 직장을 버렸지
매일 밤낮을 사장을 위해 일했지
게다가 잠시 눈도 붙일 수 없었지
일이 어떻게 될지 몰라 걱정 됐거든

커다란 물레방아는 쉴새없이 돌아가고
프라우드 메리호는 항해를 계속 해
강물 위를 넘실, 넘실, 넘실

5월28일

멤피스에선 숱하게 접시를 닦았고
뉴올리언즈에선 뼈빠지게 고생 했고
도시의 멋진 면을 전혀 볼 수 없었어
그러다 강을 오가는 이 멋진 배에 올라탔어

1967년 캘리포니아주 엘 세리토에서 존 포거티(John Fogerty), 토마스 포거티(Thomas Fogerty), 스튜 쿡(Stuart Cook), 더글러스 레이 클리퍼드(Douglas Ray Clifford)가 모여 결성한 미국 컨트리 록 밴드입니다. 1945년 5월 28일 미국에서 존 포거티가 태어난 날입니다. '돌고 도는 물레방아 인생'이라는 소절로 한때 국내 팬들이 많이 흥얼거렸던 노래입니다.
블루 벨베츠, 골리워그스라는 이름으로 활동하다가 1967년 크리던스 클리어워터 리바이벌로 새롭게 출발했습니다.
1968년에 데일 호킨스의 록 스탠더드를 리메이크한 〈Suzie Q〉는 미국 인기순위 11위에 올려놓았습니다.
1969년 로큰롤과 블루스의 영감을 받은 앨범 [Bayou Country]를 발표했는데 바로 수록되어 있는 〈Proud Mary〉가 세계적인 히트곡이 됩니다. 비틀즈 이후 그 어느 밴드보다 대중과 평단의 지지가 탄탄했던 팀으로 손꼽힙니다.

Pink Floyd - Money (돈)

돈이 사라졌네, 월급 많이 주는 좋은 직장을 구한다면 만사 오케이
돈은 기체 같아
두 손에 현금을 움켜쥐면 잘 숨겨라
새 차, 캐비어, 네 개의 별이 둥둥 뜰 정도로 대낮에 꿈도 꾸고
나는 풋볼 팀도 살 수 있어

핑크 플로이드는 60년대를 빛낸 최고의 프로그래시브 록 밴드입니다. 팀 이름은 핑크 앤더슨(Pink Anderson)과 플로이드 카운슬(Floyd Council)이라는 두 명의 블루스 음악가의 이름에서 따온 것입니다. 이들은 60년대 중반에 록의 예술화에 기여했고 클래시컬한 오페라 풍의 광대한 스케일은 그들에게 지상적이기보다는 천상적인 이미지를 부여했습니다. 돈은 강조해도 지나치지 않겠죠. 제가 이번에 동전 재테크를 여러분에게 특별히 알려드립니다.

5월 29일

500원짜리 주화 중에 1998년에 발행된 동전 갖고 계시면 확인해보십시오. 자그마치 시세가 30만 원을 웃도는 귀한 동전입니다.

화폐 판매상 18곳이 한데 모여 있어 국내 최대 규모의 화폐 골목으로 불리는 서울 회현 지하상가에서 10년째 화폐를 팔아왔다는 한 판매상은 경기 불황 탓인지 먼지가 쌓인 옛날 화폐를 팔러 오는 손님들이 부쩍 늘었다면서 예전보다 시세는 다소 떨어졌지만 거래는 활발하다고 밝혔습니다.

현재 몸값이 가장 비싼 화폐는 98년에 발행된 500원짜리 주화인데 프리미엄이 수백 배 붙어 시세가 30만 원을 웃돕니다. 당시 한국은행에서 해외 증정용으로 딱 8000세트만 만들어 물량이 귀하기 때문이라고 하는데 다보탑이 그려진 70년 발행 10원짜리 주화도 20만원을 호가합니다.

단 동전 색깔이 황색이 아니라 적색이어야 합니다. 66년, 67년에 발행된 10원짜리 새

주화도 유통되지 않은 것은 10만원 가까이 한다고 합니다.

화폐판매상은 이순신 장군과 거북선이 인쇄된 500원권 지폐는 2300~2500원, 세종대왕이 그려진 100원 지폐는 4000~4500원에 거래되고 있다면서 화폐 가치는 액면가와 관계없이 잔존량 등 희귀성과 인기도에 따라 달라진다고 합니다.

한국은행에 따르면 작년 말 현재 한국은행에 회수되지 않고 시중에 유통되는 500원권 이하 옛 지폐(500원, 100원, 50원 등 6종)는 모두 약 135억 원인데 회수 물량도 매년 줄고 있어 2000년 270만 원에서 지난해엔 120만 원에 그쳤다고 합니다.

옛날 돈을 한국은행에 갖고 가면 현재 유통되는 화폐로 바꿀 수 있지만 액면가 밖에 받지 못하기 때문에 대무분 사남늘은 장봉 속이나 수집 앨범, 또는 장식용 액자에 넣습니다. 극히 일부는 화폐판매상으로 갑니다.

Dire Straits - Money For Nothing (쉽게 돈버네)

저 바보들 좀 봐
당신네들 하는 짓거리가 그렇지 뭐
MTV에 나가서 기타를 쳐대지만
그래 가지고 뭘 하겠어
그게 당신네들 하는 짓거리야!
하는 일 없이 돈 벌고 공짜로 여자를 얻지

1977년에 마크 노플러와 데이비드 노플러 형제가 주축이 되어 마크의 친구 존 일슬리와 함께 그룹을 결성한 이들은 드러머 픽 위더즈를 영입해서 팀을 만들게 됩니다.
로큰롤 고전인 〈Sultans Of Swing〉으로 라디오 방송국을 통해 대단한 인기를 얻어 토킹 헤즈의 오프닝 밴드로 투어를 하게 된 이들은 78년 워너사(Warner)와 계약을 맺고 셀프타이틀 데뷔 앨범을 발표합니다.
데모 버전으로 인기를 끌었던 〈Sultans Of Swing〉으로 톱10 진입을 하게 된 다이어 스트레이츠는 미국과 영국에서 커다란 성공을 거두게 되고, 세계적인 밴드가 됩니다.

돈이 불에 타 잿더미가 되더라도 재가 원형을 유지하고 있으면 현금으로 인정됩니다. 실제 경북에 사는 어떤 분은 미나리 등을 팔아 5년간 모은 돈을 땅속에 묻어두는 바람에 7백만 원이 심하게 부패된 사례도 있었습니다.
한국은행은 돈이 화재나 부패 등으로 못쓰게 된 경우, 남아 있는 크기가 원래 크기의 3/4 이상이면 전액의 반액을 인정해 교환해 줍니다. 특히 불에 탄 돈의 경우 재가 원형을 유지하고 있으면 재 부분까지 돈의 면적으로 인정됩니다. 재가 흩어지거나 부서지지 않도록 상자나 기타 용기에 담아 운반할 것 돈이 수제금고 지갑 등 보관용기에 든 상태에서 불에 탄 돈을 분리하기 어려운 경우, 그 상태로 운반할 것을 당부했습니다. 역시 불에 타고 썩어서 부패되어도 돈은 돈인가 봅니다.

Loverboy – Working for the Weekend (주말근무)

모두 주말을 위해 일하고 있어요
모두 새로운 로맨스를 원하고 있어요
모두 자제력을 잃었어요
다시 한번 기회가 필요해요
오, 당신은 내 마음을 원해요
당신은 처음부터 시작해야 해요
당신은 쇼에 가보길 원하죠
자, 그대여, 갑시다

5월31일 보컬인 마이크 레노, 기타를 치는 폴 딘, 베이스 연주자 스코트 스미스, 매튜 프레넷, 키보드 연주자 더그 존슨이 결집한 러버보이는 1980년에 셀프타이틀 데뷔 앨범으로 팝 계에 등장했습니다. 에어로스미스, 키스, 본 조비, 크랜베리스, AC/DC 등 록 음반을 프로듀싱 한 브루스 페어반과의 작업으로 〈Turn Me Loose〉(35위), 〈The Kid Is Hot Tonite〉(55위)를 부릅니다.

지난해 로또복권 1등 당첨자 중 대다수가 복권 당첨과 관련한 꿈을 꾸었고 이 중에서 조상 꿈을 꾼 사람이 가장 많은 것으로 나타났습니다.

17일 로또복권 수탁사업자인 국민은행(현 농협중앙회)에 따르면 작년 한해 로또복권 1등 당첨금을 지급한 250명의 당첨자를 대상으로 복권 구입과 관련해 설문 조사한 결과 당첨자 250명중 111명이 복권 당첨과 연관이 있는 꿈을 꾸었고 그 꿈 중에서는 돌아가신 부모 등 조상과 관련이 있는 꿈이 가장 많았습니다.

이외에 '돈'의 대명사인 돼지를 포함한 동물 꿈이 뒤를 이었고 금이나 돈 등 재물, 인분, 숫자 이외에도 대통령과 악수를 하는 꿈도 복권에 당첨되는 꿈이라고 합니다.

당첨자 직업 별로는 일반회사원이 많았고 그 다음이 자영업자가 많았으며 지역 별로는 서울, 경기, 인천, 부산 순이었고 성씨 별로는 김, 이, 박, 최, 신, 정씨 순이었습니다.

Elton John And Kiki Dee – Don't Go Breaking My Heart
(내 마음을 아프게 하지 말아요)

내 마음 갈갈이 찢지 마소
당신 때문에 내 몸무게가 다 줄었네
아, 여보, 당신이 내 집 문 노크할 때면
나는 당신에게 내 집 키까지 줬잖수

엘튼존과 키키디의 듀엣곡으로 1976년에 빌보드차트 1위에 올랐던 곡입니다. 키키디 밴드가 엘튼존의 노래를 완성한 곡으로 우리나라에서도 크게 히트하였습니다. 티격태격 옥신각신 사랑 싸움. 사랑스런 가사가 흥겹습니다. 영국이 낳은 가수 엘튼존과 파워풀한 여가수 키키디가 조화를 이뤄 멋진 곡을 선사합니다.

6월 1일

문득 찾은 바닷가

　　　　　　김은영

바닷가 모래알

파도 소리

잿빛 하늘

기류

너와 나

여기에 꽃을

피우다 지면

(김은영 시인 ; 고양 문인 협회 이사, 경기 문학상)

Cirque Du Soleil(태양의 서커스단)- Alegria(알레그리아)

환희
인생의 불꽃으로
단계의 함성으로
아름다운 문장,
사랑의 분노처럼

1998년 6월2일자로 막을 내린 노희경 각본의 드라마 〈거짓말〉에 사용된 음악입니다. 〈거짓말〉OST에 수록된 〈Let Me Fall〉을 통해 국내에 소개된 팀인 태양의 서커스입니다. 2008년도에 내한공연을 하기도 했지요. 태양의 서커스 팀은 서커스에 썼던 음악을 모아서 음반을 냈습니다. 첫 앨범 [Alegria]는 2002년 공연에서 쓰였던 곡을 모아 앨범으로 만들었지요. [Alegria]는 에스파냐어로 환희라는 뜻인데 그 말처럼 화려하고 섬세하면서 웅장합니다.

캐나다의 퀘벡에서 1984년에 다니엘 고티에(Daniel Gauthier)에 의해 발굴된 그룹 Cirque Du Soleil은 태양의 서커스단으로 알려져 있으며 서커스 음악과 뉴에이지풍의 음악 사운드 트랙 등을 음반으로 발표했고 1997년에 발표한 〈Let Me Fall〉 국내 드라마 거짓말에 삽입되어 관심을 끌기도 했습니다.
서커스단이긴 하지만 그 크기가 글로벌 서커스로 비교할 정도로 규모가 어마어마합니다. 1984년 캐나다 퀘벡 주에서 결성된 태양의 서커스는 70개국 출신의 아크로바트, 광대 코미디언, 배우, 가수, 연주가, 공중 곡예사로 구성되었기 때문입니다.
그래서 그들 무대의 짜임새와 화려함은 웬만한 브로드웨이 뮤지컬을 능가합니다.

Anne Murray – I Just Fall In Love Again
(난 막 다시 사랑에 빠졌어요)

꿈이에요, 난 분명 꿈을 꾸고 있는 것 같아요
아니면 내가 정말 여기 당신 곁에 누워 있는 건가요?
사랑하는 이여, 당신은 날 품에 안고 있고 난 깨어있지만 내 꿈이 이루어지고 있다는 걸 알아요
그리고 오 난 또다시 사랑에 빠졌어요

캐나다 출산의 여가수입니다. 1968년에 1집 앨범 [What About Me]로 데뷔해서 1983년 제26회 그래미 어워드 최우수 여성 컨트리 보컬상을 수상하였습니다.

6월 3일

전통혼례를 올릴 때 수탉과 암탉을 놓지요. 하나는 푸른 천에 싸고 다른 하나는 붉은 천에 싸서 결혼식 탁자에 놓습니다.

닭은 여러분도 알다시피 아침과 관련된 점이 많습니다. 수탉 울음소리는 결혼이 그러하듯이 하루 시작이 밝고 신선한 출발을 의미합니다. 또한 혼례식 날 찾아오는 그러나 반드시 사라져야 할 밤에 나타나는 악귀를 쫓는 의미도 있습니다.

두 번째 의미로는 전통 농경사회에서 중시하였던 다산의 상징입니다. 암탉이 달걀을 많이 낳으므로 신부도 아이를 많이 낳으라는 희망이 있는 것이지요.

그리고 세 번째는 의미라기보다는 닭을 놓아야만 하는 사정과 비슷한 것으로 옛부터 부부 간 백년해로를 상징하는 새로 원앙을 꼽아왔는데 결혼식에 원앙을 올려놓는 것은 우리 부부도 그렇게 사이좋게 백년해로를 바라는 마음에서 하는 주술적인 의미입니다. 그렇지만 원앙을 구하기가 힘들어 대신 닭으로 바뀌게 된 것입니다. 게다가 원앙은 매년 짝을 바꾸기 때문에 신랑신부에게 어울리는 새가 아닙니다.

Alida Chelli - Sinno Me Moro (신노 메 모로)

내사랑 내사랑 내사랑이여
당신의 가슴에 안겨서 모든 걱정을 잊습니다
죽을 때까지 당신과 함께 있고 싶습니다
울지 말아요
울지 말고 가만히 내 가슴에 기대세요
하지만 가슴이 아프다면 내게 말해줘요
내게 할말이 있다면 말해줘요

1959년 이태리 뻬에뜨로 제르미(Pietro Germi) 감독의 영화 〈형사〉의 테마곡입니다.

6월 4일

주연 배우 클라우디아 카르디날레와 피에트로 제르미가 나란히 배우로 등장합니다.

"아모레 아모레 아모레 미오"로 시작하는 이 노래는 마지막 장면에 흐르는 Alida Chelli의 〈Sinno Me Moro(죽도록 사랑해)〉가 영화음악에 삽입되어 세월이 흐른 지금까지 사랑받고 있습니다.

신부가 부케를 뒤로 던지는 것은 이 꽃을 받은 신부 친구가 6개월 안에 결혼하는 행운을 얻을 수 있다고 믿기 때문입니다. 부케는 꽃다발이란 프랑스 말인데 원래는 나무숲이란 뜻이었으나 꽃다발로 의미가 변했습니다.

기원전 4세기 결혼식에서 풍요를 상징하고 다산을 기원하는 의미로 쉬프(Sheaf)라는 곡물 다발을 들었다고 하니 부케의 역사는 2천 년이 넘습니다. 보리나 벼, 수수 같은 다발을 드는 것도 꽤 매력이 있다고 생각되는 군요.

중세 들어 부케의 소재는 꽃으로 바뀌었다고 하는데 들에서 나는 향기가 신부를 악령으로부터 보호한다고 믿었습니다. 당시 결혼을 앞둔 신랑은 결혼식 날, 아침에 들꽃을 따서 아름다운 꽃다발을 만들어 신부에게 선물했는데 신부는 그 꽃다발 속에서 한 송이를 빼내 사랑의 표시로서 신랑의 가슴에 꽂아 준 것이 지금의 부토니아(Boutonniere)입니다.

Nana Mouskouri - Only Love (유일한 사랑)

유일한 사랑은 추억을 만들어요
유일한 사랑은 순간을 영원으로 만들어요
나는 당신의
당신은 나의 전부였어요
그 모든 노래로도 표현하지 못하는
그런 당신을 기억합니다

그리스가 낳은 세계적인 가수 나나 무스꾸리. 1959년 첫 레코드를 취입하고, 1960년 지중해 송 페스티발을 석권하면서 유명해지기 시작합니다. 1962년에는 꿈에도 그리던 팝의 본고장 미국에 음반 취입을 위해 떠납니다. 그녀는 어려서부터 엘비스 프레슬리와 프랭크 시나트라, 재즈의 열렬한 팬이었고, 또한, 뮤지컬도 좋아했다고 합니다.

때문에 미국은 늘 그녀가 동경해온 무대였던 미국에서 머큐리 음반사의 사장인 루이잔 헤이잔과 퀸시 존스, 어빙 그린 등의 도움을 받았습니다. 450여장의 발매 앨범 중에서 350여장이 골드 앨범 또는 플라티넘 앨범으로 제작되었으며 1년에 100여 차례 공연을 연일 매진으로 마치는 전설적인 여가수입니다

6월 5일

어찌 보면 당연한 소리로 들릴 수 있는데 불행한 결혼은 수명을 줄입니다.

불행한 결혼 생활이 수명을 줄인다는 보고는 미국의 보스턴 대학 연구팀이 국립 심장, 폐, 혈액연구소에 보관된 환자들의 자료를 분석한 결과입니다.

이에 따르면 남편과 불화를 빚는 기혼여성은 미혼여성보다 심장마비로 사망할 확률이 네 배나 높았고 또한 배우자와 정서가 맞지 않는 기혼남성은 독신남성보다 곱절이나 일찍 사망했습니다.

이런걸 보면 수명의 조건은 몸에 좋다는 보약이 아니라 심적으로 안정이 되는 행복한 결혼 생활이 아닐까 합니다.

Norah Jones – Don't Know Why (이유를 몰라요)

먼동이 트는 걸 바라보며
전 내가 멀리 날아갈 수 있기를 바랬어요
모래사장에 무릎을 꿇는 대신
내 손 안에 눈물을 떨어뜨리면서
내 마음은 와인에 흠뻑 젖었어요
하지만 당신은 내 마음에 영원히 있을 거에요
끝없는 바다를 건너
전 환희 속에서 죽어갈 거에요
하지만 뼈만 앙상하게 남겠죠
도로 위에 홀로 내 버려진 채

6월 6일

노라 존스는 1979년 3월 30일에 미국에서 태어났습니다. 2002년 데뷔 앨범인 [Come Away with Me]을 발표했으며, 음반이 400만 장 이상 팔리는 대히트를 기록했습니다. 이십대 초중반의 그녀는 2003년에 그래미 시상식에서 올해의 음반, 올해의 레코드, 최우수 신인상, 올해의 노래, 최우수 팝 보컬 앨범, 최우수 여자 팝 보컬, 베스트 엔지니어 앨범 총 7개 부문을 석권했습니다. 싱어송라이터이자 재즈 팝 보컬리스트로써 최고의 인기를 누리고 있습니다.

이유도 없이 화가 나고 눈물이 날 때가 있습니다. 울적한 기분이 들 때, 이 곡을 들어본다면, 아련한 추억에 빠질 수 있습니다. 노래의 힘으로 울적함을 달래보세요.

Newton Family - Smile Again (다시 한번 미소를)

우리가 웃고 갈망했던 그 이미지들이
나의 마음을 지나가고 있어요
우리가 어렸을 적 사랑이 가져다주었던
춥고 눈 오던 날들에 처음 부드러움이 반짝이던
우린 인생에서 가질 수 있는 모든 걸 가졌었죠
당신이 볼 수 없는 그 귀중한 금지된 보석처럼
당신이 날 원했던 것처럼 저도 당신만을 원하지요

헝가리 출신의 혼성 그룹 뉴튼 패밀리의 1980년 작품입니다.
〈Santa Maria〉와 〈Love Is Magic〉 등으로 팝 본고장 보다는 국내에서 유독 사랑받는 그룹입니다.
첫인상하면 떠오르는 저는 이 노래가 떠오릅니다.
과거 헤어졌던 연인을 보더라도 다시 웃는 얼굴로 맞이하겠다는 노래로 영화 〈예스터데이〉에 수록되기도 했었습니다.

6월 7일

극장이나 사람들이 많이 모여 있는 공공장소에서 웃을 때 우리는 더 많이 더 크게 웃습니다. 특히 극장에서 중국 배우이자 감독인 주성치의 희극 영화를 관람할 때 정말 많이 웃었는데 나중에 집에서 혼자 티비를 통해 볼 때는 덜 웃게 되는 경우를 종종 경험합니다.

이렇게 혼자 있을 때 보다 여럿이 함께 있을 때 웃음소리가 크고 더 많이 웃게 되는 이유는 웃음도 전염되기 때문입니다. 웃음은 스트레스를 줄이고 면역력을 키워 감기도 예방합니다.

오늘 같은 날. 주성치나 찰리 채플린처럼 기쁨을 주는 희극 영화를 보러 극장으로 달려가고 싶네요. 팝콘과 함께.

Keane – Everybody's Changing (사람들은 모두 변한다)

모두들 변한다고 말하지
나도 그 이유를 모르겠어
잠깐만이라도
삶이라는 게임에서 머물고 싶어하는 내 마음을
이해해보려고 하고
깨어나서 내 이름을 기억해보려고도 하지만
모두들 변하고 이젠 예전 같지 않아
넌 여기서 떠났지
이제 곧 사라질거야

6월 8일

3인조 영국 브릿팝 밴드입니다. 보컬 톰 채플린과 키보드의 라이스 옥슬리, 그리고 드럼의 리처드 휴즈로 이루어져 있습니다. 2000년 싱글 앨범 [Call Me What You Like]로 데뷔했으며 키보드와 간드러진 톰 채플린의 보컬이 인상적인데, 2009년 ETP락 페스티발 때 국내에 내한했던 팀입니다. 남녀노소 누구나 즐길 수 있는 음악이어서 이렇게 소개해 봅니다.

옛 선비들은 나이별 호칭이 있었습니다. 우리가 쓰는 한 단어의 나이를 이렇게 여러 이름으로 불렀다는 것은 나잇값을 하라는 일종의 수양을 재촉하는 의미로 들립니다.
이립(而立) 30세 모든 기초를 세우는 나이
불혹(不惑) 40세 사물의 이치를 터득하고 세상 일에 흔들리지 않을 나이
지명(知命) 50세 천명(天命)을 아는 나이. 지천명(知天命)이라고도 함
이순(耳順) 60세 인생에 경륜이 쌓이고 판단이 성숙하여 남의 말을 받아들이는 나이
종심(從心) 70세 뜻대로 행하여도 도리에 어긋나지 않는 나이. 고희라고도 한다.
산수(傘壽) 80세 산(傘)자를 팔과 십의 피지로 해서
상수(上壽) 100세 사람의 수명 중 최상의 수명이란 뜻. 120세를 상수로 봄
이렇게 120세까지 나잇값을 하려면 우선 오래 살고 볼 일입니다.

Yngwie Malmsteen - Far Beyond The Sun (태양 너머 저편)

가끔씩은 생각 합니다.
태양의 고마움을 그리고 언제나
우리 곁을 지켜주는 태양에는 무엇이 존재할까?

기타리스트 겸 보컬입니다. 스웨덴 출신이며 1984년 1집 앨범 [Rising Force]로 데뷔했습니다. 1985년 음악잡지 기타 플레이어 선정됐을 정도로 속주 기타에 재능을 발휘했으며 1980년대 당시 기타를 빨리 치는 속주 기타가 대 유행을 했는데 기타 지망생들에게 그는 선망의 대상이었습니다.
1982년에서부터 1984년까지 스틸러, 알카트라즈 등의 밴드에서 기타리스트로 활동하였습니다. 기타의 강렬한 음에 귀를 기울이게 합니다. 폐부를 찌를 듯한 기타와 〈태양 너머 저편〉의 가사가 잘 어울립니다.

6월 9일

달이 주황색으로 보이는 경우가 있는데 이는 빛이 어떤 입자에 부딪혀 사방으로 흩어지는 산란 때문입니다.
달이 붉게 보이는 경우는 바로 개기월식이 일어날 때입니다. 태양, 지구, 달의 위치를 고려할 때 달까지 도착한 빛은 지구의 대기를 지나면서 파란색을 다 잃어버려 붉은 색을 띠게 되는 것입니다.
드물지만, 달이 파랗게 보일 때는 먼지나 오염 물질 때문입니다. 큰 산불이나 화산 폭발로 인해 먼지보다 큰 오염 물질이 푸른 빛이 사방으로 부딪혀 사방으로 흩어져서 푸르게 보입니다.
창문 밖, 오늘의 달은 무슨 색입니까?

Vaya Con Dios - What a Woman (어떤 여자)

남자가 곁에 있지 않을 때 여자는 무슨 의미가 있는 건가요
남자가 간직한 비밀이 있을 때
곁에 있는 여자는 무슨 의미가 있는 건가요
그녀는 한없이 약해지거나 강해질 거에요
오랜 기간 동안 어렵게 투쟁하기 위해
남자가 규칙을 따르지 않을 때 여자는 무슨 의미가 되는 거죠

끈끈한 매력을 풍기는 라틴풍의 바야 콘 디오스는 벨기에 출신의 혼성 그룹으로 데뷔 당시에는 다나 클라인(Dani Klein)과 더크 쇼우프스, 윌리 람벡트 등으로 구성된 그룹입니다.

장마가 시작되는 이맘때쯤 잘 어울리는 끈끈한 분위기의 노래입니다. 이들의 첫 싱글 〈Just a Friend Of Mine〉이 빅히트를 기록하면서 그들의 이름이 세상에 알려지기 시작했는데 창립멤버 더크 쇼우프스가 세상을 떠나자 한때 실의에 빠지기도 했던 다니 클라인은 여기에 머물지 않고 여성의 몸으로 작곡은 물론 프로듀서까지 혼자 이뤄낸 3집 [Time Files]를 발매해서 바야 콘 디오스의 건재함을 과시합니다.

베스트 앨범 [Best Of Vaya Con Dios]에는 팝, 재즈, 블루스, 소울 등 다양한 장르의 음악을 골고루 갖추고 있으면서 어디 하나 어색하거나 낯설음 없이 고급스럽게 어우러지는 그녀의 음악 색깔을 당당하게 드러냅니다.

국내에서 가장 유명한 〈What's A Woman〉은 정말 말 그대로 끈끈하게 달라붙는 부족함이 전혀 없는 곡으로 알려져 있는데 라틴풍의 샹송 그리고 적절한 블루스와 팝을 가미한 바야 콘 디오스의 음악에 빠지다 보면 우리나라의 트로트를 연상될 만큼 깊은 인상을 가지게 됩니다.

6월10일

The Red Hot Chili Peppers - Higher Ground
(더 높은 곳, 저 높은 곳을 향하여)

1984년 1집 앨범 [Red Hot Chili Peppers] 발표 후에 승승장구하고 있는 대기만성 형 그룹입니다. 2007년 제49회 그래미시상식에서 최우수 록 앨범, 록 노래, 록 가수 상을 받았으며 2002년에 성공적인 첫 내한 공연을 한 이후에 국내 팬들에게 사랑 받고 있습니다.

6월11일

재미로 보는 토막 상식

☆ 메기는 27,000가지 미각을 느낄 수 있다.
☆ 공룡이 멸종하자마자 나타난 것이 원숭이다.
☆ 자살률은 남자가 여자보다 2배 많고 자살 성공률은 3배 높다.
☆ 달은 공기와 바람이 없다. 그래서 암스트롱의 발자국은 앞으로 1000만년 정도는 지워지지 않는다.
☆ 반딧불의 반딧불은 마그네슘을 이용해서 빛을 낸다.
☆ 모기는 파란색을 좋아하고 노란색은 싫어한다.

Exile - Kiss You All Over (수없이 키스를 퍼붓다)

집에 도착하면 내 사랑
그대 가슴에 불을 피울거야
난 하루 종일 그대 생각만 했어
그대는 내 유일한 사랑
그대는 내 유일한 욕망
그대 몸을 두 팔로 꽉 끌어안을 거야
오 내사랑
그대 입술을 느끼고 싶어
그대 환상을 채워주고싶어

6월12일

미국 켄터키 주에서 출발한 엑사일(Exile)은 1970년대 한창 인기 있던 컨트리 팝을 연주하던 밴드였습니다. 그룹 인원은 음반이 발표될 때마다 늘었다 줄었다를 반복했지만 원년 멤버 J.P. 페닝튼은 1990년대 중반 그룹이 해산되기 직전까지 그룹의 버팀목 역할을 했습니다.

1963년에 결성되어 1960년대 중반에는 TV 음악 프로그램이었던 〈어메리칸 밴드 스탠드〉의 명 사회자 딕 클라크(Dick Clark)와 함께 순회 공연을 시작하면서 경험을 쌓았습니다.

1978년 4주 동안 차트 정상을 지켰던 히트 싱글 〈Kiss You All Over〉는 이전까지는 정규 앨범도 정식으로 발매하지 못하고 소규모 클럽을 전전하는 등 어려운 생활을 했지만 이 한 곡으로 그 동안의 설움을 단번에 날려버렸습니다. 다른 소프트록 밴드나 컨트리 팝 그룹들은 부드럽고 밝게만 표현하려는 반면 이들은 조금은 가라앉은 분위기에 묵직한 보컬을 내세워 여느 밴드들과 차별화하는데 성공한 이 노래는 디스코가 음악적 대세이던 1970년대 후반, 센세이셔널한 반응을 이끌어 냈습니다.

Sugarloaf – Don't Call Us, We'll Call You
(우리에게 전화 하지 마세요, 우리가 당신에게 전화할 거예요)

우리가 연락 드리겠습니다
우리에게 더 이상 전화로 문의하지 마시기 바랍니다
우리나라도 요즘은 회사들이 사원을 모집할 때 일시에 모집하지 않고
수시로 모집하는 경우가 많습니다
바로 연락 드렸는데 와주셔서 고맙습니다

슈가로프는 키보드에 제리 코베타, 기타에 밥 예젤, 드럼에 밥 맥비티, 베이스에 밥 래이몬드, 기타에 밥 웨버로 이루어져 있습니다. 1970년 1집 앨범 [Sugarloaf]로 데뷔했습니다. 그러나 71년과 73년 각각 두 번째와 세 번째 음반인 [Spaceship Earth]와 [I Got A Song]에서 실패를 거듭하고 75년 네 번째 앨범인 [Don't Call Us]에서도 성과가 미미하자 그룹을 해체하기에 이릅니다. 결국 키보드를 담당했던 제리 코베타는 워버브라더스에서 솔로 음반도 발표하고, 프랭키 발리와 포 시즌스와 함께 일하면서 작곡가, 프로듀서, 세션맨 등으로 활동합니다.
여기 재미있는 제목으로 노래를 발표했습니다. 우리에게 전화하지 마세요. 우리가 당신에게 전화할 거예요.

6월13일

휴대전화 중독 현상이 심각합니다.
혹시 벨이 울리지 않았는데도 전화벨이 울리는 환청까지 경험합니다. 잠시라도 휴대폰을 소지하지 않으면 불편함을 느끼는 사람들이 많았고, 또한 시간 나면 아는 사람에게 특별한 용무 없이 습관적으로 휴대전화를 걸거나 문자를 보낸다는 사람도 상당수였습니다.
더욱 휴대폰 중독 심각성은 옷에 보관하는 경우 전화가 오지 않았는데도 수시로 휴대전화를 꺼내 확인한다는 겁니다. 이런 뉴스 보면 전화기도 없던 시절에 우리 할아버지 할머니는 어떻게 사셨을까요? 삶의 여유가 필요한 때입니다.

Dr. Hook - Sylvia's Mother (실비아의 어머니)

실비아의 어머니는 말씀하지, 실비아는 바쁘다고
너무 바빠 전화 받으러 올 수도 없다고
실비아의 어머니는 말씀하지, 실비아는 노력 중이라고, 새로운 삶을 시작하기 위한 노력이라고
실비아의 어머니는 말씀하지, 실비아는 행복하다고, 그러니 그녀를 가만 놔두라고
그리고 전화교환수는 말하지, 3분 더 통화하려면 40센트가 더 든다고
애버리 부인, 전 그녀와 얘기를 해야겠어요
애버리 부인, 전 단지 그녀에게 안녕이라고 말하고 싶어요
실비아의 어머니는 말씀하지, 실비아는 짐을 싸는 중이라고, 오늘 중 떠날 거라고

6월14일

미국의 컨트리 록 밴드 닥터 후크는 데뷔 음반부터 〈Sylvia's Mother〉를 히트시키고 1972년에 발표한 두 번째 음반에서 다시 〈The Cover of the Rolling Stone〉을 히트시키며 인기 밴드로 성장하였습니다. 〈Walk Right In〉을 경쾌한 록 버전으로 편곡한 싱글로 발표하여 히트를 이어갔습니다. 디스코 텍에서 최고의 인기를 누리던 열광적인 사랑을 받았던 곡입니다.

인터넷 또는 스마트 폰 시대로 인해 친구들과는 메일이나 메신저, 트위터 등으로 시도 때도 없이 안부를 주고받으면서도 정작 자신을 이 땅에 서게 해준 부모님들에게는 얼마나 자주 소식을 전합니까?
매일 친구들과는 대화를 원하면서도 그 대화 속에 부모님을 제외시키고 있는 것은 아닌지 오늘은 전화기 앞을 서성이는 부모님의 마음을 챙겨드리길 바랍니다.

김종서 – 세상 밖으로

저 길의 끝에선
무엇이 날 기다릴까
내게로 열려진
또 다른 세상의 문을 찾아

1987년에 당시 최고의 록그룹이었던 시나위에서 보컬로 활동합니다. 시나위 2집 앨범 [Down And Up]으로 활동하였고, 시나위에서 베이스 기타를 치다가 한때 문화 대통령으로까지 불린 서태지와 친분을 과시하기도 합니다. 솔로로 활동을 시작한 후, 〈겨울비〉, 〈아름다운 구속〉등을 히트시키며 2001년에는 제16회 골든디스크상 올해의 록상을 받으며 록 보컬로서 전성기를 누렸습니다. 시와 같은 가사가 인상적인 노래를 발표하여 대중들에게 많은 사랑을 받았으며 시나위에 활동할 당시에도 록 마니아에게 록 보컬로서 인정받았던 국내에 몇 안 되는 록커입니다.

6월15일

우는 아기 달랠 때에는 진공청소기가 특효라고 하는 정보가 있습니다. 태아가 뱃속에서 듣는 엄마의 숨소리와 옷깃 스치는 소리가 진공청소기나 TV 소음, 자동차 엔진 소리, 세탁기 소리 등과 비슷합니다.
그래서 생후 3개월 미만인 아기들은 진공청소기 소리가 엄마 뱃속에 있을 때와 같은 편안함을 느껴 울음을 그치게 된다고 합니다.
아이를 바라보면 아이에게 펼쳐진 미래의 세상들이 어떨까 생각하는 것만으로도 기대가 됩니다.

Tommy Bolin – Savana Woman (사바나의 여인)

토미 볼린은 요절한 록 기타리스트 중에서도 죽음이 안타까운 뮤지션입니다. 단 7년이라는 짧은 시간동안 록 기타리스트로서 최고의 실력을 발휘했고, 블루스 록, 재즈 록, 하드 록에서 헤비메탈 사운드에 이르기까지 모든 영역에서 그는 최고였습니다.

6월16일

지미 페이지 눈에 띄어 레드 제플린 라이브 공연의 오프닝 밴드에 참여하였고 조 월쉬 후임으로 당시 미국 내에서 최고의 인기를 얻고 있던 제임스 갱에 가입하였습니다. 1973년 [Bang]과 1974년 [Miami], 단 두 장의 음반을 통해 제임스 갱 최고의 음반으로 남았습니다.

1974년 토미 볼린은 당시 하드 록을 주하던 밴드 딥 퍼플에 가입하지만 짧은 시간이었습니다. 이후 1976년에 경제적인 문제와 음악적 고뇌 등으로 갈등하다가 약물에 의존하다가 마이아미의 어떤 호텔에서 여자 친구 품에서 죽었습니다.

관능적이어서 아름다운 그의 기타 사운드와 노래를 들으면 그의 죽음만큼이나 퇴폐적이고 서정적입니다. 오히려 나쁜 기억보다는 좋은 기억을 떠오르게 하는 신비한 힘을 갖고 있습니다.

애국가 - 김장훈

동해물과 백두산이 마르고 닳도록
하느님이 보우하사 우리나라 만세

무궁화 삼천리 화려강산
대한 사람 대한으로 길이 보전하세

개성 있는 목소리와 창법으로 편안한 발라드를 선사하는 동시에 엔터테이너의 자질을 발산하며, 대중에게 사랑 받는 아이콘으로 자리잡은 음악인입니다. 1968년 8월 14일생인 그는 선천적으로 허약한 몸 탓에 자연스레 혼자 지내는 시간을 음악으로 달래곤 했다고 합니다. 타고난 음치임에도 불구하고 꾸준한 노력 끝에 성공한 가수입니다. 공연에서 번 수익금은 불우이웃돕기에 쾌척할 정도로 큰 배포를 가지고 있습니다.

6월17일

 요즘은 애국가 수난 시대가 되었습니다. 국민들이 저작권 문제를 둘러싸고 일부 국민들이 애국가를 바꾸자 라는 소식이 있었습니다.
애국가를 작곡하신 안익태 선생님의 유족들에게 이런 메시지가 왔는데요.
"우리 가족 모두는 애국가와 관련된 모든 결정을 한국 국민의 뜻에 따르기로 했다. 애국가는 국민 여러분의 소유이며 그에 대한 어떤 결정도 국민 여러분께서 내리시기를 바란다. 이렇게 결정한 이유는 한국을 사랑하기 때문이다."

현재 유족들이 살고 있는 집은 스페인에 있으며, 대한민국 정부 소유 건물입니다. 유족들은 이를 보수하면서 살아가고 있습니다.

Kenny G & Louis Armstrong – What A Wonderful World
(얼마나 아름다운 세상인가)

축복 받은 날, 따뜻하고 신성한 밤
나는 혼자 생각합니다, 정말 멋진 세상이야
하늘에 든 무지개 정말 아름답죠
무지개는 사람들 얼굴에도 떠 있죠.

Kenny G의 섹스폰 연주와 Louis Armstrong의 허스키보이스가 환상적으로 어울리는 곡.
음악이 우리에게 주는 것은 돈으로 바꿀 수 없습니다.
그만큼 음악이라는 존재는 대단합니다. 세상은 아름답게 보입니다.
특히 잘생긴 외모의 멋쟁이 뮤지션 Kenny G는 1990년대 한국에서 가장 많은 음반을 판매했었습니다.

6월18일

[하반신 마비가 되기 전에 내가 할 수 있었던 일은 1만 가지였다. 그러나 이제 내가 할 수 있는 일이 1천 가지가 있다. 나는 내가 잃어버린 9천 가지를 후회하며 살 수도 있고, 아니면 아직도 내게 가능한 1천 가지를 하면서 살 수도 있다.
선택은 내게 달려 있다.
나는 사람들에게 내가 인생에서 두 개의 큰 바윗돌을 만났다고 말하곤 한다. 그걸 핑계로 모든 걸 포기할 수도 있지만, 오히려 그 경험을 바탕으로 새로운 지평으로 나아갈 수도 있다.
당신은 그 위에 올라가 더 멀리 바라보면서 "이것도 별거 아니군" 하고 말할 수도 있다. 이것을 잊지 마라. 중요한 것은 당신에게 무슨 일이 일어나는가가 아니라 당신이 그것을 갖고 무엇을 하는가이다.]

- 잭 캔필드의 『영혼을 위한 닭고기 스프』 중에서

Koreana – Hand In Hand (손에 손 잡고)

하늘 향해 솟는 불
우리 가슴 고동치게 하네
이제 우리 모두다 일어나
영원히 함께 살아가야 할 길
손에 손잡고 벽을 넘어서
우리 사는 세상 더욱 살기 좋도록

1955년에 결성된 7인조 밴드로 초기에는 미8군을 상대로 공연을 시작해서 1965년 활동 무대를 홍콩과 동남아로 넓히면서 점차 유럽에서도 사랑 받은 그룹입니다.
초창기에는 아리랑 싱어즈란 이름으로 활동했다가 코리아나로 그룹명을 변경했고 88올림픽 공식 주제음악 〈손에 손잡고〉를 부르며 세계 스포츠인들이 손을 잡고 하나가 되는 감동적인 모습을 연출케 하였습니다.

6월 19일

88 서울올림픽을 앞두고 있을 때도 우리는 '세계가 우리를 바라보고 있다.'는 말을 했고 14년 후가 지난 2002년 한일 월드컵 축구대회 때에도 똑같은 말을 되풀이 했었습니다. 그러나 이 대대적인 외침이 루스 베네딕트의 저서 『국화와 칼』에 보면 2차 세계대전 당시 일본군이 미군을 대항할 때 했던 똑같은 카피였다는 말이 나옵니다. 바로 제국주의 일본이 써먹었던 말이라는 거죠.
현재 우리는 결코 자랑할 만한 일이 그리 많지 않습니다. 물론 다 그런 것은 아니지만 학교 교사가 학생 답안을 대신 작성해주고 결식 학생에게 지원하는 돈은 다른 데로 빼돌린 후 결식학생에게 건빵 도시락을 지급하고 코리안 드림을 이루기 위해 온 외국인 근로자는 앉은뱅이 병에 걸릴 정도로 혹사시키고 있습니다. 손발이 오그라들 정도로 부끄러운 일입니다.

조용필 – 선구자

용두레 우물가에 밤새소리 들릴 때
뜻 깊은 용문교에 달빛 고이 비친다
아역하늘 바라보며 활을 쏘는 선구자

용주사 저녁종이 비암산에 울릴때
사나이 굳은 마음 갈이 새겨 두었네
조국을 찾겠노라 맹세하던 선구자

1950년 3월 21일 경기도 화성에서 태어난 가수입니다. 아담한 몸매의 소유자로서 오빠 부대의 원조입니다. 현재는 필레코드 대표로 있습니다. 1979년 1집 앨범 [창밖의 여자]로 데뷔했으며 2006년 제3회 한국대중음악상 공로상을 받은 1980년대를 풍미한 대한민국 최고의 국민 가수입니다.

6월20일

한 고찰이 30년 전에 불화를 도난당했다가 뒤늦게 찾아냈는데 법원은 그 소유권이 고찰에게 없다는 판결을 내렸습니다. 법에서 어떻게 도난한 물건을 두고 이런 판결을 내릴 수 있을까 의아하기만한데요

이 불화는 조선시대에 제작된 흔치 않는 작품으로 지난 1978년 전남 한 사찰에 보관되어 있다가 사라졌는데 이렇게 30년이나 행방을 감춰 영영 찾을 수 없을 것 같았다고 합니다. 그런데 이 불화가 30년이나 흐른 뒤에 한 경매시장에 나타났지만 당시 이것이 도난품인줄 모르고 구입했기 때문에 법은 이 그림을 사들였던 사람들 손을 들어 줬습니다.

우리가 언뜻 생각해도 이해할 수 없는 판결인데 법은 이 불화가 문화재라는 것을 잊고 있는 것은 아닌가 생각이 듭니다. 일반 물건도 아닌 문화재 같은 소중한 물건은 당연히 있어야 할 원 자리로 돌려줘야 하는 게 아닐까요? 때로는 법이 미울 때가 있습니다. 그 어느 때보다 바른 생각을 지닌 선구자가 필요한 시기입니다.

Roland Kaiser – A Santa Maria (성모 마리아)

52년생인 베를린 출신의 싱어 송라이터 로렌드 카이저가 80년에 불러 큰 인기를 얻은 곡입니다. 샹송 가수 미레이 마띠유도 부른 곡입니다. 로렌드 카이저는 74년에 첫 앨범을 발표한 후에 꾸준한 사랑을 받고 있습니다.
1980년대 초, 라디오에서 자주 흘러나왔던 곡입니다. 어렵지 않은 멜로디로 인해 한번 들으면 잊혀지지 않는 곡입니다.

6월21일

전쟁고아 등 불우아동을 돌보며 살았던 고아들의 대모가 전 재산과 시신을 기증한 후 세상을 떠났습니다. 향년 82세로 별세한 마산 애리원 주경순 원장은 복지 시설 및 부지와 시신을 기증했습니다. 고인은 평생을 독신으로 살면서 60여 년을 오로지 아동복지 사업에 헌신했다고 합니다.
그는 1946년 고아들과 첫 인연을 맺었고 몇 년 뒤 6·25전쟁이 일어나면서 거리에 전쟁 고아가 넘쳐나자 1958년 지금의 애리원을 만들어 직접 전쟁고아들과 결손가정 아이들을 돌보았습니다. 고인은 일제 때 경남 거창에서 신사참배 거부운동을 벌이다 투옥된 독립운동가 주남선 목사의 따님이기도 합니다. 이렇게 평생 아이들에게 헌신한 고인은 자신의 전부를 세상에 돌려주고 떠났습니다.
희생이 무엇인지 보여주고 가진 고인의 마음을 기리며 성모 마리아를 듣습니다.

Chris De Burgh-Here Is Your Paradise(여기 당신의 천국이 있어요)

당신 낙원은 여기에요.
여기 생명을 가득 채우게 하는 책이 있고요,
나는 당신과 영원히 여기서 살아갈 거예요.
내가 당신을 얼마나 사랑하는지 당신은 모를 거예요.

크리스 디 버그는 1948년 10월 15일에 아르헨티나에서 출생하였으며 트리니티 대학 영문학 학사 출신입니다.
1975년 1집 앨범 [Far Beyond These Castle Walls]로 데뷔하였습니다. 최근 새 차를 구입하는 분들이 많은데요, 저도 새차를 구입했을 때 시절이 기억납니다. 운전 중에 이 음악을 들으며, 동해안 해변가를 달리던 그 때 그 황홀한 시절이 기억납니다.

자동차와 애인 중 어느 것이 중요한가? 질문하면 대다수 남자들은 애인을 선택합니다. 하지만 저는 자동차를 선택하고 싶네요. 자동차 성능을 알고 새 차를 구입하여 운전하면 어떤 형용사로도 표현이 안 될 정도로 멋진 기분을 느낍니다. 천국이 따로 없을 정도이지요.
모든 분들이 새 차를 구입하면 혹시 누가 흠집이라도 낼까봐 안절부절하고 또 닦고 광을 냅니다.
그래도 마음이 안 놓여서 주차한 곳을 몇 번 확인 하는 등 새 차에 대한 애정들은 각별 하실 겁니다. 이는 차뿐만이 아니라 새 물건을 소유했을 때 보이는 사람들의 자연스런 반응입니다.
새 차를 흐뭇한 눈길로 보다보면 법정 스님의 '무소유' 정신도 귀에 잘 들어오지 않습니다.

Boyz II Men – It's So Hard To Say Goodbye
(이별하자는 말은 너무 하기 어려워요)

당신을 기억 속에 간직하며
비가 그치고 찬란히 비치는
햇빛으로 생각하겠어요
지난날을 잊기란 정말 어렵네요

멤버들은 숀 스톡맨(Shawn Stockman), 와냐 모리스(Wanya Morris), 나단 모리스(Nathan Morris)이며 1991년 1집 앨범 [Cooley High Harmony]으로 데뷔하였습니다. 현재까지 활발하게 활동하는 소울그룹입니다. 과거에는 스티비 원더, 어너더 배드 크리에이션, 로비 마이클스의 백그라운드 싱어로 활동했던 풋내기들이었으나 이제 모타운 레코드를 주도하는 인물들로 떠올랐습니다. 〈Please Don't Go〉, 〈End of The Road〉등이 히트했습니다.

6월 23일

빨간 신호등이든 파란 신호등이든 이 모든 것은 우리 사람들이 만들어 낸 것이고 또 그것에 순응하며 살아갑니다. 그것이 비틀스의 '렛잇비(내버려 둬)' 정신입니다.
우리가 만들어낸 것들로 인해 스스로 그것에 기다릴 줄 모르고 타박을 한다면 어쩌면 자신의 삶에서부터 이미 빨간 신호등이 들어와 있는 것은 아닌지 돌아봐야 할 것입니다.
인생의 파란신호등은 바로 현실에 너그럽게 순응할 때 가장 오래 켜져 있다는 사실이 신기합니다.

Box Tops – I'm Your Puppet (나는 당신의 꼭두각시 입니다)

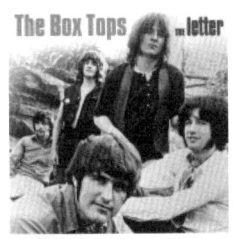

줄을 당기면 당신에게 윙크할께요
난 당신 꼭두각시예요, 당신이 원한다면 웃기는 짓들을 할게요,
난 당신 꼭두각시예요
나는 당신 맘대로 할 수 있는 당신 소유물이예요
내 사랑 당신은 꼭두각시를 맘대로 할 수 있어요

박스 탑스(Box Tops)는 기타에 알렉스 차일턴와 게리 테일레이, 베이스에 빌 컨닝함, 드럼에 대니 스미스로 구성되어 있습니다. 데뷔는 1967년에 1집 앨범 [The Letter/Neon Rainbow]로 데뷔했습니다.
미국 멤피스 출신 그룹입니다. 사랑하는 사람 앞에 노예요, 꼭두각시가 되겠다고 박스탑스가 선언합니다. 김종서의 〈아름다운 구속〉에 비견할만한 놀라운 선언입니다.

고개를 들고, 마음을 열어, 또 다른 곳도 볼 수 있게, 행복의 한 쪽 문이 닫히면 다른 쪽 문이 열린다. 그러나 흔히 우리는 닫혀 진 문을 오랫동안 보기 때문에 우리를 위해 열려 있는 문을 보지 못한다.

맹인의 몸으로 교육자이자 작가였던 헬렌 켈러의 말입니다. 우리는 사소한 것에 목숨을 겁니다. 작은 것에 연연해서 혹 큰일은 그르치고 있는 것은 아닌지 열린 눈으로 주위를 돌아보았으면 합니다. 모든 인생의 주연은 바로 나 자신이고 성공하느냐 실패하느냐는 본인 마음에 달려 있습니다. 나는 나를 사랑하는 꼭두각시입니다.

Rolling Stones - Paint It Black (페인트 그건 검은색이다)

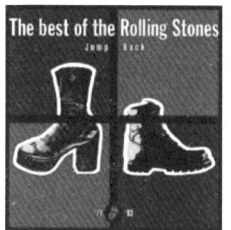

나 자신을 보며 내 마음이 돌아서는 것을 느껴요.
나는 빨간 문을 보고 검게 칠하고 싶은 충동을 느껴요.
아마 나는 사라지겠지만 진실을 외면할 순 없죠.
당신은 세상이 시커멓더라도 진실을 마주하기 어렵죠.

모든 걸 까맣게 칠해 지워버리고 싶다고 보컬인 믹재거는 외칩니다. 이 노래는 반전 노래로 읽혀지기도 합니다. 〈Paint It Black〉. 이 노래는 월남전이 확대되고 반전 운동 또한 거세지던 1966년에 만들어졌습니다. 이 노래는 이후 월남전의 참상을 묘사한 1984년도 영화 〈풀 메탈 재킷(Full Metal Jacket)〉에도 삽입되며, 또한 1987년 9월 24일부터 1990년 4월 28일까지 방영된 미국 CBS 방송의 텔레비전 시리즈 〈버나먼 정글(Tour of Duty)〉에도 사용되었습니다. 세상에 어이없는 상식들이 판을 치고 그것이 대다수의 사람을 괴롭힐 때가 있습니다. 그런 잘못된 생각들을 검은 페인트로 칠하고 싶은 충동이 생깁니다.

6월25일

개인의 취향에 따라 좋아하는 꽃과 향이 다르듯이 좋아하는 색깔도 각기 다릅니다

검정색은 남자는 지극히 남성적이고 적극적인 행동력이 있어 반드시 대장이 되어야만 직성이 풀리고 비범, 세속적이며 관습에 순응적이며 예의가 바르고 당당하지만 반면엔 검정색은 입는 사람에 따라 장엄해 보이기도 초라해 보이기도 합니다.

Opus - Live Is Life (사는 인생)

살맛 나는 게 인생이야, 우리 모두는 힘을 느끼는 거야, 살맛 나는 게 인생이야, 어서 일어나 춤을 춰봐, 살맛 나는 게 인생이야, 살아가고 있는 느낌을 줘봐, 살맛 나는 게 인생이야, 그건 최고의 기분일 거야, 우리 모두는 최선을 다하는 거야, 모든 노래를 모두가 부르는 거야

Opus(약어 Op.)클래식 작품 넘버 이름입니다. 오퍼스 역사는 1973년에 시작됩니다. 세 명의 원년 멤버는 딥 퍼플의 곡 등을 커버하며 지방 밴드로 활동합니다. 곧 드럼 주자를 영입하면서 공연 무대를 통해서 명성을 넓혀갑니다. 스튜디오 앨범보다 라이브 앨범이 더 인기 있는 특이한 밴드입니다. 정통 록음악을 기반으로 탄탄한 연주력과 유럽 특유의 팝 감수성이 융합되었으며 [Live Is Life]라는 라이브 앨범으로 유럽 아시아를 너머 북미 지역까지 최고의 사랑을 받습니다.

주변 사람 누구나 인정하는 장기기증 전도사 전상규씨는 최근 받은 골수 이식 수술에 대한 느낌을 마취가 풀리고 나면 엉덩이가 좀 뻐근한 것뿐이라고 설명합니다. 전씨는 군에서 전역한 후 한쪽 신장을 떼어 얼굴도 모르는 30대 여성에게 나눠준 데 이어 지난 달에는 골수이식을 해주는 수술까지 받았습니다. 조금만 용기를 내면 많은 생명을 살릴 수 있다는 생각에 어른이 되면 반드시 장기기증을 실천하겠다고 맘속으로 다짐했다며 당시를 회상하는데, 생각에 따라 자신의 장기를 떼어 준다는 일이 말처럼 쉽지 않을 수 있습니다. 하지만 가족 중 누군가 기증받을 장기가 없어서 생명이 위태롭다면 생각한다면 시도해 볼 수 있습니다.

자신의 아름다운 용기로 인해 누군가 생명의 불씨를 다시 지필 수만 있다면 그것이야 말로 세상에서 가장 아름다운 사랑이자 나눔입니다.

Stylistics – Because I Love You Girl (당신을 사랑하기 때문에)

할렘가에서 장미가 피어나가 시작하듯
세상은 마치 장난감 풍선 같아요
사랑의 노래가 들려오지만 난 울고 있어요
왜 그런지 나는 알아요
그건 바로 당신을 사랑하기 때문이지요
당신을 사랑하기 때문에
당신을 위해서라면 이 세상에 못할 일이 없어요

네 명의 멤버로 이루어져 있습니다. 러셀 톰킨스 주니어와 제임스 던, 허비 머렐, 제임스 스미스, 에어리언 러브 데뷔는 1971년에 1집 앨범 [The Stylistics]으로 하였습니다.
리드 보컬과 백그라운드 보컬이 하모니를 이루며 아름다운 목소리를 들려주는 귀에 만족을 주는 그룹입니다. 어떤 노래를 들어도 요즘 노래 못지 않은 완성도를 갖추고 있습니다.

6월27일

세상에서 가장 먼 길이는 어디서 어디까지의 길이일까요?
사람 머리와 가슴까지의 길이가 가장 멀다고 합니다. 실제로 재보면 30센티미터 밖에 안 되는 거리인데도 물리적으로 가깝지만 다시 생각해보면 머나먼 거리입니다. 짧은 거리에도 불구하고 머리에서 가슴으로 이동하는 데 평생이 걸립니다.
아무 것도 마찰을 일으키지 않는 성냥은 그대로 고체인 채로 남아 있는 것처럼 정작 중요한 것은 소소한 것이라도 무언가 할 수 있음에 감사하는 것이 중요합니다.
한 눈이 보이지 않는 목사님이 심장마비로 세상을 떠나면서 자신의 육체를 의대생의 실습 연구용으로 기증해 또 다른 고귀한 생명의 밑거름이 되어 주었다고 합니다. 그 분이 남긴 말씀이 '육체적 장애는 장애가 아닙니다. 이웃을 사랑하는 마음이 없다면 그것이 더 큰 마음의 장애'라고 하셨습니다.

Bill Withers – Ain't No Sunshine (햇볕이 없어요 아닌가요?)

난 알아요
그녀가 그곳에 머무르기 위해 떠났다는 것을
그녀가 떠날 때마다 이별을 합니다
아직 어린 마음을 가진 나를 홀로 남겨두고
그녀가 떠나면, 더 이상 햇빛도 없습니다.

지금도 음악 카페에 가면 빌 위더스의 〈Just the Two of us〉가 하루가 멀다하고 흘러나옵니다. 하지만 그는 1938년 7월 4일에 태어난 옛 가수입니다. 데뷔는 1971년 1집 앨범 [Just As I Am]으로 했으며 1971년에 그래미어워드 최우수 R&B 노래상, 1981년에 그래미어워드 최우수 R&B 노래상, 1987년에 그래미어워드 최우수 R&B 노래상을 부른 R&B를 주물렀던 가수입니다.

6월28일

빌 위더스가 부릅니다. 그녀가 떠나서 슬프다고 하네요. 원곡은 빌 위더스 작품이지만 노래 좀 한다는 당대의 후배 보컬리스트들이 모두 한번씩은 자기 앨범에 발표해서 더욱 유명해진 곡입니다.

지구가 암흑으로 변하고 있습니다.
우리가 오염시키는 대기로 인해 그런 현상들이 나타나고 있습니다. 영국의 스탠힐 박사는 1950년 이후 10년마다 지구에 도달하는 태양 광선이 감소했다고 합니다.
결과에는 원인이 있는데, 그 원인은 예상하신 대로 대기오염입니다.
이산화탄소뿐만 아니라 재나 황화물 같은 미세한 분진도 발생하는데 이 분진들이 태양광선을 반사시켜 우주로 다시 되돌려 보내서 태양광선이 줄어듭니다.
기상학자들은 1970년대와 80년대의 사하라 남부지방의 대기권과 최근 아시아지역의 폭우도 지구암흑화로 인한 것이라고 설명하고 있답니다. 지구는 이렇게 어두워지는데도, 엊그제 헤어진 연인으로 인해 방구석에 처박혀 괴로워하는 친구들이 있네요.
그 친구들에게 이 노래를 보냅니다.

Eurythmics - Sweet Dreams (Are Made Of This) (달콤한 꿈)

어떤 이들은 당신을 이용하고
어떤 이들은 당신에게 이용당합니다
달콤한 꿈은 이렇게 만들어지지
누가 나를 동의하지 않나요?
나는 세계와 일곱 개의 바다를 한 달음에 달려요
모든 사람들은 뭔가를 갈구하지요

애니 레녹스와 데이빗 스튜어트, 이렇게 혼성 듀오 그룹입니다. 데뷔는 1981년에 1집 앨범 [In The Garden]을 발표했구요, 1999년 브릿 어워드 특별 공로상을 받았습니다.
애니 레녹스는 여자이면서 남자 분장으로 유명한 가수입니다. 이 곡은 유리스믹스의 대표곡입니다. 그들이 뿜어내는 전자음악 사운드는 풍경을 그리 듯 아름답게 그려내서, 훗날 일렉트릭 음악을 하는 후배들까지 아름답다 찬사를 보낼 정도로 훌륭한 곡입니다. 현재 젊은이들이 즐기는 클럽 가에서도 종종 흘러나오는 곡입니다.

6월29일

로마 제국의 마지막 황제이자 스토아 학파의 철학자였던 아우렐리우스는
"당신이 가야 할 길이 당신의 눈앞에 있거든 망설이지 말라. 당신이 가야 할 길이 분명하면, 기꺼이 확고한 의지로 그 길을 가라. 혹시 당신이 가야 할 길이 보이지 않는다면 멈추어 서서 가장 훌륭한 충고자들과 상의하라. 만일 당신이 가는 길에 어떤 장애물이 나타나면, 정의가 가리키는 길을 따라 당신이 갈 수 있는 곳까지 나아가라!"
라고 길을 제시했습니다.

Procul Harum - A White Shade Of Pale (점점 더 창백해짐)

우리가 술 한잔을 더 청하자
웨이터가 쟁반에 술을 받쳐왔지만
너무 늦은 일이었어요
밀러가 자신의 이야기를 시작하자
그녀의 얼굴이 처음엔 유령처럼 하얗게 질리더니
점점 더 창백하게 변해갔어요
그녀는 아무 이유도 없다고 말했지만
진실은 명백하게 보였죠
그러나 나는 카드 게임에만 빠진 척 했죠
그리고 그녀를 해안으로 떠난 16세기 수녀처럼 만들고 싶진 않았어요
비록 내 두눈은 떠 있었지만
감겨 있는 것과 마찬가지에요

6월30일

이 곡은 1967년에 발표된 곡입니다.
바하의 칸타타에서 일부 멜로디를 따와서 작곡한 곡입니다.
이 곡은 록 역사상 가장 난해한 가사로도 유명한데 몽환적인 연주와 클래시컬한 분위기로 향후 프로그레시브 록의 발달에 지대한 영향을 미쳤으며 밴드를 영원한 전설로 남게 합니다.
약 300여명의 아티스트가 이 곡을 리메이크했다는 사실 하나로도 그 영향력을 가늠해 볼 수 있지 않을까 싶네요. 들으면 1967년도 곡이라는 것이 믿어지지 않을 만큼 세련된 곡입니다. 점점 창백해지는 그녀의 얼굴을 떠올려보며 이 노래를 들어보아요

요즘 젊은 여자분들 화장품 비만 시대에 살고 있습니다. 전문가들은 피부미인이 되고 싶다면 화장품 다이어트를 해야 한다고 권할 정도이지요.
일단 성분이 확인 안 되면 피부트러블을 일으키기 쉽고, 또 같은 화장품이라도 서로 궁합이 안 맞는 제품이면 독이 된다고 합니다.
점점 날이 갈수록 하얘지는 창백한 여인에게 이 노래를 바칩니다.

Hanne Boel - Standing On The Edge Of Love (위태로운 사랑)

지난 밤 꿈을 꿨어요
난 당신의 매력을 봤지요
위태로운 사랑의 끝에 서 있어요.
내 팔에 안긴 당신

달콤한 것들을 속삭이네요

1957년, 덴마크 코펜하겐에서 출생한 그녀는 블루스소울로 불러도 손색없는 음악을 부드럽게 불러줍니다. 소울음악은 남쪽 지방에 거주하던 시골 흑인 노동자들이 이주했던 기차의 북쪽 방향으로 전파되었습니다. 시골 흑인들이 북쪽으로 이주하여 공장 노동자 생활을 하게 됨에 따라 그들이 즐기던 음악이 세련된 도시 음악인 재즈와 융합을 이루게 되어 레이스(Race)뮤직이라고 불립니다. 이후에 이 음악은 리듬 앤 블루스로 불리게 되었는데 이 R&B라고 알려진 이 음악은 백인들 사이에서 인기를 끌면서 인위적으로 두 갈래로 갈라집니다. 하나는 백인만을 위한 락앤롤이고 다른 하나는 흑인을 위한 소울입니다. 두 음악 모두 고전 소울입니다.
소울 가수로는 소울의 전설 루더 반드로스, 소울의 천재라고 불렸던 레이 찰스, 어반 소울의 엄청난 인기인 맥스웰, 소울의 대부인 제임스 브라운, 귀족적인 목소리 그레이그 데이비드가 있습니다. 이름만 들어도 마니아들은 금방 이 사람들의 이력이나 음악을 잘 아실 텐데 이번에 함께 할 곡은 소울과 블루스 그리고 록을 다 소화하는 듯한 가창력과 창법을 지닌 덴마크 출신 한네보엘의 〈Standing On The Edge Of Love〉입니다.
이 곡을 들으면 블루스 소울을 좋아하는 사람은 누구나 보엘의 매력에 빠져들 수밖에 없는데 이곡은 그녀가 1992년에 발표한 음반 [Kinda Soul]에 수록된 곡입니다. 한번 마음을 흔드는 소울 세계로 휘적휘적 빠져 봅시다.

Joe Cocker & Jennifer Warnes – Up Where We Belong
〈사관과 신사〉 OST (우리가 가야할 곳)

세월은 흘러갑니다
울고 있을 시간 따위는 없어요
인생은 당신과 제가 살고 있는 오늘이랍니다
사랑은 우리가 가야할 곳으로 데려가요
높은 산 위에 독수리들이 울부짖는 곳으로
사랑은 우리가 가야할 곳으로 데려가죠
우리가 알고 있는 세상으로부터 멀리 떨어진
시원한 바람이 부는 곳으로

사관생도와 제지 공장에 다니는 가난한 여공과의 로맨스를 그린 영화입니다. 가난한 환경에서 벗어나기 위해서 사관학교에 입대한 한 청년(리처드 기어 분)이 엄격하고 고된 훈련을 받아 의젓한 남자로 성장하는 모습이 여성팬들에게 사랑을 받았습니다.
테일러 핵포드 감독의 〈사관과 신사〉 OST로서 아카데미 주제가상을 받은 노래입니다. 조 카커와 제니퍼 원스의 듀엣으로 부릅니다. 인생은 당신과 내가 살고 있는 오늘이라는 가사는 가슴을 두근거리게 합니다. 오늘을 열정적으로 살고 있는지 이 음악을 들으며 체크해봅니다.

7월 2일

세상에는 과거의 행위에 대하여 후회하는 사람이 많으나, 그보다도 오히려 해야 할 일을 하지 않은 행위에 대해 후회가 많이 남는다. 인생의 마지막에 가서 해야 할 일을 하지 않은 후회야말로 우리를 비탄과 절망의 심연에 빠지게 한다. '했더라면'보다 '했지'가 많아지도록 하자.

- 영국 시인 브라우닝의 명언

후회는 말 그대로 뒤에 쳐져있는 자신의 파편 일뿐입니다. 파편을 줍다가 시간을 낭비하기엔 우리의 시간은 너무 짧다. 모든 일은 해야 할 때 내 것으로 만들어야 후회를 줄일 수 있습니다.

Roy Orbison – Crying (울음)

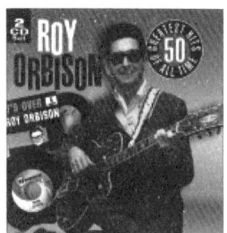

당신은 '안녕!'이라 말하고 나를 두고 떠났네요
나는 홀로 남아 눈물만 줄줄 흘렸지요
울음을 참기 힘들어요
그러나 당신 손길에 나는 그만 울어버렸지요

미국 텍사스주의 전설이된 가수입니다. 1960년부터 1965년까지 〈Only the Lonely〉, 〈Crying〉, 〈In Dreams〉, 〈Oh, Pretty Woman〉을 대히트시킵니다. 1966년 자동차사고로 아내를 잃고, 1968년 화재로 두 아들을 잃은 뒤 한동안 활동이 위축되었다가 1980년대에 재기에 성공하여 〈That Lovin' You Feelin' Again〉(1980)을 불러 그래미상을 수상하였습니다. 1986년 데이비드 린치의 영화 〈Blue Velvet〉에 삽입된 노래 〈In Dreams〉가 인기를 얻었으며 1988년에 밥 딜런, 톰 페티, 조지 해리슨, 제프 린과 함께 캐주얼 밴드 The Traveling Wilburys를 조직하여 활동하려 했으나 그 해 12월 컴백 앨범 발매를 앞두고 심장 발작으로 사망하였습니다.

7월 3일

단순히 자극 받아 나오는 눈물과 슬퍼서 울 때의 눈물은 성분이 다릅니다. 슬퍼서 울 때의 눈물 속에는 프롤락틴과 부신피질자극호르몬이 들어있으며 이 호르몬은 눈물과 함께 제거함으로써 스트레스로 인한 정신적 압박감을 해소합니다. 그래서 실컷 울고 나면 시원해지는 이유가 여기에 있습니다.

요즘 정말 울고 싶은 일도 많은데 그렇다면 한번 실컷 울어서 스트레스라도 풀어 보는 것은 어떨까 하는 생각이듭니다. 앞으로 우는 사람은 달래기보다는 차라리 실컷 울라고 자리를 피해 주는 것이 상대방을 배려하는 일입니다. 울고 싶은 날은 최선을 다해 격렬하게 울어보는 거, 마음을 정화하기 위해서라도 꼭 필요한 일입니다.

Elvis Costello - The Beat (두드리다)

팝의 전성기인 70년대 말에 록 계에 나타난 거물급 가수 겸 작곡가로 뉴웨이브라는 새로운 경향을 주장하면서 성공을 거둔 록 계의 거장입니다. 당시에 유행하던 디스코 풍 음악과 멜로디와는 대조적인 신랄한 비판이 담긴 곡들을 작곡하였습니다.

7월 4일

데뷔 음반은 1977년 5월에 영국에서 발매가 되었습니다. 미국 데뷔 공연을 앞두고 〈My Aim Is True〉라는 첫 앨범을 발매하였는데 뉴웨이브 앨범으로서는 처음으로 미국의 차트에서 히트를 기록하였습니다. 그리고 사랑의 발라드인 〈Alison〉이 포함되어 있었다. 이 발라드는 1978년에 린다 론스테트의 앨범, [Living In The USA]에도 수록되었습니다.

부모가 없는 틈을 타 친구들끼리 성인용 비디오를 몰래 보는 일은 부모님 세대에도 흔했습니다. 하지만 요즘은 야한 성인물의 범람으로 너무 어린 나이에 그릇된 성의식을 심어주고 있습니다.

만약 아이가 야한 성인 사이트를 접했다는 짐작이 들면, 보면서 어떤 느낌이 들었고 어떤 장면이 특히 기억에 남는지 등에 대해 적극적으로 이야기를 나눠야합니다. 물론 부모를 당혹하게 하는 질문들이 쏟아질지도 모르지만 그러나 아이와 서로 질문을 주고받고 있다면 성인사이트와의 전쟁에서 일단 승리한 셈이라고 하는군요.

이를 계기로 아이가 부모에 대한 믿음을 갖고, 성적으로 궁금한 것을 우선 부모에게 묻고 의논하는 습관을 들인다면 전화위복입니다.

Police – Every Breath You Take (당신의 숨결마다)

당신이 가버린 이후로
나는 당신의 흔적까지 잃어버렸어
매일 밤 꿈속에는 당신의 얼굴 뿐
사방을 둘러보아도
당신의 자리를 메울 수 없어
나는 당신의 포옹을 필요로 해

보컬에 스팅, 드럼에 스튜어트 코플랜드, 기타는 앤디 서머즈인 삼인조 밴드입니다. 1978년에 1집 앨범 [Outlandos d'Amour]로 데뷔하였으며 1985년에 그룹이 해체되었습니다. 1980년대 초반 그래미 시상식에서 최우수 록 연주상, 최우수 그룹 팝 보컬상, 록 보컬상, 록 연주상 경력이 있습니다.
이 음악을 신청했는데 이 곡이 담긴 앨범이 없으면 음악 카페가 아니라고 할 정도로 유명한 명곡입니다. 부드러운 분위기에서 흥겨운 연애 분위기를 연출하고 싶은 때, 이 곡을 선곡한답니다.

7월 5일

제 아무리 한국 땅이 좁다 해도 장거리 연애를 하기란 쉽지 않습니다. 이럴 때 사랑의 노하우가 있다고 하는데 우선 만남의 횟수에 구애 받지 않는 것이 좋습니다. 장거리 사랑에서 문제되는 것은 자주 볼 수 없는 것인데 세상일이란 건 변수가 있기 때문에 괜히 횟수에 집착하다가 쉽사리 지칠 수가 있습니다.

전화, 메일, 등 모든 통신 수단을 총동원하는 것이 좋습니다. 눈에서 멀어지면, 마음에서 멀어진다는 말이 있는 것처럼 어차피 거리상 자주 만나지는 못할 테니 대화라도 자주 해야 합니다. 단 주의할 것은 지나치게 연락을 자주 함으로써 서로 질리게 하는 일은 없게 합니다.

그리고 이밖에 비록 짧은 만남이지만 만날 때만큼은 최선을 다합니다. 주말 부부든 연인 사이든 떨어져서 지내는 연애는 힘든데 그러는 와중에 자칫 소홀해져서 사이가 멀어진다면 안타까운 일입니다.

Freddy Fender – Wasted Days and Wasted Nights
(허송세월을 보내다)

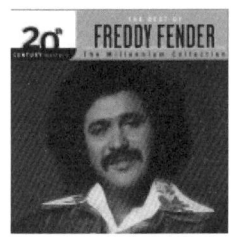

허송세월로 보내온 나날들
난 당신을 등지고 떠났습니다
당신은 내 사람이 아니니까요
당신의 진심은 다른 어떤 사람에게 가있나요?
당신의 마음이 진심이 아니란 걸 알면서도
왜 내가 계속 당신을 사랑하는 걸까요
당신이 날 우울하게 할 핑계를 대는데
왜 나는 당신 이름을 불러야 하나요
당신이 나를 주고 떠나던 그날을 기억하나요?
내 사랑 당신만을 위해 기도했어요

11세 때에 기타를 배웠고, 라디오를 통해 들은 컨트리 싱어들을 흉내 내면서 어린시절을 보냈습니다. 지방의 무도회 등에서 연주를 하게 되었는데, 1956년에 그는 작은 밴드를 조직하여 텍사스 지방의 맥주홀 등에서 연주 활동을 하였습니다.

50년대 후반에 프레디 팬더는 한 친구의 녹음 모임에 참가하여 화음 보컬을 맡음으로서 녹음 활동을 시작하게 되었고 레코드사 사장은 프레디 팬더를 좋아하여, 솔로 아티스트로 계약을 맺었습니다. 스페인 곡을 개작한 〈Don't Be Cruel〉, 〈Crazy Crazy Baby〉, 그리고 〈Wasted Days and Wasted Nights〉는 그 당시 팬더의 곡 중에서 최고의 히트곡입니다.

결혼이라고 하는 행복의 꽃에는 언제나 부드러운 애정을 계속 쏟아야 한다. 따뜻한 인정의 빛을 내리쬐어 줌으로써 그 꽃잎은 활짝 피게 해주며, 아무 것에도 흔들리지 않는 '신뢰'의 철벽으로 지켜주어야 한다.

이렇게 하여 성장한 결혼이라고 하는 행복의 꽃은 인생의 모든 시기에 향기로운 꽃을 피우며 노년의 쓸쓸함조차도 감미로운 맛으로 감싸게 하는 것이다.

-프랑스 작가 토머스 스프랏

Badfinger - Carry on till tomorrow (내일까지)

젊은 시절, 난 내 자신에게 말했었지
내 인생은 나의 것이라고 이제 나는
결코 태양이 비춘 적이 없는 그곳을 떠나려해
떠오르는 태양을 볼 때까지 기다리기에는
내 인생이 너무도 짧음을 알기에 이제 나는 떠나야만 하지
그래, 내일이 올 때까지 나아가는 거야,
물러설 이유가 없어, 가보는 거야

영국 리버풀과 웨일즈 출신의 4인조 팝 록 밴드 배드핑거는 비틀즈가 이룬 4인조 밴드의 인기 덕분에 비교적 수월하게 음악 활동을 시작하였습니다. 그러나 첫 성공은 불행의 출발점이 되었습니다.
활동 후반부 그들은 비틀스의 그림자로부터 벗어나기 위해 몸부림을 쳤지만 창작력의 부재와 금전적인 문제가 끼어들면서 주축 멤버 두 명이 스스로 목숨을 끊으면서 밴드의 역사를 마감했습니다. 때문에 〈Carry On Till Tomorrow〉, 〈No Matter What〉, 〈Maybe Tomorrow〉, 〈Day After Day〉, 그리고 해리 닐슨과 에어 서플라이, 머라이어 캐리가 커버한 〈Without You〉 같은 명곡들을 배출했음에도 불구하고 배드핑거는 불행한 팝 그룹 중 하나로 기억됩니다.
하지만 이 곡을 듣는다면 배드핑거는 비틀스와 색깔이 다를 뿐, 한 시대를 풍미한 훌륭한 밴드였다는 걸 알 수 있습니다.

변명 중에서도 어리석고 못난 변명은 '시간이 없어서.'라는 변명입니다.
지금 시간이 없어서, 못할 것 같은 일에 시선을 돌려 도전해보십시오. 결과는 미비하더라도 하고 있다는 것이 더 중요한 성공입니다. 여러분의 시간을 놓치지 마세요.

김광석 - 어느 60대 노부부 이야기

곱고 희던 그 손으로 넥타이를 메어주던 때
어렴풋이 생각나오 여보 그 때를 기억하오
막내 아들 대학시험 뜬 눈으로 지내던 밤들
어렴풋이 생각나오
세월은 그렇게 흘러 여기까지 왔는데 인생은
그렇게 흘러 황혼에 기우는데

1964년 1월 22일에 출생하였으며 1996년 1월 6일에 사망하였습니다. 포크 싱어로서 음악 팬 뿐만 아니라 전 국민에게 절대적인 지지를 받는 가수로서 서울 대학로 라이브 무대에서 공연을 하였습니다. 1984년 노래패 노래를 찾는 사람들 1집에 참여하였으며, 1988년에는 그룹 동물원 멤버이기도 했으며 김민기 음반에도 참여하였습니다. 1994년 한국노랫말 대상 좋은 노랫말 상을 받았습니다.
지금도 주점 골목에 가면 김광석 노래를 부르며 술에 취해 청춘과 이별에 아파하는 젊은이들을 볼 수 있습니다.

7월 8일

우리는 가끔 나이 드신 노부부가 행복한 모습으로 걷는 모습을 바라볼 때, "우리도 나중에 저렇게 늙을 수 있을까."하는 생각을 품습니다. 그러나 아름답게 늙어가는 노부부의 모습은 어느날 갑자기 만들어진 일은 아닙니다.
따뜻한 관심과 배려로 이루어진 삶의 지침서가 그들에겐 있습니다. 그렇게 사랑하며 살아가세요.

Janis Joplin – Cry Baby (그대가 울다)

집으로 와, 그녀가 너에게 말한 걸 알아
그녀가 너를 사랑했단 걸 알아, 내가 사랑한 것보다 더 많이, 그러나 그녀는 널 떠났어
그리고 너는 말했지, 이유를 모른다고.
자, 여기 봐, 나는 네 애인으로 남을 거야
네가 나를 원한다면
와서 울어 자기야, 네가 언제나 그런 것처럼 말야

17살 무렵부터 클럽 등지를 돌며 블루스를 노래했던 제니스가 제대로 재능을 펼칠 기회를 얻은 것은 65년 빅브라더앤더홀딩컴퍼니라는 샌프란시스코 블루스 밴드에 가입하면서부터입니다. 이들과 함께 몬터레이 팝 페스티벌에 참여한 그녀는 밥 딜런의 매니저였던 앨버트 그로스만의 눈에 띄었고 콜롬비아 레코드사를 통해 명반 [Cheap Thrills](68)을 발매하며 하드록 여가수로 활동합니다. 여자가 남자보다 못한 것이 없다. 남자와 여자는 평등하다를 외친 가수입니다. 자기 계발에 열중이며 남성 못지 않은 현대 여성이 늘어나고 있다고는 하지만 1960년대에 이미 그런 선구자가 있었습니다. 바로 이 노래를 부른 제니스 조플린입니다.

1943년 미국 텍사스의 포트 아더에서 태어났으며 사춘기에 접어들면서 늘어난 체중, 여드름, 색 바랜 머리카락 등 예쁘지 않은 외모로 친구들에게 따돌림 당했습니다. 그녀는 자신에게 못되게 구는 상대에게 거침없이 덤벼들 정도로 강한 성격의 소유자였고 마음에 드는 남성에게는 적극적인 데쉬를 해서 사귀기도 했지요.

그녀는 프로젝트 밴드 코즈믹 블루스 밴드(Cozmic Bluse Band)를 결성하지만 1년만에 해체합니다. 70년 봄에 다시 제2기 빅브라더앤홀딩컴퍼니를 결성하지만 고작 한달 만에 밴드를 이탈, 풀 틸트 부기 밴드(Full Tilt Boogie Band)를 만듭니다. 그러나 60년대 명반 중 하나로 꼽히는 [Pearl]의 마무리 작업이 한창이던 70년 10월 4일 제니스는 헐리우드의 랜디우드 호텔방에서 헤로인 중독으로 짧은 생을 마감하였습니다.

0710
조경수 – 행복이란

이별만은 말아줘요 내 곁에 있어줘요
당신 없는 행복이란 있을 수 없잖아요
사랑이 중한 것도 이제는 알았어요
당신 없는 사랑이란 있을 수 없잖아요
이 생명 다 바쳐서 당신을 사랑하리
이 목숨 다 바쳐서 영원히 사랑하리

1953년에 출생하였으며 1979년 동양방송에서 최고 인기가수상을 받았습니다. 현재 영화배우이자 최고의 뮤지컬 배우인 조승우의 아버지입니다. 그의 얼굴과 노래 솜씨를 보고 있자면 부전자전이라는 생각이 듭니다. 1970년대 김훈 최병걸 최헌과 함께 유명세를 떨쳤습니다.

7월10일

프랑스의 사상가 몽테뉴는 '나의 생애는 무서운 불행에 차 있는 것처럼 생각되었지만 그 대부분은 결코 일어나지 않았다.'고 말했습니다.

대부분의 사람들은 '행복과 우리와의 거리는 아주 멀다.'고 느끼며 살아가고 있습니다.

그러나 대부분의 사람들이 그렇듯이

"행복이 무엇이냐?"

물어보면 정확히 답하는 이는 없습니다.

그러고 보면 우리는 아직 행복을 찾을 이유가 남아서 그런 것인지 모르겠습니다. 우리 오늘부터 하나둘씩 행복 찾기 시작해 볼까요. 우선 이 곡으로 시작해 보겠습니다.

Boney M – Hands Up Baby Hands Up (그대의 손을 잡고)

오 천사의 얼굴, 난 네 미소를 사랑해
네 방법, 스타일도 사랑해
내가 너에게 가까이 다가가 할 수 있는 건
그저 나한테 와서 키스하고 말해
그대여 손을 들고
나에게 마음을 줘, 내놔
너의 모든 사랑을 다 내놔

1980년대 대한민국 고고장과 롤러스케이트장에서 흘러나온 대표적인 목소리는 보니엠이었습니다. 〈Happy Song〉, 〈Sunny〉 등이 히트를 치며 인디언 혼성 그룹으로는 드물게 인기를 끌지만, 보니엠의 결성의 시작은 참으로 어설펐습니다. 프로듀서였던 프랭크 패리안이 스튜디오에서 아르바이트로 가수하던 뮤지션을 모아 장난으로 만들어 낸 〈Baby Do You Wanna Bump〉가 의외로 성공을 거두며 독일 싱글 차트 정상을 차지하지만 실제는 프로젝트식으로 만든 가상 그룹이었습니다.

그가 TV 수사물에서 착안해서 만들어 낸 가상 그룹 보니 엠이 유럽 전체를 흔들어 놓지만 그룹 보니 엠의 실제 멤버가 없었던 희한한 상황이 연출되었습니다. 스튜디오 뮤지션을 동원해 즉석에서 만든 그룹이니 존재하지 않는다는 말은 당연했겠죠.

이렇게 어설프게 시작했지만 의외로 유명해지면서 얼굴 없는 보니 엠을 찾는 팬들이 늘어나고 갑작스러운 인기에 프로듀서였던 프랭크는 몹시 당황하게 됩니다. 결국 프랭크는 라이브 방송을 보기 원하는 팬들의 빗발치는 성화에 못 이겨 보니 엠을 뒤늦게 선발하게 됩니다.

이렇게 웃지 못 할 상황이 벌어졌고, 뒤늦은 오디션을 통해 드디어 세상 밖으로 얼굴을 내민 그룹이 여성 3인, 남성 1인으로 구성된 보니 엠입니다. 인디안 혼성 보컬그룹으로 마르시아 바레트, 리즈 미첼, 마이지 윌리암스, 바비 페럴 등으로 1976년 1집 앨범 [Take

The Heat Off Me]로 데뷔합니다.
이렇게 특이한 과정으로 세상에 드러난 보니 엠은 초기 여러 번의 멤버 교체를 거치는 과정을 겪었으나 음악이 좋아서인지 팝 월드 최고의 히트메이커로 떠오릅니다.
발표하는 싱글마다 골든 디스크를 기록했고 유럽 및 동양권에서의 인기는 그 당시 최고의 그룹 아바를 위협했으며 〈Sunny〉, 〈Happy Song〉을 들으며 그 당시 청년들은 고고장에서 춤을 췄고, 청소년들은 롤러스케이트를 타며 그들의 음악에 리듬을 탔습니다.
얼마 전 2007년 7월 11일과 12일 내한 공연도 가진바 있는 보니 엠의 〈Hands Up Baby Hands Up〉입니다.

Darren Hayes - Sense Of Humor (유머 감각)

당신은 내 유머 감각을 좋아하게 될 거예요
당신은 내 미소에 중독되고 말 거예요 항상 웃는
그리고 매번 내가 대화를 끝낼 거예요
난 기세등등하게 방을 나가겠죠
그리고 당신은 깨닫게 될 거예요
당신은 내 매력적인 향기를 알게 되겠죠
당신은 진정 매력 있는 눈과 아이같이 명랑한 미소를 좋아할 거예요
내가 사람을 끌어당기는 방식을 알게 될 거예요
내 재치는 당신을 감동 시킬 거예요

잘생긴 대런 헤이즈의 2번째 솔로 앨범 [The Tension And The Spark]에 수록된 곡입니다. 전 세계 2000만장 이상을 판매했고 앨범의 두 곡이나 빌보드 1위에 올라오며 남성 듀오 새비지 가든의 전 멤버이자 실세였던 대런 헤이즈의 두 번째 솔로 앨범입니다. 그는 웃음이 상대를 감동시키면서 동시에 나도 기쁘게 한다고 노래합니다. 뭐, 저 또한 그의 노랫말에 동의합니다. 좌중을 웃기면 나도 모르게 즐거워지거든요.

7월12일

어느 모임이든 가보면 그중에서 돋보이는 사람은 유머 감각이 뛰어난 사람입니다. 이렇게 재치나 유모감각이 뛰어난 사람은 그 모임에서 하이라이트나 마찬가지로 주목을 받을 수밖에 없고 또 유모 감각이 없는 사람은 이렇게 주위를 즐겁게 해주는 사람이 부럽기만 합니다.
이렇게 유모감각이 뛰어난 사람들이 오래 삽니다. 그 효과는 일반 사람보다 건강이 좋지 않는 환자들에게 더욱 두드러지게 나타납니다. 웃음이 스트레스나 건강에 좋다는 것은 이미 우리에게 많이 알려진 사실이지만 이렇게 환자의 수명까지 이어진다고 하니 웃음이 우리에게 많은 것을 주는 것은 틀림없습니다.

Juice Newton - Angel Of The Morning (아침의 천사)

아침의 울림이 우리를 죄인이라고 불러도
지금 나는 그렇게 되기를 원해요
우리가 밤에 희생당해도
밤의 어둠에 눈멀지 않을 거예요

미국의 뉴저지에서 태어난 그녀는 1970년대 중반 딕시 피치란 컨트리록 밴드에서 활동하다가 탈퇴 후, 솔로로 활동하지만 인기는 없었습니다. 오히려 남매 듀엣 카펜터스의 곡으로 유명한 〈Sweet Sweet Smile〉을 만들어 작곡가로서 명성을 얻었습니다.
1980년대는 가장 왕성한 활동을 보여줌으로서 싱어로서 능력을 인정받은 시기였고 〈Angel Of The Morning〉과 〈Queen Of Heart〉는 각각 칩 테일러와 영국의 록큰롤 싱어 데이브 에드먼즈의 원곡을 커버했습니다. 그 외에도 브렌다 리의 〈Break It To me Gently〉와 데이브 로긴스의 〈You Make Me Want To Make You Mine〉, 그리고 〈Time Of The Season〉의 주인공 좀비스가 부른 〈Tell Her No〉도 자신의 스타일로 재해석한 리메이크해야만 뜨는 가수가 됐습니다.
1982년에 싱글 커트한 〈Love's Been A Little Hard On Me〉는 유독 우리나라에서 많은 인기를 누렸습니다만 1980년대 중반부터 시작된 컨트리팝의 하락세로 인해 그녀의 인기까지 하락했습니다. 그녀는 현재 인기에 연연하지 않고 소규모 클럽에서 공연 활동을 지속하고 있습니다. 밤의 어둠에 휩쓸리더라도 천사 같은 아침이 우리들의 혼탁한 정신을 깨워준다고 합니다. 잠이 많으신 분들 새벽을 두려워하는 경향이 있는데, 이 음악을 들으며 아침 일찍 일어나 약수터도 다녀오고 체조도 해보는 것이 어떨까요.

Chumbawamba – Amnesia 〈사브리나〉 OST (기억력 상실)

잘 가, 뜨거운 여름이여
우린 배신당했지
그 뒤 쭉 불행했지
넌 괜찮았어?
땅바닥에 떨어진 동전이라도 주웠니?
예전과 똑같은 조롱 같은 농담은 전혀 안 즐거워
화상은 빨갛고, 타박상은 시퍼렇군
박힌 돌이 굴러온 돌들에게 사기를 당했네
너도 장기 기억상실증을 앓고 있나?
그럼 나도 기억 안나

퍼쿠션에 엘리스 너터, 키보드에 루 왓츠와 댄버트 노바콘, 기타에 보프 웰리, 드럼에 해리 헤이머, 보컬에 던스턴 브루스, 베이스에 닐 퍼거슨, 트럼펫에 주드 애보트가 있습니다.
데뷔는 1986년 1집 앨범 [Pictures Of Starving Children Sell Records]으로 하였습니다. 전자음과 보컬의 조화를 이루며 듣는 이의 하루를 즐겁게 하는 마력을 품고 있습니다. 자신을 모른 척하는 애인을 만났나 봅니다. 첨바왐바는 기억상실증에 걸렸냐고 되묻고 있네요.

7월14일

의학적으로는 건망증과 치매는 큰 관계는 없다고 나와 있지만 점점 지구의 환경이 심각해지면서 모른 척 방치할 수 없습니다.
가족의 불행이 시작되는 치매, 이런 치매의 초기 증상은 냄새를 제대로 맡지 못하면 치매의 초기 신호일 수 있습니다.
일상생활에서 흔히 접하는 냄새를 제대로 맡지 못하는 것은 노인성 치매 초기에 뇌에서 나타나는 특징적인 증상으로 신경 섬유의 엉킴이 시작되고 있다는 증거입니다.
이에 따라 냄새를 맡는데 어려움이 나타나면 미리 방비하는 차원에서 치매 진단 여부를 받아보는 것이 좋습니다.

Linda Ronstadt, Dolly Parton, Emmylou Harris – My Dear Companion
(나의 동반자)

나의 절친한 친구 봤나요
그는 나에게 있어서 세상의 전부
그가 아주 먼 시골로 갔다는 소식을 들었어요
그는 더 이상 날 돌봐주지 못하죠
나는 제비가 되기를 희망해요
더 높게 날것이고 외로운 장소에 다 다르겠죠
나는 야생의 새들이 우는 걸 들었어요
생각에 잠긴 달콤한 너의 모습이 떠올라요

린다 론스태드, 돌리 파트슨, 에밀루 해리스는 미국에서 1946년 즈음에 태어난 동년배 가수들로 셋이 뭉쳐 큰 화제를 모으며 노래를 불렀습니다. 마치 서로의 이야기를 노래로 부른 듯 합니다. 절친한 친구는 세상의 전부라고 하네요.

7월 15일

영국의 한 신문에서 '영국 끝에서 런던까지 가장 빨리 가는 방법'이라는 물음으로 현상 공모를 낸 적이 있습니다.
현상 공모에는 기차, 비행기, 자동차, 제트기 등등 여러 가지 수단과 방법들이 쏟아져 나왔지만 일등으로 당첨된 방법은 '좋은 동반자와 함께 가는 것'입니다.
늘 옆에서 코고는 소리가 귀에 거슬려 잠을 설쳤지만 더 이상 그 소리가 들리지 않았을 때 오히려 나중에 그 소리가 안 들려 잠을 못 이루는 이야기처럼 우리는 곁에 있는 존재의 소중함을 간혹 잊으며 살아갑니다.

Billy Joel - My Life (나의 삶)

너의 삶을 가지고 앞으로 가
그리고 날 좀 내버려둬
넌 내게 두 번째 기회를 줘야해, 난 그렇게 말하지 않았어
그들은 너에게 말할 거야, 넌 낯선 곳에선 혼자 잠잘 수 없다고
그렇지만 너는 곧 너만의 공간에서 잠들겠지
너 스스로 잠에서 깨어나는 건 좋은 방법이야

피아니스트이자 싱어송라이터인 빌리 조엘은 비틀즈의 멜로디 스타일과 브로드웨이의 멜로디를 조화시켜 7, 80년대 슈퍼스타의 자리를 구가했습니다.
세월이 흘러 1993년에 〈River Of Dreams〉으로 다시 한번 팝 차트 정상에 진입하고 순회공연을 했지만, 97년 공식적으로 더 이상 팝송을 쓰지 않을 것을 선언하고, 이후 클래식 음악으로 전향합니다. 비록 90년대 이후 그다지 활발한 활동을 하지는 않지만, 다양한 음악 스타일을 추구하며 간간이 아름다운 선율의 곡들을 들려주는 빌리 조엘을 듣다보면 명곡이 어떤 곡인지 그가 속삭여줍니다. 인생을 풍요롭게 하는 데 다른 누구도 아닌 나의 생각이 중요하다고 말합니다.

7월 16일

보통 나이가 들면 고집이 세지는 경향이 있는데. 이것은 뇌의 활력이 떨어진다는 신호입니다. 콩, 생선 등 을 많이 섭취하면서 평소 배우는 자세를 갖는다면 자극을 받아 뇌세포의 노화를 막을 수 있습니다.
삶이 무료하다면 새롭게 학업을 시작해보는 것이 어떨까요? 뭔가 새로운 것을 배운다는 계획은 설레는 일이기도 합니다.

부부 듀엣 - 부부

정 하나로 살아온 세월
꿈같이 흘러간 지금
당신의 곱던 얼굴 고운 눈매엔
어느새 주름이 늘고
돌아보면 구비구비 넘던 고갯길
당신이 내게 있어 등불이었고
기쁠 때나 슬플 때나 함께 하면서

청실홍실을 비롯하여 〈아내에게 바치는 노래〉, 〈남편에게 바치는 노래〉, 〈앉으나 서나 당신 생각〉 등 주옥같은 부부 간 사랑 노래를 불렀습니다. 당시 80년대 말, 당시 현대인들이 생각하는 참다운 부부 상을 노래로 들려준 듀엣이었습니다. 이들은 1987년 〈부부의 길〉로 데뷔하였습니다.

7월17일

'집안일은 누가 많이 하나요?' 라는 질문에 대해 맞벌이를 하는 아내들의 절반 이상이 회사 일과 집안 일 모두 도맡아 한다고 답했습니다.

같은 질문에 대해 남성들은 '거의 도와주지 않는다.' 쪽과 '주부 습진에 걸릴 정도로 아내를 위해 많이 도와준다.'는 쪽, 이렇게 대조적인 반응이 보였습니다.

남성 스스로 아내를 위해 가사 일을 헌신적으로 도와주는 것으로 여기고 있지만 여성의 입장에서는 기대에 미치지 못하거나 별 도움이 안 되는 것으로 풀이됩니다. 가정의 여유를 위해 일터로 향하는 아내를 위해 가사를 분담하는 것도 새로운 부부 상입니다.

Anna Maria Kaufmann - No Matter What (무엇이 일지라도)

사람들이 우리에게 뭐라고 말하든
사람들이 무슨 짓을 하든
사람들이 우리에게 뭐라고 일러주든
우리가 믿는 게 진실입니다
내 믿음을 저버릴 수 없어요
내가 아닌 다른 사람이 될 수는 없어요
우리 사랑은 영원할 거랍니다
어떤 일이 있어도

보이존(Boyzone)의 노래를 리메이크해서 사랑을 받은 곡입니다. 성악가이자 뮤지컬 배우이며 1993년 독일 룩셈부르크라디오 황금사자상과 독일 제1텔레비전 황금유럽상을 받았습니다.
유니세프 명예대사를 통해서 소외받는 사람들의 아픔을 함께 느끼며 도움을 주고 있는 천사 같은 가수입니다.

7월18일

여성의 목소리가 점점 남성화 되고 있습니다. 이 결과는 대한이비인후과학회에서 밝혀졌는데 여성의 음성 높이가 12년 전에는 평균 음성높이가 220Hz 정도였는데 지금은 192.2Hz 로 28Hz나 낮아졌습니다.
이렇게 여성의 목소리가 점점 남성화되는 원인으로는 환경의 변화를 꼽았습니다. 대기오염으로 인한 알레르기가 생기면서 코로 숨쉬기가 어려워지기 때문에 입을 통해 목으로 들어온 오염 물질이 성대를 더욱 자극해 목소리 변화를 일으켰다고 합니다.
과거에는 채식 식사를 주로 했지만 최근에는 패스트푸드나 기름기 많은 음식을 많이 먹다보니 그런 것에 의해 성대가 부으면서 목소리가 저음화되고 있다고 밝혔습니다.

Juliane Werding - Hey Jude (헤이 쥬드)

고통이 찾아들 때
헤이 주드, 그만 두라구.
이 세상의 모든 짐을 너 혼자 짊어지지 마.
얼마나 바보 같은지 너도 잘 알고 있겠지
침착한 척 하는 것이
세상살이를 차갑게 받아들이면서도

1956년 7월19일 독일에서 태어났습니다. 비틀즈의 유명한 곡을 그녀가 리메이크했습니다. 비틀즈의 멤버 존 레논의 아들 줄리안 레논이 가정 불화 문제로 고민을 하자 그를 위로하고자 폴메카트니가 만들어준 곡인데, 현재 많은 가수들에게 다시 불릴 정도로 명곡이 되었습니다.

헤이 쥬드는 비틀즈의 멤버 폴 매카트니가 존 레논의 아들 줄리안 레논을 위해 만든 곡으로 음악만큼이나 아름다운 그들의 우정이 더 돋보이는 곡이기도 합니다.

그래서 아름다운 것들은 모두 음악으로 남는다는 말도 있는데 이 헤이 쥬드를 율리안 베르딩이 독일어로 번안해서 불렀습니다.

사실 독일어로 부르는 팝송 명곡은 실제로 그리 많지 않아 구해서 듣기란 쉽지 않습니다. 율리안 베르딩의 헤이 쥬드입니다.

K C & JoJo - Girl (소녀)

아가씨, 만약 나를 정말로 사랑하지 않는다면
그냥 나를 보내줘, 제발
나를 사랑해줄 누군가를 찾을 수 있도록
나에게 왜 이러는 거야
내가 어떤 남자라고 생각해?
내 마음 갖고 놀도록 둘 거라고?
그리고 너는 나를 어떤 바보로 만들려는 거야 그대여

멤버는 케드릭 하이레이와 조엘 하이레이 듀엣입니다. 1997년 1집 앨범 [Love Always]로 데뷔했습니다. 아가씨와 무슨 일이 있었나 봅니다. 어떤 연애도 평범한 연애가 없지요. 아가씨가 얼마나 괴롭혔길래 그들이 이렇게 사랑의 상처를 음악으로 만들었을까요.

7월 20일

아가씨와 아주머니의 차이

* 아가씨 90% 는 결혼을 꿈꾸고 아줌마 90%는 이혼을 꿈꾼다.
* 아가씨는 옷을 입을 때 어떻게 하면 살이 더 많이 보일까 고민하고 아줌마 어떻게 하면 살을 더 감출까하고 고민 한다.
* 아가씨는 사랑받고 싶어 사랑을 찾고 아줌마는 사랑하고 싶어서 사랑을 찾는다.
* 아가씨는 마음이 괴로우면 밤을 하얗게 새지만 아줌마는 마음이 괴로우면 그냥 누워 잔다.
* 아가씨는 거리를 걸을 때 쇼 윈도우에 비친 자신의 모습을 바라보고 아줌마는 다른 예쁜 여자들을 쳐다본다.
* 아가씨는 힘들수록 소심해지지만 아줌마는 힘들수록 강해진다.
* 아가씨는 아줌마들을 여자로 생각하지 않지만 아줌마는 아가씨들을 분명 여자로 생각 한다.

왁스 - 아줌마

젊을 땐 죽자사자 결혼만 해 달라던
남편은 귀찮다며 술취해 자버리고
열 달을 뱃속에서 힘들게 키워왔던
자식은 이제 와서 더 이상 간섭하지 말라며
소리치고 그렇게 나이만 먹어만 가고
어디서 보상 받을 수 있나 아까운 청춘
아줌마는 너무 힘들어
아줌마는 너무 외로워
아줌마는 우릴 지켜줘
아줌마는 우리 모두를 사랑해

7월 21일

왁스는 신디로퍼의 〈She Bop〉을 번안한 〈오빠〉라는 곡으로 히트를 칩니다. 2,30대 여성들의 인생과 복잡 미묘한 심리를 노래로 불렀는데, 아주머니에게 유독 사랑 받는 곡 〈화장을 고치고〉, 〈엄마의 일기〉도 인기 있었습니다.

요즘의 아줌마들은 십자수, 뜨개질 대신 인터넷 정보마당을 잡았고 몸빼 바지나 넉넉한 옷차림 대신 다이어트에 열을 올리는 트레이닝복이나 타이트한 멋쟁이 의상으로 변신했습니다. 이른바 아줌마 혁명 시대가 돌아왔습니다.

30대 같은 40대, 40대 같은 50대 아줌마들이 많아져 도무지 나이 짐작을 못 하게 만들고 있는데 미시족을 넘어 요즘엔 나오미족이란 신조어가 생길 정도입니다. 더군다나 성형수술이라고 하면 왠지 남에게 공개하기 껄끄럽고 숨기고 싶은 비밀이었지만 요즘은 당당합니다. 젊어지고 싶어 하는 성형뿐 아니라 운동에 대한 열정도 대단하다고 하는데 일부에서는 너무 극성이라고 비판하기도 하지만 자기 만족 차원을 넘어 사회활동이 활발해진다면 그렇게 부정적으로만 볼일은 아닙니다.

Michael Bolton - When A Man Loves A Woman
(남자가 여자를 사랑할 때)

남자가 여자를 사랑할 땐
그 사람과 있기 위해서 마지막 남은 동전도 다 써 버리죠
모든 편안함을 포기하고 빗속에서도 잠을 잡니다
그녀가 그렇게 해야 한다고 말하면요
내가 여자를 사랑할 때는
내가 가진 모든 걸 주겠어요

1975년 1집 앨범 [Michael Bolotin]으로 데뷔하였습니다. 1990년에는 그래미시상식에서 최우수 팝 보컬상을 받았습니다. 헤비메탈 밴드 블랙잭에서 보컬로 활동하다가 팝 발라드 시장의 문을 두드렸고, 그의 변신은 성공을 하였습니다.

7월 22일

찰리 채플린(Charles Spencer Chaplin)은 55세에 극작가 유진오닐(Eugene O'Neill)의 딸인 18세의 우나오닐(Oona O'Neill, 1926-1991)을 만나 약혼했습니다. 유진오닐은 1936년에 노벨 문학상을 받은 미국의 유명한 극작가인데 유진오닐은 딸이 37세나 연상인 남자와 결혼한다는 것에 흥분해 딸과 의절했습니다. 하지만 우나오닐은 자신의 사랑을 버리지 않고 찰리 채플린이 1977년 12월 25일, 88세로 눈감는 순간까지 그의 곁을 사랑으로 지켰습니다. 이렇게 사랑은 위대함을 보여줍니다.
사랑의 위대함 앞에 우리는 모든 조건을 다 갖추고도 늘 곁에 있다는 이유로 사랑의 소중함을 놓치며 살아갑니다. 시간이 지나서 후회할 때는 이미 사랑이 멀리 떠난 후의 일입니다.

Madonna - Sorry (미안해요)

미안 미안해 미안해
전부 들어본 말뿐이야
듣고 싶지도 않고 알고 싶지도 않아
미안하다는 말은 제발 하지마
그것들 전부 들어봤던 말이야
난 나밖에 몰라
변명은 그만, 싸구려 같아

1983년 1집 앨범 [Madonna]를 시작으로 섹시스타의 길을 걷습니다. 50세가 넘는 오늘날까지 끊임없는 자기 관리로 공연마다, 출시하는 앨범마다 흥행을 합니다. 요즘 나오는 섹시를 표방한 가수들은 마돈나의 아류라고 해도 과언이 아닐 정도로 그 인기가 대단했습니다. 그녀에게 꼴불견인 남자친구가 귀찮게 하나 봅니다. 더 이상 사과도 듣고 싶지 않다고 그녀가 노래합니다.

7월23일

체인 스토어 협회가 유통업체 직원들을 괴롭히는 꼴불견 손님에 대해 조사를 했다고 하는데 1위는 '내가 누군지 알아?'라며 높은 사람 데려오라고 큰소리 치는 고객이 꼽혔습니다.

2위는 사소한 일을 꼬투리 잡아서 정신적 피해보상이나 왕복 교통비를 들먹이며 갖가지 명목으로 돈을 뜯어가는 고객이 꼽혔습니다.

이 밖에 반말로 일관하는 안하무인형 고객이 눈살을 찌푸리게 하는 고객으로 뽑혔는데 또 계산하기 전에 먼저 먹는 고객도 유통업체 직원들을 괴롭히는 고객으로 지목되었습니다. 종업원이라 하더라도 누군가의 딸, 어머니, 아버지, 동네 형일 수 있습니다. 예의는 최소한 지켜져야 합니다.

Pat Benatar - Anxiety (Get Nervous) (불안)

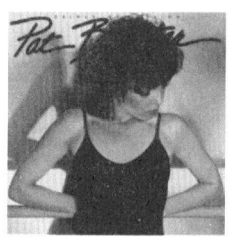

긴장하고 있어, 긴장하고 있어
나 흔들리고 있어, 신경 쓰지 않으려 해도 신경 쓰여
나는 내가 빌어먹을 것을 생각하지만 당신은 나를 싹싹하다고 생각하고 있지?
이런 기분이 날 반 주검 상태로 만들어
그것이 내 숨을 가쁘게 하고 내 목을 틀어막아

미국 브루클린에서 1953년에 태어난 그녀는 오페라 가수였던 어머니의 영향으로 어릴 때부터 음악을 접할 기회가 많았습니다.
17세에 줄리어드 음악학교에 입학, 오페라를 배우며 가창력을 기른 것이 록 스타로서 부각되는데 결정적인 밑거름이 되었습니다.
18세 때 버지니아주 리치먼드에 주둔해있던 군인과 결혼한 후 은행원, 웨이트리스 등을 전전했으나 그것은 생활 수단의 한 방편일 뿐 직업이 될 수 없음을 깨닫고 본격적인 클럽 가수로 전향합니다.

7월 24일

23살이 되던 1976년 다시 뉴욕으로 돌아온 그녀는 그곳의 클럽에서 오디션을 받았다. 여기서 그녀는 클럽의 주인인 릭 뉴먼에게 발탁되었고 릭 뉴먼은 좀더 세련된 테크닉과 개성 있는 보이스 칼라를 만들기 위해 당시 스모키, 익사일 등을 키워낸 최고의 프로듀서 마이크 채프먼에게 소개 시켰습니다. 마이크 채프먼은 그녀에게 스모키의 곡이었던 〈If You Think You Know How to Love Me〉를 재편곡하여 그녀의 데뷔 앨범을 제작해 주었습니다.
첫 앨범 [In the Heat of the Night]는 싱글 〈Heartbreaker〉의 성공적인 히트로 록 스타로서 기반을 구축하기 시작했고 이어 1980년에 만든 두 번째 앨범 [Crimes of Passion]이 백만 장 이상의 판매고를 올려 플래티늄 상을 수상했습니다. 81년에 발표한 세 번째 앨범 [Precious Time]이 미국 앨범 차트에서 당당 1위를 차지함으로써 그녀의 인기는 더욱 치솟았습니다.
1980년부터 83년까지 4년 연속 그래미상 최우수 여성 록 보컬리스트 상을 석권한 대단한 재능의 소유자입니다.

그녀가 부르는 노래 속 화자는 신경이 예민한 상태입니다. 세상을 살다보면 속마음을 숨길 때가 많지요. 그러다 보니 상대를 헤칠 정도로 마음이 날카로워질 때도 있습니다.

사람은 누구나 때에 따라서 불안한 마음 또는 신경과민으로 초조해질 때가 있죠. 하지만 불안은 마찬가지로 긍정적인 측면이 있습니다. 즉 불안은 무언가 이상이 있다는 신호이며 어떤 특정 상황에 대해 생각하게 하는 역할을 합니다.

하지만 불안 역시 심해지면 다른 병이 생기는 데 원인이 될 수 있기에 스스로 조절할 필요가 있습니다.

어떤 것이 낯설고 불확실하다, 새롭다는 것은 그것이 지닌 절대적인 특징이 아니고 사람들마다 각기 다르게 받아들이는 상대적인 느낌이므로 불안의 파장을 일찍 진정시키면 시킬수록 그 효과는 그만큼 더 크게 나타납니다.

또한 천성적으로 불안한 사람들의 경우 스스로 감당해 내기 어렵다고 느끼는 상황을 피하려는 경향이 있는데 그럴 때는 불안해하는 자신의 감정을 직시하고 불안한 상황을 처음부터 끝까지 머릿속에서 철저히 그려냄으로써 불안을 일으키는 자극들에 의식적이고 순서적으로 자신을 내맡겨 그것들을 참아냄과 동시에 냉철하게 관찰하는 태도가 중요합니다.

이 같은 과정을 계속 반복하면 불안은 차츰 줄어들고 신경도 둔해집니다.

국민체조 - 유근림 경희대학교 교수

국민체조 시이작!

하낫 둘 셋 넷, 다섯 여섯 일곱 여덟
둘 둘 셋 넷, 다섯 여섯 일곱 목운동!

1977년부터 대한민국 정부에서 국민의 기초 체력 증진을 목적으로 기관 및 학교에 보급한 체조입니다. 팔운동, 다리운동, 목운동, 가슴운동, 옆구리, 등배운동, 몸통운동, 온몸운동, 뜀뛰기, 옆구리, 팔다리운동, 숨쉬기 12개 동작으로 이루어져 있는데 당시 초중고교를 다녔던 학생들은 국민체조에 대한 추억을 간직하고 있습니다. 군대식 문화라는 비판으로 지금은 새천년 건강 체조로 바뀌었습니다. 그 때를 회상하며 국민체조 힘차게 시작해볼까요.

7월25일

매달 25일이나 말일만 되면 주민들이 모여 작은 회의를 했던 반상회가 있었습니다. 그런 반상회가 30년이 넘었는데 반상회는 1976년 4월30일 내무부가 매달 말일을 반상회 날로 지정하고 홍보활동을 거쳐 전국 마을 별로 반상회를 열었습니다.
당시는 지역에 따라 반상회 주제도 달라 도시는 장발 단속, 뺑소니 차량 신고 등이었고 농촌은 농촌답게 모내기 일찍하기 제 때 보리 베기 등이 최고 관심사였습니다.
1976년 9월 반상회 때는 인구증가 억제 1977년 1월에는 대통령 연두기자 회견 등이 의제로 올라 시대상을 엿볼 수 있다고 하는데 1995년 이후에는 반상회 운영 자율화에 대한 공고에 따라 반상회 운영이 중앙 정부에서 지방자치단체로 넘겨졌고 주거형태와 생활양식의 변화와 함께 반상회 위상과 성격도 크게 달라졌습니다.
최근엔 인터넷 시대답게 사이버 반상회가 등장해서 시대의 흐름을 여실히 보여주고 있는데 하지만 그 의미가 약해지면서 요즘은 반상회 폐지를 둘러싼 논란도 본격화되고 있습니다.

Glenn Campbell - Honey Come Back (그대여 돌아와줘)

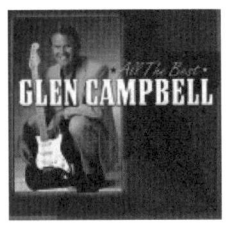

그래서 내가 한 번 더 말하는 이유입니다
그대여, 나는 다시 각각 외롭게 되는 날을 더 이상 참을 수가 없어요
나는 헤어지던 날, 수백 년 전에 당신을 안았던 것 같아요

7월26일

50년대 말과 60년대 초에 잘 나갔던 스튜디오 전속 뮤지션으로 여러 세션에서 수많은 그룹과 함께 연주했습니다. 1961년 10월에 그는 케이프하트(〈Summertime Blues〉를 비롯한 에디 코크런의 여러 히트 곡의 작곡자)가 쓴 〈Turn Around, Look At Me〉라는 곡을 크레스트 레코드사에서 녹음했고 60년대 말, 보그사에서 다시 출반했을 때는 대히트곡이 되었습니다. 작곡가 지미 웹과 함께 일하면서부터입니다. 1967년 10월에 지미의 곡 중에 〈By the Time I Get to Phoenix〉라는 곡을 녹음했는데 그에게 커다란 히트곡이 되었고 그의 위치를 확실하게 격상시켜 주었습니다.
부드러운 목소리로 나레이션을 읊조리며 부르는 이 노래를 이성에게 들려준다면 황홀한 분위기를 연출할 수 있어, 시대를 뛰어넘어 사랑받는 노래입니다.

여성들의 경제력이 높아지면서 아내와 제대로 싸워보지도 못하는 남성들의 하소연이 늘고 있다고 하는데 실제 여성가족부가 지난해 혼인했거나 이혼 경력이 있는 성인 남녀를 조사한 결과, 남성 10명 중 3명은 부인으로부터 정신적 폭력을 당했다고 응답했으며, 부인에게서 일방적으로 신체적 폭행을 당했다는 남성도 전체의 3.6%를 차지하였습니다.
부부의 문제야 본인들만 알겠지만 그래도 경제적인 문제로 버리고 버림 받는다는 것은 왠지 이 시대의 초라한 자화상 같아 씁쓸합니다.

Triumvirat – For You (당신을 위하여)

언어로 설명하기엔 부족한 내 기분
나는 밤에 당신과 있을 때 더 외로워
언어로는 말할 수 없어
네 얼굴의 단 하나의 미소는 나를 꿈꾸게 만들 거야

프로그레시브 록, 아트 록을 연주하는 독일의 록 그룹 트리움비라트는 1975년에 발표한 음반 [Spartacus]로 그룹 최고의 전성기를 맞게 됩니다.
〈For You〉는 사랑하는 연인에게 보내는 아름답고 애틋한 연가로써 트리움비라트의 곡 중 한국에서 사랑을 받고 있는 곡입니다.
비가 오는 날이나, 첫 사랑이 생각난다면 이 음반을 턴테이블에 올려놓고 회상에 잠기는 여유를 품게 될 것입니다. 이런 기분에 빠지게 할 수 있다니, 아름다운 곡임에 틀림없습니다.

7월27일

예전에는 중매결혼이라 하더라도 낭만이 있었는데, 요즘은 결혼 정보회사가 기업 형 비즈니스로 회원들의 자격 요건이 날이 갈수록 까다로워졌고 이에 부응하지 못하는 회원들은 기준에 자신이 못 미치는 것을 깨닫고 괴로워합니다.
기업 형 중매 방식에 대한 수요는 수그러들 줄 모르는데 결혼 정보업체들은 전문직이나 상류층 등 VIP고객을 타깃으로 프로그램을 늘리고, 회원의 관심사나 원하는 조건에 따라 차별화된 서비스를 제공하기 때문에 자신의 수준에 비해 상대를 고르는 눈만 높다면 당연히 눈을 낮춰야 한다고 항변합니다.
물론 조건도 중요하겠지만 결혼 상대자보다 그 사람의 배경을 더 중시한다면 과연 그 행복이 얼마나 갈까요. 조금 부족해도 그래도 마음과 마음이 맞는 결혼이 행복 지속도를 오래가게 합니다.

Moody Blues - Nights In White Satin (하얀 비단에 쌓인 밤들)

하얀 비단에 쌓인 밤이네요
끝이 없는 곳에 도달할 수 없듯이
내가 써왔던 편지들
보낼 마음은 없었죠
나는 항상 그리워했던 아름다움
진실이라는 것을 나는 더 이상 말할 수 없어

1964년에 결성되었으며 〈Night In White Satin〉, 〈Melancholy Man〉, 〈For My Lady〉, 〈Your Wildest Dream〉같은 곡들로 국내 팝 팬들에게 친숙한 그들은 프로그레시브 록 그룹입니다. 이들은 1967년에 클래식과 록을 접목시킨 〈Days Of Future Passed〉로 프로그레시브 록의 기틀을 확립했으며, 미국에서만 2장의 넘버원 앨범과 14장의 골드 및 플래티넘 음반을 보유해 성공한 프로그레시브 록 그룹입니다.

〈Night In White Satin〉은 아직까지도 국내에서 많은 사랑을 받고 있는 이 곡은 처음엔 영국 차트에서만 명함을 내밀었지만 5년이 흐른 1972년에 미국 차트에서도 두각을 나타낸 지각 히트를 했습니다. 당시 빌보드 싱글 차트 2위까지 오른 이 곡은 미국지역 라디오 방송에서 차츰 알려지기 시작해 대중들의 인기를 얻게 되었습니다. 옆에 코고는 분들마저도 꿈나라로 보낼 만한 곡이 있습니다. 시그널 음악에도 사용될 정도니, 얼마나 아름답고 서정적인 곡인지 들어보시렵니까.

어느 정도 코고는 거 웃음으로 넘어갈 순 있지만 밤잠을 설칠 정도로 심한 경우에는 여간 골칫거리입니다. 심각한 코골이 환자들은 코골이가 부부 관계에 미치는 영향으로 부부 갈등을 초래하는 큰 문제로 꼽았습니다.

전문의들은 이것도 하나의 질환이라고 하니까 원인을 확인하고 치료한다면 편안한 잠자리가 될 수 있을 것입니다.

허클베리핀 – 사마귀

잡스런 농담 그 속에 버려진 생각 모두들
이젠 서서히 포기한다고
순간의 진실 그 속에 담겨진 생각
우린 모두가 영원한 배반자임을

홍대 클럽에서 공연하는 대표적인 밴드 허클베리핀은 멤버 이기영을 중심으로 보컬 및 기타에 이소영, 드럼에 김윤태로 구성되어 있습니다. 데뷔는 1998년 1집 앨범 [18일의 수요일]로 하였고 수상은 2008년 제5회 한국대중음악상 최우수 모던록 음반상을 받았습니다.

7월 29일

손등이나 발에 난 사마귀를 기억하는지요. 어렸을 때 흔히 보는 혹이었고 사마귀를 잡아서 손등에 나 있던 사마귀에 대고 '사마귀야, 내 사마귀, 가지고 떼어가라!'고 했던 기억들도 있을 텐데 사실 당시는 그것이 별 큰일도 아니었고 어느 정도 지나면 없어진다고 하여 그렇게 큰 심각성도 없었습니다.

옛날을 생각하고 그대로 방치하면 활발했던 아이는 자신감을 잃고 소극적 성격으로 변할 수 있기 때문에 빨리 병원을 찾아야 한다고 전문가는 충고하고 있습니다.

사마귀는 본래 파필로마 바이러스에 의해 감염돼는 질환인데 면역력이 저하될 때 파고듭니다. 특히 어린이는 피부 장벽이 튼튼하지 못해 신체 접촉만으로도 전염될 가능성이 높으며 유치원이나 놀이터 등에서 양말을 신지 않고 맨발로 뛰어다니는 것은 금물입니다. 편평 사마귀는 순식간에 얼굴과 온몸으로 번져 치료가 어려워지고 종류에 따라서 손톱이나 발톱을 기형으로 만들 수 있다고 합니다.

이런 사마귀를 예방하려면 본인이나 타인의 사마귀를 만지지 않고, 건조한 상태를 유지하고 자주 손발을 씻으라고 권합니다.

Julio Iglesias & Paul Anka - A Mi Manera (이미 한 얘기)

지금 내 인생의 끝이 가까이 왔어
나는 지금 내 인생의 마지막 장을 마주하고 있어
내 친구여, 이건 명백하지
나는 내가 확신하는 인생을 진술하고 싶어
나는 지금까지 활기찬 삶을 살아오며
많은 것들을 여러 고난을 겪었지,
하지만 더 중요한 것은 내 방식대로 살았단 거요

이 곡은 원래 67년에 발표된 샹송 〈꼼 드 다비뛰드〉라는 곡이 원곡으로 이 곡을 작곡하고 노래한 클로드 프랑소와는 39세의 나이로 자택에서 감전 사고로 사망한 사연이 있는 곡입니다.
그런데 이 곡을 68년에 프랑크가 은퇴를 발표하자 프랑크를 존경하던 폴 앵카가 자신이 좋아하던 샹송의 멜로디에다 영어가사를 붙여 프랑크에게 선사해서 은퇴 직전에 마지막 녹음한 곡이 밀리언셀러를 기록하고 또 엘비스 프레슬리에 의해 리메이크되면서 사후에 히트하여 무려 4억 8천만 장의 판매고를 올린 곡입니다.
그리고 이곡을 훌리오 이글레시아스와 폴 앵카가 만나서 열창했습니다. 한번 감상해보시면 엘비스 프레슬리의 마이웨이와는 확연히 다른 느낌을 만날 수 있습니다.

요즘 음악의 흐름을 보면 리메이크 천국이라고 해도 과언이 아닐 만큼 같은 동명 곡을 각 아티스트의 스타일에 맞게 부르고 있습니다. 그만큼 모든 가수들이 자기의 실력과 성향을 놓고 모험을 건다고 해야 옳을 것입니다.
한 편에서는 너도 나도 리메이크냐 하는 식으로 약간의 비아냥거리는 쪽도 있지만 원곡은 원곡대로 존중하고 귀하게 바라보면서 또 다른 면으로 원곡을 재구성할 수 있는 것도 음악의 발전을 위하는 것이라면 찬성합니다.

Nana Mouskouri - Why Worry (왜 걱정을 해)

난 이 세상이 당신을 슬프게 만든다는 것을 알고 있어요
어떤 사람들은 행동이나 말에 있어서 언짢게 하는 것도 있지요
하지만 당신, 나는 그런 당신의 눈물들을 닦아 줄 겁니다
당신의 푸른 하늘을 회색으로 만든 끊임없는 공포를 쫓아 버리겠어요
왜 걱정하세요 고통 뒤엔 반드시 웃음이 있는 법이고
비가 온 뒤엔 반드시 햇살이 비치는 법인데
이런 법칙들은 항상 같이 있어왔잖아요.
그러니, 걱정하지 마세요

7월31일

1934년생의 그리스 여가수입니다. 450여장의 발매 앨범 중에서 350여장이 골드 앨범 또는 플래티넘 앨범으로 제작되었으며 1년에 100여 차례 공연을 연일 매진으로 마치는 전설적인 여가수입니다.

서양의 격언을 보면 우리의 고민이란 어떠한 일을 시작했기 때문에 생긴다기보다는 할까 말까 망설이는 데서 더 많이 생긴다고 합니다.
이것도 아니고 저것도 아니라고 하여 너무 오래 생각하는 것은 문제 해결에 조금도 도움이 되지 않습니다. 어떻게 하겠다고 결심하는 것이 필요합니다.
미리 실패를 두려워 할 필요는 없습니다. 성공하고 못하고는 하늘에 맡기면 됩니다.
불완전한 상태로 시작하는 것이 한 걸음 앞서게 됩니다.

Buggles – Video Killed The Radio Star
(비디오가 라디오 스타를 몰아냈어)

비디오는 라디오.스타를 쫓아 버렸어
영상이 나온 후로 넌 상처 받았지
지금 우린 어떤 버려진 스튜디오에서 만나
옛날의 녹음기를 틀어 보았지 정말 너무 구닥다
리인 거 같애
당신은 그 노래의 후렴 부분을 기억할거야
당신은 그 첫 번째이자 마지막 사람
비디오는 라디오 스타를 몰아냈지

영국의 뉴 웨이브 밴드입니다. 1979년 발매된 싱글 〈Video Killed the Radio Star〉로 1주간 싱글 차트 정상에 머무르면서 명성을 얻게 되었습니다. 정규음반으로는 [The Age Of Plastic](1980년)과 [Adventures In Modern Recording](1981년)이 있습니다.

8월 1일

우리나라에 TV라는 매개체가 들어설 때만 해도 동네에서 잘사는 집이 아니고는 거의 접하지 못했기 때문에 하루에 TV 앞에 있는 시간은 당시 유명한 드라마를 모여서 보는 정도가 유일한 낙이었습니다.
하지만 요즘은 필수품이 된지 오래되었고 휴대폰으로도 TV를 보는 시대가 되었습니다. 그러다보니 TV앞에 모여 있는 시간은 점점 늘어났고 오죽하면 TV 안보기 운동이 일어날 정도일까요.
그중에서 여러분은 하루 몇 시간을 TV라는 가상 세계에 빠져 사는지요. 결과가 나왔는데 한국인의 평균 TV 시청 시간은 2시간48분.
평균 수명을 80세로 본다면 8분의 1에 해당되서, 자그마치 10년이란 세월을 TV에 점령당하는 결과가 나왔습니다.

오페라〈라크메〉中 꽃의 이중창(The Flower Duet)
- Leo Delibes(레오 들리브)

새들이 지저귀며 노래합니다
밀집한 둥근 지붕 아래 그곳에는 하얀 자스민이 있고
오, 우리 모두 함께 부릅니다.

레오 들리브(Léo Delibes, 1836~1891)가 작곡한 3막의 오페라입니다.
에드몽 곤디네와 필리프 질이 합작하여 프랑스어 오페라 대본을 완성한 후 1881년부터 1882년 사이에 완성한 오페라입니다.
전통적이고 편안한 스타일, 이국적인 의상과 섬세한 편곡, 풍부한 선율로 인해 작곡자인 들리브에게 부와 명예를 가져다주었습니다. 이 오페라의 정열적인 요소는 전통적인 온화함과 동시에 화성, 뛰어난 관현악 편곡을 통해 표현되었습니다. 춤, 마술 등을 통해 동양적인 정서를 제대로 표현하는데 성공했습니다. 새처럼 아름다운 목소리로 소프라노가 노래합니다. 최근 영화, 광고에 쓰여 일반 대중도 듣는다면, '아, 이 노래구나!'하실 겁니다.

8월 2일

우리가 어렸을 때 주위에서 들려오는 소리라야 풀벌레 소리가 고작이었고 도심에 사는 분들도 거의 소음과는 거리가 먼 시대를 살았습니다.
그러나 근대에 들어와서 산업화가 발달되면서부터 끊임없이 들려오는 시끄러운 소리들로 그야말로 소음 천국입니다. 전화벨 소리로 가득 찬 사무실, 자동차 소리. 눈만 뜨면 들려오는 공사장의 각종 모타 소리 등등 주변은 소음으로 가득 차 있습니다.
이렇게 소음으로 가득 찬 환경에서 살다보면 달팽이관이 망가지는 소음성 난청이 생길 위험이 높아진다고 하는데, 하루라도 조용한 산사를 찾아 자연의 소리를 듣고 싶다는 생각을 해봅니다.

Willie Nelson - Milk Cow Blues (젖소 블루스)

자, 나는 오늘 아침 일어나서 문 밖을 내다봤어
나는 내 말하는 젖소와 대화를 했지
당신이 내 젖소를 안다면 너는 그녀를 집에 데려
가고 싶어하지 않을 거야.

1933년 4월 30일에 텍사스에서 출생한 윌린 넬슨은 6살에 처음으로 기타 연주법을 교육받았으며 10살에 이미 댄스홀에서 연주 활동을 시작하였습니다. 1950년에 공군에 입대하였고 제대 후에는 라디오 아나운서로 일을 하였고 밤에는 선술집의 악사로 일을 한 특이한 이력을 갖고 있었습니다. 싱어송라이터인 윌리넬슨은 1959년에 그의 대표곡 〈Night Life〉를 작곡하였습니다. 가장 초기의 성공작 〈Wake Me When It's Over〉와 〈family Bible〉는 1960년 초반에 앤디 윌리암스에 의해 약간 히트했고 컨츄리 가수 클로드 그레이가 불렀을 때에는 크게 히트했습니다. 1961년에 내쉬빌로 무대를 옮긴 넬슨은 행크 코크런과 작곡 계약을 맺고 컨트리 스타인 레이 프라이스의 밴드와 결합하여 베이스 기타리스트로 활약하였습니다. 1962년에 리버티 레코드사와 계약을 하여 작곡가로서 많은 영향력을 발휘한 윌리 넬슨은 같은 해에 주요 컨트리 히트곡인 〈Touch Me〉를 발표하여 성공하였습니다. 1963년 후반에 레이 프라이스와 러스티 트레이퍼는 각기 넬슨의 〈Night Live〉로 컨트리 히트곡과 주요 팝 히트곡을 기록한 반면에 로이 오비슨은 이 해 말에 넬슨의 〈Pretty Paper〉로 팝 부문에서 히트를 쳤습니다. 1965년에 RCA 레코드사로 옮긴 넬슨은 그 다음 5년 동안에 〈The Party's Over〉, 〈Little Things〉, 〈Bring Me Sunshine〉과 〈Once More With Feeling〉을 포함한 많은 중간 컨트리 히트곡들을 발표하였습니다. 1969년 말에 그의 내쉬빌 집이 불탄 후에 오스틴으로 옮긴 후 그의 마지막 내쉬빌 앨범인 [Yesterday's Wine]을 작곡하였습니다. 그 후 1982년 3월 40년대의 옛 노래인 〈Always On My Mind〉를 발표하여 컨트리 차트 1위와 팝 차트 5위까지 올랐으며, 이 곡은 또한 같은 해에 실시된 CMA(컨트리 뮤직 어소세이션)시상에서 1982년 컨트리 최우수 곡으로 선정되었습니다.

우유를 자주 마시면 쌍둥이를 낳을 확률이 큽니다.
재생의학저널 최근호에 발표된 논문에 따르면 우유나 유제품을 매일 마시는 여성은 채식을 즐기거나 동물 식품에 아예 손을 대지 않는 이들보다 쌍둥이를 가질 확률이 5배나 높아진다고 영국 BBC가 보도했습니다.
이 같은 연구 결과는 과거 30년 동안 일부 국가에서 절반 이상이 늘어나는 등 쌍둥이 출산이 크게 늘어나는 경향을 설명하는 하나의 열쇠가 된다고 방송은 덧붙였습니다.
여성의 몸속에서 이 단백질은 난소활동을 증가시켜 난자 수를 급증시키며 초기 발달 단계에서 배아 생존 확률 또한 늘어난다는 것을 확인했습니다.

Jan And Dean - Baby Talk (말을 해)

오픈카인 XKE의 매력에 흠뻑 빠져서 달리고 있을 때
그는 새 차인 재규어의 창문을 내려 드래그하자고 도전을 해옵니다
어이 친구, 내 차는 야생마 같다구
일몰이 있는 포도나무에서 출발하자구

잰 베리와 딘 토렌스는 로스엔젤레스 출신입니다. 60년대 초반에 서핑, 자전거, 드라이브 등을 소재로 한 명랑 가요 보급자들로 남부 캘리포니아를 배경으로 비치 보이스가 그러했듯이 산뜻한 노래들을 발표했습니다.

60년대 중반에 이르러서는 포크송과 비틀즈의 곡들을 취입하며 승승장구를 달렸습니다.

그러나 1966년 4월에 젠은 승용차를 타고 로스엔젤리스에서 시속 90마일로 주차하고 있던 트럭을 들이받아서 1년 간 혼수 상태로 살았으며 오른손과 발이 마비되었고 언어 및 기억 장애로 고통을 받았습니다. 젠이 수년 간 병원 신세를 지는 동안 딘은 앨범 표지 디자인을 하며 그래픽 아티스트로 일하게 되었습니다.

1973년에 그들은 재결합을 시도했으나 실패하였고, 1978년에 이르러서야 전성기가 지나 간혹 연주를 하며 모습을 드러내었습니다. 그들의 음악을 들으면 학창 시절이 떠올라 그 시절로 돌아가고 싶습니다.

Carpenters - Yesterday Once More (지난날이여 다시 한번)

어린 시절에 자주 듣던 라디오 음악에 귀를 기울였지
내가 좋아하는 노래를 나오기를 기다리면서
노래가 나오면 따라 불렀지
그러면서 미소 지었어
참 행복한 시절이었어, 그리 오래 전 일도 아니야
그 시절 다 어디로 가버렸나

카펜터스의 인기는 1971년 [Carpenters]란 앨범으로부터 시작됩니다. 1972년에 발표한 [A Song For You], 1973년에 발표한 [Now And Then], 1975년에 발표한 [Horizon]등 앨범은 보통 서너 곡씩 히트 싱글이 터져 나왔습니다. 1974년에 내놓은 싱글 모음집의 경우는 지금까지 9백만 장의 판매고를 기록하며 역사상 가장 잘 팔린 앨범 가운데 하나로 꼽힙니다. 우리나라에서도 그들 노래의 인기는 천정부지로 솟아 〈세상의 꼭대기〉는 여러 가수가 서로 번안 가요로 내놓았습니다. 카렌의 목소리를 닮은 국내 가수 이성애가 인기 가수로 각광받기도 했지요. 본고장에서는 잘 알려지지 않은 노래들 〈잠발라야(Jambalaya)〉, 〈가장무도회(This Masquerade)〉가 국내에서는 열렬히 애청될 정도입니다.

8월 5일

호사다마라고, 인기가 많았던 카렌 카펜터는 지나친 다이어트에 열중한 나머지 식욕부전증을 앓게 되었고 그녀의 불우한 사생활로 더욱 가속화되었습니다. 결혼 실패와 더불어 1970년대 말 기습적으로 찾아든 인기 퇴조는 그녀를 막다른 골목으로 몰아넣었지요. 일반적으로 보아 그녀는 결코 살찐 상태는 아니었음에도 불구하고 먹기를 거부했습니다.
비평가들이 그녀를 평가 절하하며 식욕부전증마저도 중산층 병이라 비판하며 '중산층의 고통'이라고 명명하였습니다. 이런 평가는 자기 중심적 사고가 팽배한 긴장과 갈등이 시작된 1970년대 정서가 낳은 대표적 희생자로 결론이 났는데요. 1981년, 4년 만에 카펜터스는 앨범 〈메이드 인 아메리카(Made In America)〉를 내놓고 재기에 나섰지만 뚜렷한 성과를 거두지 못한 채 카렌은 1983년 2월 4일 자택에서 식욕부전증에 대한 거식증으로 갑작스레 사망했고 그것으로 카펜터스의 행보는 대단원의 막을 내리게 됩니다.

Bon Jovi - Its My Life (이것은 나의 삶이야)

이것은 상심한 사람들을 위한 노래가 아니랍니다
믿음이 찢겨진 사람들을 위한 침묵의 기도도 아니구요
난 군중 속에 파묻히지 않을 겁니다
당신은 내 목소리를 들을 겁니다
내가 큰소리로 고함칠 때 말이에요
그게 내 생활이예요, 지금의 생활이라구요, 결코 난 영원히 살 것은 아니니까요
난 내가 살아있는 동안에 삶을 살고 싶어요
나의 마음은 확트인 고속도로 같지요
프랭키가 말한 것처럼 난 나의 길을 가겠어요

리더인 존 본 조비(보컬, 기타)와 드럼에 티코 토레스, 기타에 리치 샘보라, 키보드에 데이빗 브라이언으로 구성되어 있습니다. 8,90년대 LA메탈의 손꼽히는 인기 밴드로 당시 머틀리 크루, 건스 앤 로지즈, 파이어 하우스 등과 함께 록 마니아 뿐만 아니라 대중에게 큰 사랑을 받았습니다. 대부분 밴드가 저물어갔지만 본조비는 2010년 그래미 시상식에 얼굴을 내밀어 다시 한번 건재함을 알렸습니다. 가장 팝적인 록밴드로 알려지면서 다시 한번 부흥을 꿈꾸고 있습니다.

쇼펜하우어의 희망에 대하여

우리의 인생도 피곤한 저녁 시간이 아니라 선명한 아침 시간처럼 살아갈 수 있어야 한다. 아침에 눈을 뜨면 공기 중에 녹아 있는 신선함과 생명의 풋풋함을 호흡하라. 그것은 저녁의 어스름한 공기 속에 떠 있는 피곤함이나 몽롱함과는 완전히 다르다. 아침 공기는 불쾌하거나 우울하던 그 전날의 기분을 완전히 소멸시키고 새로운 희망의 소리를 들려준다.

Ricky Martin - The Cup Of Life (생명의 컵)

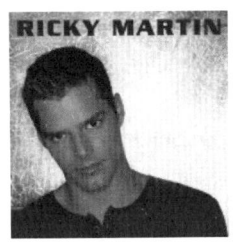

고, 고, 고, 알레 알레 알레
인생의 우승컵, 바로 이거야
자 때가 됐어, 절대 멈추지 마
밀고 나가, 강해지라고
밀고 나가, 정상까지
자 여기 우리가 간다, 알레, 알레, 알레! 고, 고!
뜨거운 열기를 느낄 때, 세상은 니 발 아래 있어

1971년생으로, 12세 때 라틴 밴드의 멤버로 음악 활동 시작하였습니다. 1994년 LA로 이주합니다. 그 이듬해 내놓은 세 번째 앨범 [A Medio Virvir]에서 〈Maria〉라는 히트곡이 터지면서 가수로서 이름을 알립니다. 그리고 1998년에 내놓은 곡 〈The Cup Of Life〉(원곡명 La Copa De La Vida) 가 프랑스 월드컵 공식 주제가로 채택되면서 전 세계적으로 유명해집니다.

8월 7일

다친 달팽이를 보게 되거든 도우려 들지 말아라. 그 스스로 궁지에서 벗어날 것이다. 당신의 도움은 그를 화나게 만들거나 상심하게 만든다. 더 빨리 흐르라고 강물의 등을 떠밀지 말아라. 강물은 나름대로 최선을 다하고 있는 것이다.

-프랑스 시인, 장 루슬로.

Russell Watson – Non Ti Scordar Di Me (나를 잊지 말아요)

따스한 그의 보금자리로
나와 정들은 작은 제비도
한마디 말없이
내 곁을 떠났네
나를 잊지 말아요
마음에 맺힌 그대여
밤마다 꿈속에 네 얼굴 사라지지 않네

1966년 11월 24일 영국에서 출생한 성악가입니다.
2001년 1집 앨범 [The Voice]로 데뷔하여 음악으로 성공을 거두었으며 잘생긴 외모까지 결합하여 여성 팬들의 지지가 대단합니다.
제비떼가 떠나자 나를 잊지 말아달라며 헤어진 여인과의 이별을 제비에 감정이입시킵니다. 제비뿐만 아닙니다. 뜨거운 여름철 온 동네가 떠나가라고 우는 매미도 곧 우리와 이별을 앞두고 있는 생물입니다.

8월 8일

날개를 달고 밖으로 나온 매미의 삶은 허망할 정도로 짧습니다. 그에 비해 유충으로서의 삶은 무척 깁니다. 알에서 부화한 매미 유충은 땅 속에서 나무뿌리 수액을 빨아먹으며 길고 지루한 세월을 인내하다가 17년이 지나서야 비로소 매미가 되어 세상 밖으로 나옵니다.
긴 세월의 인내 끝에 세상 밖으로 나온 매미는 수주일 동안 울어대다가 알을 낳고는 바로 생을 마감합니다.
여름날 그렇게 매미가 울어대는 이유도 어쩌면 긴 시간 동안 숨어 지내다가 세상 밖으로 나와 곧 사라질 자신들의 짧은 생이 슬퍼 우는 것인지도 모릅니다.

윤심덕 – 사의찬미

녹수청산은 변함이 없건만
우리 인생은 나날이 변한다
이래도 한 세상 저래도 한 평생
돈도 명예도 사랑도 다 싫다!

한국 최초의 여류 성악가로 경성사범부속학교 음악교사로 있으며 음악회에 출연하여 명성을 떨쳤습니다. 토월회(土月會) 배우로 활약하다가 대중가수로 전향하여 방송에 출연하는 한편 레코드를 취입, 〈사(死)의 찬미〉로 인기를 끌었습니다.

강원도 원주공립보통학교 교사로 근무하다가 조선총독부의 관비생으로 일본 도쿄음악학교에 유학, 성악을 전공하고 귀국했습니다.

8월 9일

1926년 레코드 취입을 위하여 오사카에 있는 닛토 레코드회사에 갔다가 귀국길에 관부연락선 도쿠주마루 위에서 애인 김우진과 함께 현해탄에 투신하였던 사건으로 당시 청춘남녀들을 혼란에 빠트릴 정도로 큰 사건이었다고 합니다.

1936년 일제치하 속에 암울한 시기를 보내던 우리 조선인들에게 희망의 빛을 전해준 사건이 있었습니다. 멀리 타국에서 전해온 제11회 베를린 올림픽에서 1936년 8월 9일 우리나라 손기정 선수가 마라톤에서 당당히 우승한 소식이 있었습니다.

물론 일제 시대의 비극으로 가슴에는 태극기가 아닌 일장기를 달았지만 그래도 어두운 시기를 보내던 우리 조선 사람들에게는 정신력의 승리라는 점에서 대단한 희망이고 감격이었습니다.

고(故) 손기정 선수가 베를린 올림픽에서 마라톤을 제패한지 72돌을 맞은 우리의 모습은 당시 손 선수가 목에 걸었던 금메달이 어디론가 사라져 유족 측과 재단 측이 서로 모른다며 갈등하는 것이 우리의 암담한 현실이 되었습니다.

Ronettes - Be My Baby (내 애인이 되어주세요)

우리가 만났던 그 밤
내가 그대를 필요하고 있다는 거 알아요
만약 내게 기회가 있었더라면
난 절대 그대를 보내지 않았을텐데
그래서 날 사랑한다 말해주지 않을래요?
날 자랑스러워하도록 만들어 줄께요
우리가 가는 모든 곳으로
사람들의 눈길을 끌 거예요
나의, 나의 연인이 되어줘요

팀의 핵심적인 인물 필스펙터는 〈사랑과 영혼〉의 주제곡으로 널리 알려진 라이쳐스 브라더스의 명곡 〈Unchained Melody〉, 아이크와 티나 터너 커플의 히트곡 〈River Deep, Mountain High〉에서 특정 소리와 리듬을 반복해서 사용하고 언주의 비중을 높이는 선곡 스타일을 시도합니다. 이들 싱글이 발표된 뒤 현악기와 과도한 코러스로 풍부한 소리를 낸다고 해서 '월 오브 사운드(Wall of Sound)'를 탄생시킨 장본인입니다.

8월 10일

재미로 보는 토막 상식

☆ 체온이 41도일 경우에는 혼수상태가 되고 42도일 때는 사망한다.

☆ 식후 2시간 후에 가장 머리가 맑다.

☆ 좋은 음악을 들으면서 식사를 하면 살이 찐다. 그 이유는 위액분비가 좋아지기 때문이다.

☆ 울 때 눈이 붓는 이유는 단지 무의식적으로 눈을 비비기 때문이다.

☆ 계란 흰자위가 완전히 익는 온도는 80도이다.

Roch Voisine – Am I Wrong (내가 틀렸나요?)

메리 – 제인을 위해서
거의 매일 밤, 그 날을 회상하게 하는 옛노래를 반복해서 연주하곤 했지요
메리 – 앤을 위해서
그녀 친구들은 다 가버렸지만 난 밤새 내내 머물렀지요
그녀를 꼭 껴안고 기도했어요
내가 잘못인가요

1963년 3월 26일에 캐나다에서 출생하였으며 하키선수를 꿈꾸다 부상으로 인해 가수로 꿈을 바꿨습니다. 1989년 1집 앨범 [Helene]을 발매하였습니다. 1997년에 주노 어워드 올해의 남성 보컬상을 받았습니다. 2001년도 MBC드라마〈가을에 만난 남자〉에 삽입됐기도 했던 이 곡의 내용을 들어보면 참 놀랐습니다. 그는 옛 여자친구의 메리, 제인, 앤, 라인, 로를 부르며 그녀들과의 추억을 노래로 불렀습니다. 노래 속에 여러 여인이 등장하는데, 현재 부인은 이 음악을 그다지 좋아하지 않을 거 같다는 확신이 듭니다.

가장 범하기 쉬운 실수는 남을 선인, 악인 또는 바보, 천재라고 결정해 버리는 것입니다. 인간은 시냇물처럼 흐르고 끊임없이 변하며 각각 자기의 길을 가지고 있습니다. 인간에게는 모든 가능성이 있지요. 바보가 천재가 될 수 도 있고 악인이 선인이 될 수 있습니다.

또 그 반대도 충분히 가능합니다. 이 점에 인간의 위대함이 있습니다. 톨스토이의 명언처럼 사람이 가장 범하기 쉬운 실수는 타인을 자신의 잣대에 맞춰서 쉽게 판단해 버리는 것입니다.

오직 본인 아니면 함부로 남을 평가하거나 이렇다 저렇다 평가할 수 없습니다. 그 이전에 자신을 되돌아보는 시간이 어쩌면 인생에서 더 풍요로울 수 있겠네요.

Ray Charles - Ellie My Love (내 사랑 엘리)

이 세상 속에서 니가 내 옆에 없다면 난 행복하지 않을꺼야
앨리, 내 사랑, 너무 달콤한
마음속에선 잊으라 하는데 지금 멀리 여기있어
이 밤에 너를 안아줄 수 있다면
아침에 눈을 뜰때까지
그건 축복이야

1930년 9월 23일 미국에서 출생하여 2004년 6월 10일에 사망했습니다. 1998년에 폴라음악상 경력과 1986년에 록큰롤 명예의 전당에 헌액되었으며, 2005년 제47회 그래미시상식에서 최우수 팝 공동작품상을 받았고, 2005년에 제47회 그래미 시상식에서 올해의 앨범상을 받았습니다.
미국의 가수·피아니스트·색소폰 연주자인 동시에 작곡자이기도 합니다. 재즈 악단을 작게 편성한 캄보밴드를 조직하여 활동하였으며 정통 블루스를 현대 감각으로 살려 대중 취향에 잘 어울리는 곡으로 사랑받았습니다. 쾌활한 그의 음악을 듣다보면 기분이 절로 좋아져서 세월이 흐른 지금까지 꾸준히 회자되는 가수입니다.

8월12일

쾌활한 성격은 행복을 배달하는 집배원 역할을 합니다. 이렇게 쾌활한 성격은 마치 견고한 성과 같아서 그 속으로 들어가기는 어렵지만 한 번 들어가면 오랫동안 머물 수 있습니다.
요즘처럼 날씨가 흐리면 괜히 우울해지고 기분이 내려가기 쉬운데 하지만 감정 조절은 우리들 마음먹기에 달렸습니다. 우울한 성격을 좋아하는 사람은 없습니다.
기분 좋게 또 밝게 웃으시면서 스스로 나는 행복하다고 스스로 주문을 걸어볼까요.
레이 찰스가 노래를 합니다.

Tal Bachman - If You Sleep (당신이 잠든다면)

신성한 완성의 그림 아무도 더 많은 사랑의 영혼에 우리가 숨쉬고 있어요,
당신이 자고 있다면, 당신은 하나님과 수면. 내가 울고 있다면, 그것은 내 심장을 위한 내가 그것을 통할 수 있도록 노력하겠습니다.

우리나라 모 기업의 자동차 배경음악이기도 하면서 1999년 중후반기 미주 차트에 오래도록 생존하며 인기를 담았던 음악인 〈She's So High〉라는 곡으로 등장하였습니다. 록그룹 게스 후의 기타리스트였던 아버지 랜디 바크만 밑에서 자라서 어려서 부터 드럼도 치고 피아노를 배우면서 자란 캐나다 출신의 싱어 송라이터입니다.

수려한 외모와 탄탄한 음악성 그리고 섬세한 터치가 돋보이는 바크만은 이엘오, 엘튼존, 비틀즈, 데이빗보위, 레드제플린의 기타리스트인 지미페이지의 영향을 받았습니다.

마치 한편의 뮤지컬을 보고 있는 듯한 인상을 주는 바크만의 음악에는 몇 단어로 설명하기 모자랄 정도로 묘한 매력이 숨어 있습니다. 메탈리카, 컬트, 에이로스미스의 프로듀서로 유명한 밥록(Bob Rock)의 손길이 들어가 적절히 삽입된 코러스와 클래식을 연상케 하는 곡 흐름 등은 들으면 그의 감각이 얼마나 섬세하고 남다른지 느낄 수 있습니다.

이제 탈 바크만의 목소리를 만나게 되시는 곡은 그의 데뷔작이기도 한 〈If You Sleep〉입니다. 그는 1968년 바로 오늘 태어났습니다.

Scorpions - Wind Of Change (변화의 바람)

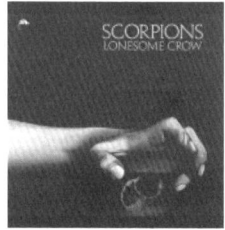

모스크바를 따라 고리끼 공원으로 내려갔지요
변화의 바람에 귀를 기울이면서
팔월의 한 여름밤 행진해 가는 군인들
변화의 바람을 들으면서 세계는 가까이 모여서 생각해 본 적 있나요 우리가 이렇게 형제처럼 가까워질 수 있다는 것을
우리의 내일은 불확실하지만 나는 어디에서나 느낄 수 있어요, 변화의 바람이 불고 있다는 것을
순간의 마법으로 나를 데려가세요
영광스러운 밤에 미래의 어린이들이 변화의 바람 속에서 꿈결같은 시절을 보낼 수 있는 곳
길을 따라 걸으면서 아득한 추억들을 영원한 과거 속에 묻고

8월14일

기타는 루돌프 쉥커와 마티아스 잡스, 보컬은 클라우스 마이네, 베이스에 파월 마시워다, 드럼에 제임스 코탁으로 구성된 독일을 대표하는 하드록 밴드입니다.
1972년 1집 앨범 [Lonesome Crow]로 데뷔했으며 2010년 1월 비교적 최근에 공식 해체했습니다. 우리나라에도 여러 번 내한 공연을 가진 바 있는 관록 있는 그룹으로 서정적일 때는 부드럽고 달콤하지만 하드록을 연주할 때는 폭풍처럼 강렬하게 연주하는 그룹입니다.
얼마 전에 남북 이산가족 상봉이 있었습니다. 대부분이 70세를 훌쩍 넘긴 고령이었는데요, 어서 빨리 우리 할아버지 할머니들이 한 가족을 이루었으면 좋겠다는 생각을 해보며 이 곡을 선곡해 보았습니다.

심수봉 - 무궁화

날지도 못하는 새야
무엇을 보았니. 인간의 영화가 덧없다
머물지 말고 날라라
조국을 위해 목숨을 버리고
하늘에 산화한 저 넋이여
몸은 비록 묻혔으나
나랄 위해 눈을 못 감고, 무궁화꽃으로 피었네
이 말을 전하려 피었네
포기하면 안된다
눈물 없인 피지 않는다
의지다 하면된다, 나의 뒤를 부탁한다

1955년에 충청남도 서산에서 태어났으며 1978년 MBC 대학가요제에서 〈그때 그 사람〉을 부르며 화려하게 데뷔하였습니다. 특유의 비음이 들어간 성인 가요로 70년대 말부터 현재 2000년대까지 사랑받고 있지만, 항상 노래 속에서 여성을 약하게 묘사한다고 평가를 받기도 했었습니다. 그럼에도 그녀가 가요계에서 차지하는 비중은 성인 가요를 지탱하는 대들보일 정더로 훌륭합니다. 무궁화를 소재로 노래를 불렀네요

8월15일

세계의 국화 중에 무궁화만큼 자국민에게서 홀대받는 꽃 또한 없습니다. 일제가 왜곡한 무궁화의 이미지가 광복 63주년이 되는 지금까지도 사라지지 않고 있습니다.
무궁화를 진딧물이 좋아하는 것은 사실이지만 이는 무궁화만의 문제가 아닙니다.
전 세계인들로부터 사랑받는 장미는 무궁화보다 더 많은 병충해가 들끓는데도 대표적인 아름다운 꽃으로 사랑받고 있습니다. 이는 일제가 무궁화에 대해서 덮어씌우려 애를 쓴 악의적 이미지가 아직 유효하기 때문입니다.
해방이 된 지금에도 일제의 왜곡 속에서 벗어나질 못하는 우리나라 꽃 무궁화
8.15광복절을 맞이하여 이제 우리의 꽃으로 다시 부활했으면 합니다.

Justin Timberlake - Still on My Brain (아직 내 머릿속에)

하지만 더 이상 나는 내가 아냐
왜냐면 아직 너의 사랑은 나의 뇌에 기억되고 있기 때문에
다시 사랑을 하려면 시간이 좀 걸리겠지
누군가 너를 아프게 한다면 넌 또다시 기분이 바뀌겠지
소녀여, 난 그대가 다시는 그 일을 할 것이라고 전혀 생각 못했어

가수 겸 영화배우입니다. 1981년 1월 31일에 미국에서 출생하였으며 남성 보컬 그룹 엔 싱크에서 눈에 띄게 활약을 하였습니다. 1997년 1집 앨범 [Justified]로 데뷔한 미남 가수입니다. 젊은 여성들의 절대적인 지지를 받고 있습니다. 자신의 뇌에 그녀가 도장처럼 꽉 각인되어 있다고, 호소합니다. 사랑에 빠진 걸까요.

8월16일

일반적으로 남자들이 여자들보다 생각하는 속도가 더 빠르다는 연구 결과가 나와서 화제가 되었습니다. 남성 뇌신경세포들이 여성 뇌신경세포들보다 신호를 더 빠르게 전달해서 남성 뇌 생각 속도가 더 빠르다고 합니다. 남성이 실제 더 똑똑한 걸까요? 이 말은 자칫 여성들의 비판을 받기 쉬운 이야기인데요. 리드 교수 연구팀이 18~25세인 남자와 여자의 뇌를 비교분석해 남성 뇌신경세포의 신호전달 속도가 더 빠르다는 사실을 밝혀냈습니다.

그러나 그런 그도 남성과 여성의 신호전달 속도는 차이는 극도로 미세하고 이것 외에도 사람의 지적 능력에 영향을 끼치는 후천적인 생활 요소들이 많아서 남자들이 여자들보다 더 지적이라고 잘라 말할 수는 없다고 했습니다. 결국 논란을 제기하는 연구 결과였지만 다시 원점으로 돌아갔네요. 저는 여성과 말로 다퉈서 한번도 이겨본 적이 없는데, 저를 비춰 생각해보면 이 연구 결과는 잘못된 이야기인 것 같습니다.

Giuseppe Verdi(베르디) – Chorus of The Enslaved Hebrews (Nabucco) (베르디의 히브리 노예들의 합창)

이탈리아 북부에서 태어나 부세토에서 악장 노릇을 하다가 스칼라 극장의 지배인 후원으로 오페라 〈산 보니파치오의 백작 오베르토〉를 상연하여 호평 받았습니다. 그러나 그 후 가족을 잃고 희가극도 실패하여 자포자기로 살아가다가 가수인 주세피나 스트레포니의 애정을 받으며 새롭게 작곡 활동을 시작합니다.

이때 쓴 오페라가 오스트리아의 압제에 있던 이탈리아인들에게 어필하는 애국심을 고취시키는 힘차고 당찬 작품이 많았습니다. 베르디의 오페라는 19세기 전반 이탈리아 오페라 전통을 발판으로 서사와 음악에 조화를 이루어 많은 찬사를 받았습니다.

연애 앞에 노예 근성은 나쁜 결과를 초래합니다. 남들은 뭐래도 당사자 눈에는 연인이 세상 최고의 남자나 여자로 비춰질 수 있으나 이런 만남은 좋지 않습니다.

이른바 이런 선천성 연애 노예 증후군에 사로잡힌 사람들은 미천한 신분이길 자처하는데 선천성 연애노예 증후군 증상으로는

- 연인에게서 대리만족을 느낀다
- 상대를 높이는 것이 자신만의 사랑법이다.

홀대를 당해도 애초부터 사랑의 패자이길 원했기 때문에 사랑이 끝날 때는 쉽게 체념을 합니다. 사랑할 줄 모르는 사람들은 사랑은 남의 행복 같은 것이 되고야 마는 슬픈 현실이 기다리고 있는데 나란히 갈 수 있는 평행선 같은 사랑으로 서로를 존중하는 연인들이 되어야 길고 오래간답니다.

Bread - Diary (일기)

난 그녀의 다이어리를 어느 나무 밑에서 우연히 찾았다
근데 읽어보니깐 내 얘기더라
그녀가 나에 대해 쓴 글은 나를 놀라게 했고
그녀의 눈으로는 절대로 못 읽을 말들이었다
그 말들은 그녀가 기다리고 기다리던 사랑을 찾았답니다

1970년대 인기 차트에서 두각을 나타냈던 미국 LA 출신 그룹으로, 국내에서도 널리 애청되고 있는 발라드 〈If〉의 주인공입니다. 데이비드 게이츠, 지미 그리핀과 래리 네첼, 마이크 보츠로 구성되어 있습니다. 1969년 1집 앨범 [Bread]로 데뷔하였습니다.

8월18일

미국의 저명한 학자인 에머슨 『일기』의 내용 중에
"인생은 하나의 실험이며 실험이 많아질수록 당신은 더 좋은 사람이 된다."
라는 명언이 있습니다.
인생은 하나의 실험입니다. 어느 날부터 자기 일상에 의심과 절망이 찾아든다면 희망이라는 깃발을 실험해 보십시오. 흔들리면 흔들릴수록 우리들 일상에는 더 좋은 사람과 희망들이 찾아 들 것입니다.
인생은 반복된 생활이며 좋은 일을 반복하면 좋은 인생을, 나쁜 일을 반복하면 불행한 인생을 보낸다는 그런 말이 있듯이 더 좋은 사람이 되기 위하여 더 좋은 누군가를 만나기 위하여 희망이라는 인생을 자꾸 실험하세요.

Bonnie Bianco & Chris Norman – Send A Sign To My Heart
(내 마음에 사인을 보내다)

1978년에 스모키의 리드보컬 크리스 노만과 수지 쾌트로와 함께 듀엣으로 부른 〈Stumblin' In〉은 전 미국 차트 4위에 랭크되는 등 이미 크리스 노먼의 허스키한 창법은 이렇게 어느 여성가수와 나란히 세워도 손색이 없을 정도로 잘 어울립니다.

자국에 인기가 있으면서도 유독 우리나라에서도 많은 인기를 끌었던 그룹이 스모키입니다.

그들의 인기 비결은 리듬보다는 고운 선율의 음악을 즐겼던 우리 민족의 정서와도 맞았고 보컬 크리스 노먼의 허스키하면서도 분위기 있는 창법도 우리 팬들이 환영하는 음악 색깔이었습니다.

이번에 소개하는 곡 역시 사람들의 가슴에 울렁거리듯 파고드는 듀엣 곡으로 알려져 있습니다.

보니 비안코는 86년에 〈My First Love〉를 부른 가수로 그때는 소녀였지만 지금은 어엿한 중년이 되어 크리스 노먼과 호흡을 맞춰 애절한 심금을 울리는 곡으로 탄생시켰습니다. 크리스 노먼의 허스키와 보니 비안코의 호소력 짙은 창법을 동시에 감상할 수 있습니다.

8월19일

F.R David – Music (음악)

봄이 끝날 무렵이면
여름의 싱그러운 풀잎 소리가 들려 오죠
가을은 비의 운율을 몰아 오고
그러다 희뿌연 겨울의 그림자가 찾아옵니다
음악이여, 난 정말 그댈 사랑해요
그대 없인 못살 것 같아요

80년대 중반에 유로댄스의 부흥을 이끌었던 슈거팝의 대명사입니다. 그는 1954년 1월 1일, 튀니지아의 페리빌리에서 태어났습니다. 유로댄스의 경쾌하지만 부드러운 발라드를 서정적으로 그려냈습니다. 그의 목소리를 들으니 봄이 절로 느껴집니다.

8월20일

우리는 언제든 원할 때면 아름다운 음악을 들을 수 있는 시대에 살고 있습니다.
아름다운 음악이 들려온다면 그 아름다움에 감사하세요. 눈부시도록 아름다운 태양과 떠다니는 구름과, 그늘을 만들어주는 나무, 그리고 온갖 아름다운 자연을 접할 수 있습니다. 그 아름다움에 감사하고 원한다면 시간을 내어 바다를 보러 가보세요. 산을 오르고. 호숫가를 산책하세요.
매 번 식사할 때마다 감사하고, 따뜻한 잠자리에 감사하고, 가족과 함께 있음에 감사하세요. 지금까지 말씀드린 것은 행복한 습관입니다.
오늘 시작 글은 행복을 부르는 주문으로 문을 열었습니다.

박선주 - 소중한 너 (Duet With 조규찬)

워워 나의 마음 너에게만 주고 싶어
소중한 널 잊을 수는 없을 거야

최근 방영된 슈퍼스타K 시즌2에서 허각, 존박, 장재인의 보컬 트레이너로 활동하고 있어서 주목을 받았습니다. 그녀는 유명 작사가와 가수로 활동했었습니다.
1989년 강변가요제에서 〈귀로〉를 불렀으며 1990년 1집 앨범 [하루 이틀 그리고…]로 데뷔했습니다. 그녀가 노래합니다. 소중한 사람에게 사랑하는 단 한 사람 그 사람에게 주고 싶다고 조규찬과 함께 노래합니다.

8월 21일

일반적으로 현명한 사람들은 사물을 실물 크기로 파악 할 수 있지만 우매한 자는 그것을 할 수 없다. 마치 현미경으로 들여 다 보는 것처럼 작은 것을 크게 봅니다. 따라서 벼룩을 코끼리로 오인하기도 합니다.
작은 것이 크게 보이는 것뿐이라면 그래도 괜찮습니다. 그러나 최악의 경우는 큰 것이 너무 확대되다 못해 안 보이게 되어 버리는 일입니다
사소한 돈을 아끼고, 그것 때문에 다투는 사람들이 그런 경우입니다.

Tori Amos - Northern Lad (북부의 스폰지 밥)

북에 한 친구가 있어요, 소유할 수 없는 친구죠
그는 해 지는 것처럼 사라졌지요
마치 신이 계획한 것처럼
그는 내 억양을 사랑했죠
그의 굽힌 무릎은 근사했어요
나는 우리가 좋은 관계가 될 거라고 생각했죠
나와 그 친구

1963년에 미국에서 태어난 문제적이며 철학적인 여가수입니다. 고해성사 형식의 데뷔작 〈Me And A Gun〉에 이어 〈Under The Pink〉 등 그리고 2003년 근작 앨범인 〈Scarlet's Walk〉까지 그녀 자신만의 흐름으로 이어가는 테마로 시적인 고백을 통해서 자신만의 철학을 여실히 실천하고 있습니다.

레드 제플린의 음악에 영향을 받았다는 그녀의 음악은 70년대 싱어송라이터의 전통을 이어가고 있으며 피아노라는 악기를 락앤롤 악기처럼 사용하고 있는 것이 특이합니다.

1963년 8월 노스캐롤라이나주 메릴랜드 출신으로 성직자였던 아버지 덕에 어려서부터 교회를 통해 음악 수업을 착실히 받았으며 87년 팝 메탈 계열의 앨범 [Y Kant Tori Read]로 데뷔합니다.

하지만 이 앨범은 별 반응을 얻지 못하다가 90년대 들어서는 자신의 음악적 색깔을 바꾸게 되는데 1975년에 핑크 플로이드의 데이빗 길무어에게 발탁되면서 케이트 부쉬의 영향력을 계승한 복고적인 얼터너티브 음악을 합니다.

또한 토리 아모스는 1988년에 건즈 앤 로지즈의 멧 소럼과 함께 음악계를 입문한 가수이며 1992년에 대망의 솔로 데뷔 앨범 [Little Earthquakes]을 발표하면서 과거 성폭행을 당했던 토리 자신의 이야기를 담은 싱글 〈Me And A Gun〉으로 판매고 200만장이라는 엄청난 스포트라이트를 받기도 합니다.

토리아모스의 아픔을 위로하게 만드는 1988년에 발매된 [From The Choirgirl Hotel]에 수록되어 있는 〈Northern Lad〉입니다.

8월22일

Vangelis – Anthem (성가곡)

반겔리스는 그리스에서 태어나서 6살 때 이미 천재 피아니스트로 인정받을 정도로 실력이 뛰어났습니다. 60년대 후반 그리스의 불안한 정치적 상황을 피해 프랑스의 파리로 이주하여 전자악기를 통한 음악과 사운드의 극대화에 관심을 가졌습니다. 이때 그는 이집트 태생인 데미스 루소스와 루카스 시데라스와 함께 유명한 그룹 아프로디테스 차일드를 결성하고 본격적으로 활동합니다. 국내에서도 크게 히트한 〈Rain And Tears〉, 〈Spring, Summer, Winter And Fall〉등을 히트시키며 유럽 최고의 그룹으로 인기를 누리다가 73년에 해체합니다.

그는 75년 영국에 있는 자신의 새로운 스튜디오 Nemo에서 녹음한 첫 번째 작품 〈Heaven And Hell〉이 영국차트에서 히트하며 그의 상업적인 첫 성공과 함께 그를 전 세계적으로 알리게 하는데 커다란 역할을 합니다. 이때부터 그는 그의 음악에 있어서 중요한 동반자 그룹 예스의 존 앤더슨과 작업을 시작합니다. 두 사람은 [Short Stories], [The Friends Of Cairo], [Private Collection], [Page Of Life] 등 4장의 앨범을 함께 작업해 완벽한 조화를 이룹니다.

80년대에 들어와서 존 앤더슨과의 조인트 앨범과 사운드트랙 앨범에 큰 비중을 두게 되고 81년에 발표한 [Chariots Of Fire(불의 전차)]앨범은 비평적으로, 상업적으로 흥행에 성공합니다. 그가 히트시킨 앨범은 영화도 화제작이었습니다. 〈불의 전차〉, 〈미싱〉, 〈블레이드 러너〉, 〈1492컬럼버스〉, 〈남극대륙〉, 〈비터문〉 등의 걸작 영화OST를 담당합니다.

James Blunt - You're Beautiful (당신은 아름답습니다)

그녀가 지하철에서 날보고 미소지었어
그녀는 다른 남자와 함께였지만, 나는 그것 때문에 잠을 못잘 정도로 걱정하진 않을 거야
왜냐면 난 계획이 있기 때문이지
넌 예뻐, 넌 예뻐
넌 예뻐. 이건 사실이야
이 혼잡한 곳에서도 난 너의 얼굴을 본거야

1974년 2월 22일 영국에서 출생하였습니다.
학력은 브리스틀대학교 사회학 학사이고 데뷔는 2004년 1집 앨범 [Back To Bedlam]으로 하였습니다.
2006년 제 23회 MTV 비디오 뮤직 어워드 최우수남자 뮤직비디오상을 받았습니다.

8월24일

세상에서 여러분의 존재는 어떤 모습인가요?
자신을 소중히 여길수록 가치 있는 인생입니다. 내 물건을 소중히 하지 않으면 남에게 마찬가지로 천대 받듯이 자신 역시 자신이 소중하게 여기지 않으면 아무도 소중하게 대해주질 않습니다.
보석이 사람들에게 사랑받는 이유는 바로 보석 스스로 아름다운 빛을 발하고 있기에 사랑받습니다. 나의 존재는 이 세상이 다하는 날까지 스스로 소중히 해야 할 보석 같은 존재입니다.

Gary Wright – Dream Weaver (꿈을 짜는 사람)

나는 다시 눈을 감았다오
꿈의 열차를 타고 올라서서
운전자는 내 걱정을 덜어주고
내일 뒤로 떠나는 것
꿈을 타고
나는 당신이 밤새 나를 유혹할 수 있다고 믿어요

1943년 4월 26일 미국 뉴저지 주에서 출생하였습니다.
명곡 〈Dream Weaver〉로 잘 알려진 미국 가수 게리 라이트는 한국에서 유명한 해리 닐슨의 곡 〈Without You〉에서 피아노 연주를 담당했었습니다.
게리 라이트는 게리 앤 빌리라는 듀오로 싱글 〈Working After School/Lisa〉를 발표하면서 팝 가수로 데뷔하였고 스푸키 투스의 키보드 연주자 겸 보컬로 지미 핸드릭스, 롤링 스톤스와 함께 연일 매진 공연을 펼쳐나갑니다. 지금 소개할 곡은 진보적인 프로그레시브 록을 통해 신비로운 신시사이저 음향으로 느끼게 되는 명곡입니다.

하루에 과일 5개 이상 먹기, 매일 채소 먹기, 일주일에 최소 2시간 30분 운동하기, 염분 섭취를 줄이고 칼슘 섭취량을 늘리기, 그리고 살빼기와 금연하기.

중년의 나이에도 이렇게 몇 가지 습관만 잘 지켜나간다면 심장질환 발병을 줄이고 사망을 늦출 수 있습니다. 몸에 좋다는 비싼 기능식품이니 보약을 찾으러 다니시는 것보다 이런 간단한 습관을 익히시는 것이 훨씬 더 좋은 관리라고 합니다.

Eleanor McEvoy-Only A Woman's Heart(오직 여자들만 듣는다)

내 마음이 침울해지고 이렇게 기운이 없어지네요
오직 여자 마음만이 그럴 수 있는 거지요
여자로서, 여자만이 여자 마음을 알 수 있어요
놀라 어쩔 줄 모르는 내 두 눈에서 눈물이 뚝뚝 떨어지네요
사랑의 씁쓸한 맛을 보면서 당신은 아직도 내 희망 속에 있지요

1992년, 그녀가 작곡하고 노래를 부른 이 노래는 아일랜드 음반 역사상 가장 많은 판매고를 기록해서 세계적인 스타덤에 오른 싱어송 라이터입니다

1994년, 그녀의 데뷔 음반 [Eleanor McEvoy]가 발매 2주 만에 아일랜드 앨범 차트 정상에 오르며 순식간에 20만 장 이상이 팔려 나가는 돌풍을 일으키며 아일랜드 역대 최고의 판매 기록을 세워 화제가 되었습니다. 이는 아일랜드 대형 밴드 U2도 오르지 못한 기록이라고 합니다.

8월26일

사랑하는 사람에게 뭐든지 주고 싶은 마음으로 하루를 사탕으로 요란하게 지내는 것보다는 자신의 사랑에 얼마만큼의 정성과 정직으로 지켜가고 있는지 먼저 체크해 보는 것은 어떻습니까?
무의미한 선물보다는 마음과 마음이 먼저 오가는 정성으로 표현하길 바라면서 음악으로 여러분께 선물합니다.

Eagles - Take It To The Limit (끝까지 갈 수 있도록)

당신은 당신의 모든 시간을 돈 버는 일에 써 버릴 수 있어
당신은 당신의 모든 사랑을 시간을 만드는 일에 써버릴 수도 있지
만일 그것 모두가 내일이면 산산 조각난다면
여전히 나에게 머물러 주겠어?
그리고 당신이 자유를 얻으려고 할 때
아무도 신경 쓰지 않는 것 같았지

기타에 글렌 프라이와 조 월시, 드럼에 돈 헨리, 베이스에 티모시 B. 슈미트로 구성되어 있습니다.
1971년 린다 론스타드의 백밴드로 활동하였습니다.
1977년 제20회 미국 그래미 시상식에서 최우수 편곡상, 올해의 레코드상을 받았고 1979년 제22회 미국 그래미시상식에서 최우수 록 보컬상을 받았습니다. 우리나라에서 그들의 베스트 앨범을 꾸준히 사랑받고 있고, 특히 〈호텔 캘리포니아〉의 기타 명연주는 라디오를 통해 신청되는 명곡이 되었습니다.

조용한 물이 깊고 푸르게 흐른다고 소소해 보이지만 때때로 그 소소함 속에서 인생의 위대함이 발견되는 것을 우리는 종종 볼 수 있습니다.
에디슨이 엉뚱한 생각으로 사람들에게 놀림을 받을 때는 그 일이 하찮고 시시해 보였겠지만 결국 오늘날 위대한 발명가 에디슨이 존재하고 있습니다.
아무리 물질이 무분별한 홍수 속에 살아가는 우리들이지만 우리의 인생에 있어서 결코 하찮거나 버릴 것은 하나도 없습니다.
분명 하루를 어떻게 살아갈지가 두렵고, 가끔은 작아 보이고 소소해 보여도 자신이 인생의 주인공이라는 것을 잊지 마세요. 병든 굴속에 진주가 숨어 있듯이 자신의 하루 진주 같은 보석들을 많이 발견하면서 함께 하길 바랍니다.

Alan Parsons Project - Eye In The Sky (하늘에 눈)

하늘의 눈으로 당신을 바라봐요
당신의 마음을 읽을 수 있고
바보들을 다스리는 규칙을 만들지요
당신을 속일 수 있고 당신의 마음을 알려고
자세히 들여다 볼 필요도 없어요
당신의 마음을 읽을 수 있어요.
거짓된 환상을 남겨두지 마세요

스튜디오 엔지니어들이 결성한 그룹입니다. 먼저 팀의 핵심 알란 파슨스는 비틀즈의 [Abbey Road] 등의 제작 과정을 지켜보며 엔지니어링에 매료되기 시작했고, 이후 홀리스, 알 스튜어트, 암브로시아, 핑크 플로이드 등의 음반을 프로듀스하며 신선한 아이디어가 충만한 음반을 제작해 뛰어난 스튜디오 엔지니어 겸 프로듀서로 승승장구를 달립니다.
에릭 울프슨은 작사와 작곡, 키보드 연주, 그리고 보컬 등 전방면에 걸쳐 탁월한 재능을 가졌습니다. 정식멤버 외에 또 한 명은 앤드류 파웰은 그들 음악에 생동감과 웅장함을 부여했습니다. 정상에 있었던 알란파슨스 프로젝트가 바라본 세상은 어떠했을까요.

8월 28일

아래서 올려다보는 정상의 모습은 근사해 보이고 마음만 먹으면 쉽게 오를 수 있을 것 같습니다. 하지만 대부분의 사람들은 산 중턱 쯤에 이르면 정상에 오르기란 결코 쉽지 않다는 걸 깨닫습니다. 그래서 사람들은 힘든 과정 끝에 오른 정상의 의미를 소중히하며 다시 오르기를 반복하는지도 모릅니다.
쉬워 보이지만 결코 쉽지 않는 세상, 그 쉽지 않는 세상을 열심히 뛰고 노력하여 얻어지는 성취감들. 세상은 그렇게 작은 씨앗의 꿈틀거림처럼 작아보입니다. 한 걸음 한 걸음이 모여 최선을 다해 마음을 비우고 하늘 한번 올려다보면 넉넉한 여유를 소유한 정상에 올라있겠지요.

Amanda Marshall - Believe In You (당신을 믿어요)

강 건너 흐르는 물을 봐
몽상가가 꿈을 찾고. 방랑자는 자기 길을 찾으려 노력하지
누군가 말하는 것을 경청하고자 기다리고 있어

1972년생인 그녀의 음악들을 만나보시면 알겠지만 그녀의 분위기는 파워풀한 창법이 가슴을 탁 트이게 해주는 듯 하면서도 한편으로는 우수에 젖은 목소리를 가진 분위기 있는 록커입니다.
처음 듣자마자 분위기에 빠져들게 하는 마력을 갖고 있습니다.
캐나다 출신이며 〈Believe In You〉, 〈I'll Be Okay〉등의 노래를 불러 잘 알려져 있고 최근에는 Tuesday's Child라는 제목의 새 앨범을 발표하여 인기몰이를 하고 있는 것으로 알려져 있습니다.
세계적으로 지명도는 떨어지지만 자국 내의 인기는 슈퍼스타 앨라니스 모리셋에 버금갈 정도라는 평을 듣는 아티스트입니다.
이런 그녀를 두고 한 편에서는 10년 훨씬 넘게 활동을 해오는 여성 록커이면서 게이 록커로도 유명한 멜리사 에더리지(Melissa Etheridge)와 분위기 및 목소리가 비슷하다고 말을 하는 사람들도 있습니다. 잘못된 평가라고 하기에는 애매한 것이 멜리사와 아만다를 비교해서 들으시면 어느 정도 동의하게 됩니다. 많이 알려져 있는 록커도 아니고 내놓으라하는 수상 경력의 화려함도 없지만 듣는 이의 가슴으로 한번 파고들어 오랫동안 머무는 곡이라면 그것이 가슴을 울리는 화려한 수상 경력이 아닐까요.
첫 싱글인 〈Birmingham〉은 물론이고 이와 비슷한 〈Fall From Grace〉 또 맑은 피아노 인트로로 시작하는 〈Dark Horse〉 등에서 흙에 묻힌 진주를 발견하는 듯한 느낌을 받습니다.
그녀가 부른 첫 싱글이기도 한 〈Believe In You〉입니다.

Don Bennechi- Message Of Love (사랑의 메시지)

나의 잠자는 영혼을 깨운 사람
어둡던 나의 길을 밝혀준 사람
나의 미래의 등불이 되준 사람
이 세상에 한사람 그대 입니다
때론 어려운 시련 속에 힘든 적도 있지만
그대 내게 있기에 이겨낼 수 있었죠

우리나라에서는 잘 알려지지 않은 가수입니다만 블루스 계열의 음악을 하는 뮤지션입니다. 〈Message Of Love〉는 영어 버전과 이탈리아 버전으로 발표되었는데 국내 방송에서 가끔씩 시그널로 사용되면서 멜로디가 많이 알려졌습니다.

독일 고전주의의 대표자로서 세계적인 문학가이며 자연연구가였던 요한 볼프강 폰 괴테는

8월30일

"순간은 참으로 아름답다. 내가 하고 싶은 것을 위해서 공부하고, 일하고, 노력하는 이 순간이야말로 영원히 아름답다. 순간이 여기 있으리라.
내가 그와 같이 지낸 과거의 날들은 영원히 없어지지 않으리라. 이러한 순간에야말로 나는 큰 행복을 느낀다." 라는 말을 남겼습니다.

우리가 살아가는 세상은 바로 순간이 주는 혜택과 시간이 있기에 '살아간다'는 표현을 쓰고 있습니다. 철마다 산과 들에서 피어나는 꽃들도 순간의 아름다움을 위해 그 긴 겨울의 추위를 이겨내고 있습니다. 하물며, 지성을 가진 우리들이 순간의 소중함을 잊는다면 우리는 영원히 삶을 잃은 미아일 수밖에 없습니다.

Paula Cole – Where Have All the Cowboys Gone
(카우보이들이 모두 어디로 갔을까?)

어디에 내 존 웨인이 있을까요
어디에 초원의 노래가 있을가요
어디에 해피엔딩이 있을까요
카우보이들은 다 어디로 갔나요

메사추세츠 출신의 여성 싱어 송라이터인 그녀는 1968년생으로 버클리 대학에서 재즈를 공부하였고 92년과 93년에 있었던 피터 가브리엘의 월드 투어에 참여하기도 한 가수입니다. 1997년 8월 31일 영국의 전 왕세자빈 다이애너(당시 36세)가 사망한 우울한 날이었지만 그녀의 96년 발표곡 〈Where Have All The Cowboys Gone〉는 인기를 모으고 있었습니다.

94년에 이마고 레코드사와 계약하고 데뷔 앨범인 [Harbinger]를 발표하지만 얼마 후 회사의 파산으로 95년 워너 브러더스와 계약하게 됩니다. 마음 고생 끝에 드디어 1996년에 발표한 앨범 [This Fire]에 수록곡인 〈Where Have All The Cowboys Gone〉이 대성공을 거두며 본격적으로 이름을 알리는데 일조를 합니다.
[This Fire]에 수록된 곡으로는 〈Throwing Stones〉, 〈I Don't Wanna Wait〉이 있는데 이곡은 영화 〈City Of Angel〉 OST에도 수록된 바 있습니다
시원하면서도 편안한 음색을 가진 폴라 콜은 '음악은 스스로 깨우쳐야 한다. 그래서 레코드나 라디오를 별로 듣지 않는다. 지금의 메인스트림 음악과 내 음악에 차이가 있는 것은 바로 그 이유 때문이다.'
라고 당당하게 말하는 가수 중 하나입니다. 그녀를 성공의 길로 인도한 〈Where Have All The Cowboys Gone〉입니다.

Bevinda - Ja esta (이젠 됐어요)

나는 지금 당신이 어디에 사는지 알고 싶지 않네요, 어제 온 편지는 읽기 싫어요
열어보지 않은 편지
당신을 추억하지 않고 하루를 더 보낼 겁니다
어둠이 나를 찾아왔네요
당신이 떠난 날 우리 사랑은 이미 끝이에요

포루투갈의 민속 음악인 파두는 우리의 한과 정서가 비슷해서 타 국가보다도 유독 우리나라에서 사랑받고 있습니다.
〈Ja esta〉는 양희은의 [사랑 그 쓸쓸함에 대하여]를 1961년생인 포루투갈 출신의 베빈다가 불러서 히트한 곡입니다. 2002년 내한 공연 후에 더욱 국내 팬들에게 사랑 받고 있습니다.

가을의 시

시인 김은영

9월 1일

가을, 누군가를 사랑하고 싶은 계절

창문을 열면 아직 그 자리를 맴도는 사람 나의 가슴속으로 들어와 대못으로 박힌다

누군가를 사랑 할 수 없음에 시린 가슴과 가슴사이로 너의 눈빛에 고개를 주억거리

는 이 계절이 지금 나의 가슴속에서 낙엽이 되어 떨어지고 있다

아직 못 다한 말들은 거기 그렇게 발끝에 머무는데

너는 아직 잎새 떨구지 않은

수려한 단풍나무로

그 자리에 서있구나.

윤형주 - 바보

하고픈 말 아직도 많은데 언제나 전해 줄까
바보 같이 눈물이 뺨으로 자꾸만 흘러내리네
설마 나를 두고 갈까
다시 못 만날까 네가 그렇게 좋아
이 세상이 모두 내꺼 같다더니

1971년 DBS 라디오 0시의 다이얼 DJ로 데뷔하였으며 가객 송창식과 함께 트윈폴리오 멤버로서 70년대를 풍미한 가수입니다. 광고음악을 다수 만들어 1978년 동아광고대상을 받기도 하였습니다.

9월 2일

하나가 생기면 반을 나누어 주고 열이 생긴다 해도 하나만 가지고 나머지 아홉은 가지지 못한 자에게 아낌없이 베풀어 주며 더 줄 것이 없어 발을 동동 구르는 바보 같은 사람 하나 만나고 싶다.

김종원 시인의 「이런 사람 하나 만나고 싶다」에 나온 글입니다.
착한사람이 바보 취급 받는 세상이 지금 우리들이 사는 세상입니다. 바보가 되더라도 세상의 순수함에 따뜻한 눈길을 건네는 그런 사람 되고 싶지 않으십니까?

Tammy Wynette - Stand By Your Man
(당신의 남자 친구가 대기하고 있어요)

때로는 여자이기 너무 힘들어요
오직 한 남자에게만 사랑을 쏟아야 하니까요
그대 고통스러울 때
즐거운 시간을 보낼 수도 있지요
남자는 그대가 전혀 이해할 수 없는 일을 하면서
하지만 진정 사랑한다면 그를 용서해 주세요

미국 미시시피 주 이타왐바 카운티에서 태어나서 컨트리 음악의 퍼스트 레이디로 불릴 정도로 컨트리 음악 팬들로부터 사랑을 받아왔습니다. 지극히 평범한 것 같으면서도 듣는 이의 마음을 정화시켜주는 부드러운 곡이 특징입니다. 미국에서는 국민가요로 불릴 정도로 유명한 곡입니다. 사랑에 대해 자유로운 사람은 아무도 없을 것입니다. 누구나 사랑에 대해 고민하고 아파하고 힘들어하지요. 사랑과 용서만이 사랑을 길게 오래도록 유지할 수 있나 봅니다.

9월 3일

너무 좋아할 것도 너무 싫어할 것도 없다. 너무 좋아해도 괴롭고 너무 미워해도 괴롭다. 우리가 알고 있고 겪고 있는 모든 괴로움은 좋아하고 싫어하는 이 두 가지 분별에서 온다고 해도 과언이 아니다.

사랑의 아픔도 사람을 좋아하는데서 오고 가난의 괴로움도 부유함을 좋아하는 데서 오고 이렇듯 모든 괴로움은 좋고 싫은 두 가지 분별로 인해 온다.

그렇다고 사랑하지도 말고 미워하지도 말고 그냥 돌처럼 무감각하게 살라는 말이 아니다. 사랑을 하되 집착이 없어야 하고 미워하더라도 거기에 오래 머물러서는 안 된다는 말이다.

법정 스님의 말씀입니다.

Richard Marx - Right Here Waiting (여기서 당신을 기다려요)

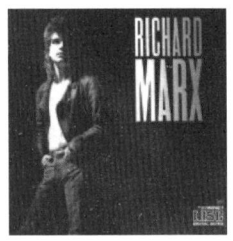

바다를 사이에 두고 하루하루가 가고
나는 서서히 미쳐가고 있어
전화로 당신 목소리를 듣지만
그런다고 이 고통이 멈추진 않아
당신이 곁에 있는 것도 볼 수 없는데
어떻게 영원 운운할 수 있을까
당신이 어디를 가든, 당신이 무엇을 하든
난 그냥 여기서 당신을 기다릴 거야

1963년 9월 16일에 미국에서 출생하였습니다. 데뷔는 1987년 1집 앨범 [Richard Marx]로 데뷔하였고 1987년 〈Hold On To The Night〉로 빌보드 싱글 차트 1위를 하였습니다.
2003년에는 제46회 미국 그래미 시상식에서 올해의 노래상을 받기도 했지요.
발라드 팝의 대명사로 90년대에 고등학교 대학교를 다녔던 국내 팬들에게는 독보적으로 인기 높았던 가수입니다. 사랑하던 애인이 멀리 있나봅니다. 미쳐가고 있다고 말할 정도네요.

9월 4일

"이 세상에는 여러 종류의 병이 있다. 결핵, 암, 그리고 한센 병 등 세상에는 무서운 병들이 참 많다. 그러나 이보다 더 크고 중한 병이 있다.
아무도 돌보지 않고 사랑하지 않고 필요로 하지 않는 것. 이것이 가장 큰 병이다. 육체의 병은 약으로 치유될 수 있다.
그러나 고독과 절망과 좌절의 유일한 치료제는 사랑이다. 세상에는 빵 한 조각이 없어서 죽어가는 사람들이 많다. 하지만 사랑이 없어서 죽어가는 사람들이 더 많다.

마음 절절하게 공감하는 마더테레사 수녀님의 글입니다.

Al Stewart - The Palace Of Versailles (베르사이유 궁전)

왕들은 이미 목숨을 잃었고
신하들은 어디에도 찾아볼 수가 없네요
로베스피에르의 이름으로
우리들은 그들의 저택을 불태워버렸죠
우리는 아직도 새로운 날이 시작되기를 기다리고 있어요
우리의 시절은 바람 속으로 사라져 버렸지요

1945년 9월 5일 스코틀랜드에서 태어난 후, 1960년대 중반 영국 런던을 중심으로 만발했던 포크 무브먼트로부터 직접적인 영향을 받았습니다. 몇 번의 시행착오 끝에 걸작 음반을 내놓아 인정을 받은 칠전팔기의 주인공이기도 합니다.

그에게 음악적인 깨우침을 준 아티스트는 밥 딜런과 도노반, 그리고 존 레논처럼 사회적인 관점을 중요시한 인물들이었는데 1960년대 영국과 미국을 포함한 전 세계 포크 음악의 물결이 일자 알 스튜워트도 서서히 기지개를 켰습니다. 60년대 후반부터 70년대 초반까지 음반들은 외면을 받았습니다. 포크 록을 유지하되 그 방법론에서 여러 차례 시행착오를 거친 후 70년대 중반부터 서서히 두각을 나타냅니다. 우리에게 알려진 〈Road to Moscow〉가 수록된 1974년의 [Past-Present& Future]부터 본인만의 색깔을 구현하기 시작하면서 마침내 76년과 78년에 공개한 걸작 〈Time Passages〉를 통해 전 세계적인 뮤지션으로 거듭납니다.

하지만 알 스튜워트의 화려한 시절은 80년대 뉴웨이브와 팝의 물결에 의해 후퇴했고 이후로도 꾸준한 신보 제작과 무대를 통해 활동을 계속했지만 예전만큼 호응을 거두지는 못했습니다.

오늘은 전인권이 〈사랑한 후에〉라는 제목으로 번안해 불러 크게 사랑 받았고 다시 2000년에는 록커 박완규가 2집에서 〈사랑한 후에〉를 리메이크해 팝의 명곡이자 가요의 고전으로 격상되기도 했던 〈The Palace Of Versailles〉을 소개합니다. 바스티유 감옥을 무너트리고 저택을 무너트린 프랑스 혁명을 소재로 노래합니다.

Turtles - Happy Together (함께 행복)

그대와 함께라면, 하늘은 온통 파랄 거에요
그대와 나
운명의 주사위가 어떻게 던져졌든
우린 이렇게 돼야만 했어요, 나에게 단 하나뿐인 이는 그대
우린 함께 이렇게 행복합니다

1967년 2월에는 싱글 〈Happy Together〉를 발표하였는데 비슷한 시기에 발표된 비틀즈의 싱글 〈Penny Lane〉과 함께 빌보드 싱글 차트에서 치열한 1위 다툼을 벌인 끝에 결국 〈Penny Lane〉을 끌어내리고 3주간 1위 자리를 차지한 〈Happy Together〉는 영국 싱글 차트에서도 12위를 기록하며 히트를 하였습니다. 이 곡은 발표 이후 많은 가수들에 의해 리메이크되었고 광고나 영화의 배경 음악에 사용되며 사랑받았습니다.

9월 6일

평생교육이라는 말이 있는데, 대학생 아들을 둔 자매가 한 대학 같은 학과에서 고교 졸업 30년 만에 학위를 취득했습니다. 최옥자, 최순자 자매는 충북과학대학 학위수여식에서 나란히 환경생명과학과를 졸업, 전문학사 학위를 받고 30여 년 동안 못 배운 한을 마침내 풀어냈습니다. 게다가 전체 수석의 영광을 차지해 충북도지사 표창을 수상했습니다. 아들 친구들과 함께 공부한다는데 부담이 많았지만 '남편의 든든한 후원과 어려울 때 서로를 격려할 수 있어서 무사히 학업을 마칠 수 있었다.'며 '환경전문가가 되어 사회에 도움이 되는 일을 할 수 있도록 더욱 노력하겠다.'고 포부를 밝혀 주위 사람들의 가슴을 훈훈하게 했습니다.

배우려는 학생은 부끄러워해서는 안 된다는 하는 명언이 있습니다. 누구에게나 배움의 기회는 있습니다. 다만 그것을 실천하는 사람과 실천하지 못하는 사람으로 나누어져 있습니다. 그러는 점에서 볼 때 이 두 자매야 말로 망설이기보다는 실천으로서 우리에게 모든 일의 가능성을 보여주는 선봉자가 되었습니다.

Pretenders - Brass In Pocket (주머니 속에 쇠조각)

주머니에 든 놋쇠
나는 병에 들어있는 것을 사용함
내가 독창적으로 느끼는 목적
당신을 만들어가고, 당신을 만들고, 당신을 아는

프렌텐더스는 80년대 초반 뉴 웨이브 스타일의 록을 추구하며 당당히 등장하는 밴드입니다. 멤버 크리시 하인드는 미국 오하이오 주의 중소 도시 아크론에서 태어나 어린 시절부터 음악에 소질을 보였음에도 그저 평범하게 살아가다가 꿈을 버리지 못하고 영국으로 건너갑니다. 현실의 벽에 부딪혀 생필품가게 직원으로 일하면서 음악의 길을 포기하지 않고 배회하던 중에 영국의 음악 전문지에 평론을 보낸 것이 실린 계기가 되어 잠시 음악 평론가로서 활동합니다. 하지만 음악 창작에 뜻을 둔 그녀에게 남을 위한 평론은 맞을 리 없었고, 결국 프리텐더스를 결성합니다.이렇게 해서 탄생한 프리텐더스는 The Kinks의 곡을 리메이크한 데뷔 싱글 〈Stop Your Sobbing〉을 발표했는데 이것이 영국 전역에 히트를 기록해 이듬해에는 본격적인 셀프 타이틀 데뷔 앨범을 발표하게 됩니다. 이 앨범에서 〈Brass In Pocket〉이 싱글 커트 되어 빌보드 팝 싱글 차트 14위까지 오르며 프리텐더스는 인기 밴드가 됩니다.

이후에도 일원 중 기타리스트인 스코트의 약물중독으로 인한 사망과 하인드의 출산 등 여러 문제로 해체 직전까지 몰리지만 새 멤버를 영입시키는 등 재정비를 하면서 84년 프리텐더스의 가장 성공한 앨범이라 할 수 있는 [Learning To Crawl]을 발표해서 〈Back On The Chain Gang〉을 차트 5위까지 올려놓게 됩니다.

이들의 이야기를 하자면 끝이 없지만 이들을 인기 대열에 올라서게 했던 〈Brass In Pocket〉을 만나는 것으로 만족하겠습니다.

9월 7일

Ray Peterson-Tell Laura I love her (로라에게 사랑한다고 말해주오)

로라와 토미는 서로 사랑하는 사이였지
토미는 로라에게 모든 것을 주고 싶어 했다네
꽃다발, 선물 하지만 무엇보다도
결혼반지를 주고 싶었지
토미는 자동차 경주가 열린다는 광고를 보았다네
상금이 천달러라고 쓰여있었어

4옥타브를 넘나드는 고음과 맑고 파워풀한 목소리의 소유자입니다. 1935년 4월 23일 미국 텍사스 주 덴톤에서 출생했으며 그는 아주 어릴 때 소아마비에 걸려 다시는 걷지 못할지도 모른다는 두려움 속에서 살아야만 했으며, 병원에 있는 동안 위안을 받고자 노래를 시작하였습니다. 노래 속 로라와 토미는 연인입니다. 토미는 로라에게 결혼반지를 사주고자 자동차 경주에 참여하지만 토미는 사고로 숨지며 로라에게 사랑을 전하는 슬픈 내용을 담고 있습니다.

9월 8일

장수를 기원하는 인간의 수명은 몇 살까지 연장될 수 있을까요?

캐나다 오타와심장연구소 로버츠 박사는 전문가들을 대상으로 실시한 강연에서 사람 수명이 150살까지 늘어날 것이라고 전망해 눈길을 끌었습니다. 내셔널포스트 보도에 따르면 북미지역 최고의 심장병 전문의 중 한 명으로 꼽히는 로버츠 박사는 많은 과학자들은 과학기술의 발달로 향후 '100년 후 인간의 수명이 지금의 2배로 연장될 수 있다.'고 믿고 있다고 밝혔습니다.

그는 1900년 인간의 평균수명은 36살에 불과했는데 2000년에는 80살로 2배 이상 늘었다며 같은 추세가 향후 100년 후에도 가능하다고 주장했다고 하는데 더욱이 인간 게놈 프로젝트 연구 성과는 그 시기가 앞 당겨질 가능성을 보여주고 있어 2050년이면 평균수명이 150살로 늘어날 수 있을 것으로 전망했습니다.

Graham Nash – Prison Song (감옥의 노래)

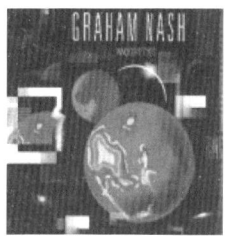

어느날 친구가 나를 옆으로 데려왔어요. 그리고 말하기를
나는 너를 떠나고 말거야
친구에게 물건을 구입한 후
그들은 내가 잘못된 행동을 했다고 말하네
너의 명예를 보호하기 위해
그들은 내가 너를 떠나야만 무사할 거라고 말하네
그래서 자 나는 너에게 안녕을 말하려고 해

그레암 내쉬는 한때는 그룹 홀리스(Hollies)의 멤버로도 활동했고 닐영과 함께 크로스비 스틸스 내쉬 앤 영(Crosby, Stills, Nash And Young)을 이끌어갔던 아티스트입니다.
1960년대 말, 미국에 히피 문화와 반전 운동이 번질 때, 닐 영이 미국 오하이오주에 있었던 캔트 스테이트 대학교의 반전 시위 중에 경찰 발포 사건으로 4명의 학생이 숨진 사건 이후 즉흥적으로 만들었습니다.
특히 이 곡은 미국 반전 운동에 불을 당기는 한 편, 록 역사상 파급력이 가장 컸던 저항 음악의 한 기둥이 되었습니다.

9월 9일

이 노래는 영화 〈해피엔드〉의 삽입곡으로도 쓰였습니다. 하모니카로 시작되며 애수에 젖어들게 하는 곡입니다.

실제 교도소에 있는 분들의 복장을 보면 하나 같이 어두운 색 복장입니다. 교도의 의미는 죄를 씻고 새로운 사람으로 태어나라는 의미도 있습니다. 기회를 주어야 하는데 칙칙한 복장으로 생활한다면 교도를 하려는 의도로 봤을 때 적절하지 않습니다. 지난 1957년 이후 교도소의 어두운 복장이었던 청색과 회색의 제소자복이 드디어 바뀐다고 합니다. 법무부는 밝은 하늘색과 시원한 청록색 그리고 여성 재소자를 위한 장미색까지 밝고 산뜻한 복장의 제소복으로 확정했다고 하는데 이런 밝은 색들이 수용자들의 심리 치료와 인권 향상에 도움 줄 것으로 기대하고 있습니다.

Box Tops - The Letter (편지)

비행기 표 하나 주세요
특급열차도 너무 느려요
외로운 날들은 지났어요, 나는 고향으로 가요
사랑하는 그녀가 편지를 했으니까요
돈이 얼마라도 상관없어요
내 사랑에게 돌아가야 해요
외로운 시간은 지났어요, 나는 집으로 가요

백인 5명으로 67년 멤피스에서 결성되었습니다.
같은 해에 발표한 데뷔 싱글 〈The Letter〉 짧은 곡이지만 국내 팝 팬들에게 지금도 꾸준하게 사랑받는 명곡입니다.
특히 이곡은 멤피스 사운드의 영향을 받아 흑인적인 체취가 풍기는 보컬로 대히트를 기록하였죠. 엘비스 프레슬리, 오티스 레딩, 부커티와 엠쥐스와 같은 대스타를 배출한 멤피스 사운드의 환경 속에서 소울 뮤직과 프로그레시브 록의 요소를 가미시킨 것이 박스탑스의 특징입니다.

9월10일

밤을 세워가며 쓴 편지가 아침에 일어나서 보면 휴지통으로 던지고픈 손발이 오그라드는 내용을 쓰게 됩니다. 그렇지만 오늘은 부모나 친지 또는 친구들에게 직접 한통의 편지를 쓰는 것은 어떻겠습니까?
단 한 줄이라도 정성의 마음을 싣는다면 훨씬 더 따스한 시간들이 될 것이라 믿습니다. 사랑의 편지를 오늘 써보세요.

Semino Rossi-Solo Hay Una Para Mi (오직 나만을 위해 있어줘)

오직 나만을 위해 있어 주오.
때론 눈물도 흐르겠지 그리움으로
때론 가슴도 저리겠지 외로움으로
그대를 사랑했지만
그저 이렇게 멀리서 바라 볼 뿐
다가설 수 없어
지친 그대 곁에 머물고 싶지만
떠날 수 밖에
그대를 사랑했지만

알젠틴 출신 가수 그는 1962년 알제틴에서 태어나 1982년 독일로 이주하였으며 멋진 목소리와 풍부한 가창력으로 유럽 전역에서 인기를 누리고 있습니다. 가사를 보면 우리나라의 가객 김광석이 부른 〈사랑했지만〉과 가사가 일치하는 부분이 있습니다. 이 노래는 듣는 이를 시인으로 만들어줍니다.

어떻게 당신을 잊을 수가 있을까요

나인화

9월11일

하루가 참 길어요. 이것이 당신이 떠난 후의 하루라는 것을 당신은 알고나 있을까요? 당신이 준 시간이 거짓이었다 해도 모든 말이 꿈이었다 해도 이렇게 나는 당신의 하루와 사는 걸요. 그댄 어떤가요. 웃으며 살아가는가요? 가끔은 나를 생각해 주나요? 아직도 나는 울리지 않는 전화벨의 슬픈 침묵을 지켜보는 걸요. 꿈에서도 당신만 보면 울어버리는 나인데 어떻게 당신을 잊을 수가 있을까요? 하루가 참 아파요. 이것이 당신이 떠난 후의 하루라는 것을 그대 알기는 하는가요? 당신이 주신 이별보다 지금은 당신이 날 더 아프게 하는 걸요. 그댄 괜찮나요? 아무렇지도 않은가요. 가끔 생각은 해주나요. 아직도 나는 습관처럼 당신을 기다리는 걸요. 비슷한 사람만 만나도 바보처럼 되어 버리는데 어떻게 당신을 잊을 수가 있을까요?
당신 없는 하루가 이렇게 아픈데.

정태춘 - 촛불

소리 없이 어둠이 내리고
길손처럼 또 밤이 찾아오면
창가에 촛불 밝혀 두리라 외로움을 태우리라
나를 버리신 내 님 생각에 오늘도 잠 못 이뤄 지새우며
촛불만 하염없이 태우노라, 이 밤이 다가도록
사랑은 불빛 아래 흔들리며 내 마음 사로잡는데

1954년 10월 10일에 출생하였으며 1978년 1집 앨범 [시인의 마을]로 데뷔하였습니다. 인사동 카페 골목에 가면 정태춘 박은옥 부부의 음악 많이 흘러나옵니다. 가을을 연상시키는 두 부부의 정감 어린 목소리는 옛 고향을 떠오르게 합니다.

9월12일

케익에 초를 꽂는 풍습은 한 부모의 자식 사랑에서 시작되었습니다. 유아 사망률이 높았던 13세기경 독일에서 킨다 페스티라는 아이의 생일 축하 잔치가 벌어졌습니다. 그 부모는 생일을 맞은 아이를 위해서 그 나이에 하나 더 많은 양초를 케이크 위에 켜놓고 저녁까지 촛불을 끄지 않다가, 저녁식사 때에야 불을 불어서 끄게 했습니다.

한 해라도 더 오래 살라는 장수의 마음을 하루 동안 기원하기 위해서였습니다. 그 뒤 생일 케익에 초를 꽂는 풍습은 세계로 퍼졌는데 다만, 당시 나이보다 초의 수를 하나 더 많게 하여 미래를 기원하던 것이 지금 생일 맞은 이의 나이 수와 같도록 변형되었습니다.

하지만 그 때나 지금이나 똑같은 것이 있다면 생일은 모두 부모님과 연결되어 있다는 것입니다. 생일은 부모의 사랑을 확인하는 날입니다.

영턱스클럽 - 못난이 콤플랙스

얼굴도 잘생기고 멋있어
그래서 주위에는 여자친구
항상 많았었지 하지만 그앤
나랑은 전혀 어울릴 수 없었어
이런 못생긴 나 관심조차 있겠어

최승민, 지준구, 박성현, 한현남으로 이루어져 있으며 1996년 1집 앨범 [정]으로 데뷔하였습니다. 댄스 음악인데 트로트에 가까운 뽕짝의 느낌이 노래를 경쾌하게 불러 많은 인기를 얻었습니다. 이 곡은 〈정〉과 더불어 타이틀곡이었습니다. 겨울 분위기가 물씬 풍기는 멜로디와 톡톡 튀는 가사로 사랑받았습니다. 못난이 콤플렉스를 극복한 후 잘생긴 그 아이에게 귀엽게 고백하는 내용입니다.

컴플렉스 유형

9월13일

★능력 콤플렉스 형
능력 있는 남자가 예쁜 여자를 얻는다라고 믿는 남자들이 이런 경우인데 의외로 열등감이 심하며 자격증이나 학력 따위에 목을 매고 친한 친구마저도 경쟁자로 여기며 요령껏 출세하는 형입니다.

★차남 콤플렉스 형
무거운 의무 대신에 재산상 보호를 받는 장남과는 달리 아무런 보장 없이 사회에 던져지기 때문에 시행착오를 거치면서 고난과 개척 끝에 성장해나가는 경우가 많고 진취적이고 모험적인 사고와 행동이 불가피하기 때문에 장남에 비해 큰 일을 이뤄내는 경향이 많은 형.

Harry Belafonte - Erev Shel Shoshanim (밤에 피는 장미)

장미꽃으로 가득한 저녁에
작은 숲으로 나가보세요
향신료와 유향으로 가득한
당신을 위한 아름다운 길을 따라서
이제 서서히 밤이 다가와
산들바람에 향긋한 장미꽃향이 풍겨오면
당신에게 조용히 노래 부르고 싶어요
당신에게 바치는 사랑 노래를

칼립소 음악의 제왕인 존 바에즈, 밥 딜런 등과 함께 당대의 대표적인 저항 뮤지션입니다. 그는 1927년 3월 1일 뉴욕 할렘에서 태어났습니다. 그는 미국의 민요와 서인도제도의 음악을 결합하면서 두각을 나타냈고 칼립소 붐을 정점으로 끌어올렸습니다. 이 곡은 1977년도에 우리나라 가수 이명우가 〈가시리〉라는 제목으로 번안해서 부르기도 했습니다.

자메이카 출신 부모 사이에서 태어난 그는 8세 때 어머니와 함께 자메이카로 돌아가 5년 동안 거주하였고 나중 미국 뉴욕에 돌아와서 유년기의 경험을 잊지 못해, 서인도 제도의 음악 특히 칼립소의 연구와 녹음에 집중합니다.

1956년 앨범 [Calypso]로 전미 차트에 무려 31주간 정상을 차지하게 됩니다. 지금도 칼립소를 대표하는 2곡의 명작 〈Jamaica Farewell〉, 〈Day-o(Banana Boat Song)〉이 그 음반에 수록되었습니다. 이 곡들은 전국적으로 히트하며 해리 벨라폰테에게 칼립소의 왕이란 칭호를 안겨줬습니다. 특히 1959년 그는 클래식 음악의 전당 카네기홀에서 이틀간 정신장애아들을 위한 자선공연을 가졌고 이 공연을 프로듀스한 밥 볼라드는 벨라폰테에게 성공 가능성이 있으나 위험한 도박을 제의합니다.

그건 카네기 공연실황을 한번 녹음해보자는 제의였습니다. 실황 음반으로 제작해서 배포하겠다는 것이었습니다. 공연 가운데 생생한 순간을 포착했다는 평가를 얻은 앨범 [Belafonte At Carnegie Hall]이 나왔습니다.
2장짜리 LP로 구성된 이 앨범은 벨라폰테 개인의 영광을 넘어 라이브 앨범의 역사에 있어서도 획을 그은 작품이란 더 큰 영광을 수확해냅니다. 지금으로부터 50년도 전인 그 시기에 이런 분위기의 실황 앨범이 가능했다는 자체가 놀랍습니다.
그것이 녹음기술에 힘입은 것이었음은 앨범이 이듬해 그래미상 시상식에서 베스트 엔지니어링 상을 받은 사실로 입증되었습니다.
밥 볼라드는 그것을 단적으로 '카네기홀 전체가 노래하고 진동하고 있다.'고 묘사했습니다.
해리 벨라폰테가 칼립소와 서인도제도 음악만 전문으로 다룬 건 아니었습니다. 이 앨범 이전부터 흑인의 민요를 중심으로 하되 미국인들이 소화 가능한 민요라면 인종과 국적을 따지지 않고 대중화를 위한 진전을 꾀했습니다. 미국의 흑인영가, 미국 남부의 흑인 블루스, 이스라엘 민요, 아일랜드 민요, 멕시코 민요 등은 이미 전작들에서 불렀던 노래들입니다.
1960년대, 벨라폰테는 당시 무명이었던 남아공 출신의 미리암 마케바를 발견하여 음반 [An Evening With Belafonte/Makeba]에 참여시키면서 자연스럽게 미국 음악 시장에 소개하기도 합니다.
그리고 이어 나나 무스꾸리의 재능을 알아본 해리 벨라폰테는 나나 무스꾸리에게 음반 작업을 제안합니다. 그리하여 만들어진 1966년도에 발매된 불후의 걸작이 바로 [An Evening With Belafonte/Mouskouri]입니다.
그는 이후 1985년 USA for Africa 운동과 유니세프 친선 대사 자격으로 세계 곳곳을 방문하는가 하면, 로버트 알트만 감독의 영화 〈캔사스 시티〉에서 암흑가와 밀착한 냉혹한 수전노 역을 맡아 열연하는 등 자신의 음악 외적인 부분에서도 왕성한 스태미너를 뽐냈습니다.

장병우 – 기억 속의 카페

바람 부는 어느 날 그대를 처음 만났던
아름다운 카페에서 음악이 흐르는데
지나가는 사람들과 가을이 흐르는 거리
흩날리는 낙엽들은 외로움을 더하네

그대 내게 미소를 띄며 사랑한단 말을 했었지만
이제 내게 그대 모습 기억 속에만 있어
사랑한단 말을 해도 대답 없는 너에게
나는 오늘 다시 여기 카페에 앉아
그대 모습 그려보며 그댈 불러보네요
오, 내 사랑아

히트곡으로는 〈가끔씩〉, 〈사랑은 바람을 타고〉, 〈내 모든 것을 잃어버려도〉, 〈그대 곁에서〉, 〈그대는 나의 사람〉이 있습니다.
1982년~85년까지 군부대를 다니며 위로 공연을 하는 중앙 문선대 가수로 활동하였습니다. 1987년 가요계 정식으로 데뷔 [아직 가보지 못한 숲]으로 하였고 옴니버스 앨범 [또다른 기쁨]과 피아노 트리오 앨범을 발표하였습니다.

사람들은 어떤 일이 닥쳤을 때 그 일의 문제점을 찾아 해결하기보다는 먼저 고민부터 하며 걱정을 하는데 걱정만 한다고 해결되는 일은 하나도 없습니다.
뜻이 있는 곳에 길이 있다는 말처럼 고민하기보다는 자신의 뜻을 가지고 펼치다보면 아무리 큰 일이라도 의외로 잘 풀리는 것이 우리 사람의 일입니다. 고민하지 마십시오. 순리대로 풀면 풀지 못할 일은 없습니다.

Freddie Aguilar - Anak (내 아들아)

큰소리로 네 마음을 말해보렴
우리가 너에게 뭘 잘못했는지 말이야
그런 너는 어느새 나쁜 길로 접어들고 말았구나
아들아 넌 지금 망설이고 있어
우리가 너의 외로움을 덜어 주련다
네가 가야 하는 곳이 어디든지 우리는
항상 문을 열고 너를 기다리고 있단다

 세계 28개국에서 번안되며 당당히 800만 장의 판매고를 올렸습니다. 필리핀 타갈로그어로 자식이라는 뜻의 아낙(Anak)은 부모와 자식 간에 벌어지는 감정적인 갈등을 그린 곡입니다. 요즘 게임과 인터넷에 물든 아이로 인해 부모와 자식 간의 대화가 드문 요즘입니다. 어느 때보다도 가정에 대화가 절실한 시기입니다.

컴퓨터 게임은 더 많은 영역을 차지하고, 적을 죽여서 자신의 레벨을 올리는 게 목적이지만 우리가 어릴 때 하던 놀이는 이기는 게 목적이 아니었습니다.
달리기를 할 때는 키 큰 아이가 작은 아이보다 대여섯 걸음 뒤에서 시작했고 구슬치기를 할 때는 구슬이 없는 아이에게 나누어 주거나 구슬을 다 잃은 아이에게 자기가 딴 구슬의 절반을 돌려주고 다시 시작하기도 했었습니다.
놀이를 하는 건 서로 즐겁고 행복하기 위해서입니다.

9월16일

Jefferson Starship - Count On Me (날 의지하세요)

별이 떠있고 사랑의 분위기에 빠져드네요
그렇게 진실하게 소녀여 나에게 의지하세요
나의 사랑하는 여인이여 날 의지하세요
나의 사랑 날 의지하세요 당신을 알게 되네요
에머럴드 눈동자와 중국산 향수
수레바퀴에 끼어 사랑의 느낌 속에 방황하게 만드는 군요

제퍼슨 에어플레인(Jefferson Airplane)이란 그룹 명으로 1965년에 결성하였습니다.
6인조 포크 록 그룹 제퍼슨 스타쉽은 현재까지 사랑과 우정을 노래하는 그룹으로서 활발한 활동을 펼치고 있습니다. 미국의 오하오주 신시내티 출신의 보컬리스트인 마티 밸린과 샌프란시스코 출신의 기타리스트 폴 캔트너를 주축으로 해서 결성되었으며 워싱턴 출신의 기타리스트 요머 코코넨과 베이시스트 잭 캐서디, 드러머 스펜서 드라이덴, 그리고 멤버 중 유일한 여성이며, 제퍼슨 에어플레인에 가입하기 전의 남편 제리 슬릭과 함께 그레이트 소사이어티란 5인조 그룹을 만들어 활동하던 모델 출신의 여성 보컬리스트 그레이스 슬릭(Grace Slick)을 포함시켜 결성하였습니다.

앤드루 매터스는 『마음가는 대로 해라』에서 이렇게 말했습니다
"새벽에 일어나서 운동도 하고 공부를 하고 사람들을 사귀면서 최대한으로 노력하고 있는데도 인생에서 좋은 일은 전혀 일어나지 않는다고 말하는 사람을 나는 여태껏 본 적이 없다."
그렇습니다. 앤드루 매터스의 말처럼 자기 일에 최선을 다하고 있는 사람은 매 순간 좋은 일이 일어날 것이고 자기 일에 최선을 다하지 않는 사람은 늘 좋지 않은 일만 일어난다고 투덜거릴 것입니다.
여러분은 어느 쪽을 택하겠습니까?

Lou Christie – Saddle The Wind (바람에 실려)

나의 꿈은 그녀의 세상에서 살고 싶은 것
순풍에 날아다니는 저 새가 부러워
이 세상 울안에서 벗어나고 싶어
또다시 그 길을 밟지 않으려고 바람을 등지고
나는 그대가 살던 곳으로 차에 몸을 싣고 한없이 가네
그대 곁에 닿을 때까지

66년에 루 크리스티(Lou Christie)가 불러 우리나라에서만 히트한 곡(하남석의 번안곡)입니다. 루 크리스티는 63년에 <The Gypsy Cried>, <Two Faces Have I>, <How Many Teardrops>등으로 인기를 높였습니다. 그의 가사를 살펴보면 그녀가 있는 세상으로 새처럼 날아가 그녀 곁에 있겠다고 합니다. 사랑하는 사람이 있다면 세상의 편견을 떨쳐버리고 적극적으로 달려가는 용기가 필요합니다.

9월 18일

'큰 통나무를 목적 없이 깎다 보면 이쑤시개가 되기도 하지만 어떤 목적을 갖고 깎다 보면 똑같지는 아니더라도 비슷하게는 된다.'
누구의 명언인지는 모르겠지만 참 좋은 말이라는 생각이 들었습니다.
모든 성공한 이들의 결실은 올바른 목적과 포기 하지 않는 진정한 용기에서 얻어낸 결과입니다. 여러분의 지난 시간은 어떠셨습니까?
혹시 물거품이 된 일에 스스로 닻을 내리시지는 않으셨는지요? 모든 일은 결과보다도 나아가는 길, 곳곳의 과정이 더 중요합니다. 포기하지 않는 용기로 다시 시작할 수 있는 시간을 가지세요.

Brian Adams – Everything I Do I Do It For You
(당신을 위해서라면 무엇이든 할 수 있어요)

내 눈을 보세요
당신이 얼마나 소중한지 알 수 있습니다
마음을 살펴봐요
영혼을 살펴봐요
그 안에 내가 있다면 더 이상은 찾지 않아도 되요
그럴 가치가 없다고 말하지 말아요
목숨을 버릴만한 가치는 없다고 말하지 말아요
내 말이 사실이라는 걸 알죠

캐나다 출신의 로커입니다. 캐빈 코스트너 주연의 영화 〈로빈후드〉의 주제곡으로 사용되었으며 영화음악 라디오 프로에서 단골로 신청되는 곡입니다.
약간의 허스키 보이스가 듣는 이들로 하여금 더 진한 향수를 느끼게 해주는 가수입니다.

9월 19일

주변에 복권 당첨이나 사업 성공, 미인이나 미남과의 결혼과 같은 큰 행복이 아니더라도 소소한 행복은 널려있습니다. 가까이 있는데도 그런 행복을 보지 못하고 큰 행복만을 바라고 현재의 소소한 행복을 버리고 있지요.
행복의 원칙은 멀리 있는 것이 아닙니다. 우리에게 있어서 가장 훌륭한 순간은 행복을 바라는 순간이 아니라 행복을 마음에 그려보는 순간도 행복입니다.
프랑스 상징파 시인 베를레느도 '완전한 행복은 존재하지 않는다.'고 했습니다. 여러분 행복하고 싶으면 행복을 구체적으로 상상해 보세요. 그러면 행복해질 것입니다.

Frank Sinatra- My Way (나의 길)

이제 마지막이 가까워졌어
내 생애 마지막 순간에 직면해 있어
어이 친구, 분명히 해두고 싶은 게 있어
내가 확신하는 바대로 살았던 삶의 방식을 얘기해 볼게
충만한 삶을 살았고, 많은 것을 경험하며 다녔지만
그보다 훨씬 더 중요한 것은
난 항상 내 방식대로 살았다는 거야
조금은 후회도 있었지
어떤 때는 지나치게 과욕을 부린 적도 있었지
하지만 그런 모든 일을 겪는 도중, 의심이 생길 땐 전적으로 신용했다가도, 딱 잘라 말하기도 서슴지 않았어
모든 것과 정면으로 맞서면서도
난 당당했고, 내 방식대로 해냈던 거야
사랑도 해봤고, 웃기도, 울기도 했었지
가질 만큼 가져도 봤고 잃을 만큼 잃어도 봤지.
이제, 눈물이 가신 뒤에 보니, 모두 즐거운 추억일 뿐이야
내 지나온 모든 걸 회상하니,
부끄럽지 않게 당당히 이렇게 말해도 되겠지
'난 내 방식대로 살았어요.' 라고

9월 20일

가수, 영화배우이며 1915년 12월 12일에 태어났습니다. 1941년 영화 〈Las Vegas Nights〉로 데뷔하였으며 1958년 골든글로브 뮤지컬, 코미디 부문 남우주연상을 수상하였습니다. 1961년에는 리플리스 레코드 회사를 설립하였습니다.

George Benson – Greatest Love of All (가장 위대한 사랑)

(세상은) 외로운 곳이에요
그래서 내 자신한테 기대는 법을 배웠죠
난 누구에게라도 기대어 살지 않겠다고
오래 전에 결심했죠
잘 되든지 잘못 되든지 내가 믿는 대로 살 거에요
내게서 모든 걸 앗아가더라도 내 존귀함만은
빼앗을 수 없어요

조지 벤슨은 기타리스트입니다. 1943년 3월 22일 미국에서 출생하였습니다. 데뷔는 1964년 1집 앨범 [The New Boss Guitar]로 데뷔하였으며 1980년 1983년 그래미 시상식에서 최우수 팝 연주상, 최우수 남성 R&B 보컬상, 최우수 R&B 연주상, 최우수 남성 재즈 보컬상을 받았습니다. 조지 벤슨의 이 노래에 의하면 세상에 제일 위대한 것이 사랑이라고 하는데, 삶의 가장 훌륭한 순간은 정말 사랑일까요?

9월21일 삶의 훌륭한 순간은 순수할 때입니다. 바보처럼 자기 일을 묵묵히 해나갈 때, 한 평생을 일해 대가(Master)가 되기도 하지요.

우리는 때때로 바보같이 한 가지 일만 묵묵히 하는 이들을 보고 바보라고 하지만 거기서 중요한 것은 어쩌면 우리가 바보라고 하는 이는 우리보다 훨씬 더 삶을 욕심 없이 훌륭하게 살아가는 것인지도 모릅니다.

Joni Mitchell- Both Sides Now (지금은 양쪽)

활처럼 휜 천사의 머리카락의 흐름
그리고 하늘에 떠있는 아이스크림 성
이곳 저곳으로 날아간 협곡
나는 그렇게 구름을 보고 있었죠
그러나 이제 구름은 태양을 가로 막고
모두에게 비와 눈을 내리게 하는군요
많은 일을 하려 했지만 구름이
앞을 막아 버렸어요
난 구름의 양면을 보았어요

살아있는 나날 속에서
나는 인생을 양면으로 봅니다
승자와 패자의 면에서 하지만 여전히
내가 돌아보는 인생은 환상이랍니다
인생이 뭔지 정말 모르겠어요

9월22일

1943년 11월 7일에 캐나다에서 태어났습니다. 2008년에 제50회 그래미시상식 최우수 팝 연주가상을 받았습니다. 1971년 앨범 [Blue]로 밀리언셀러를 기록했습니다.
캐나다앨버타 주(州) 포트매클레오드(Fort McLeod)에서 태어났으며 본명은 로버타 존 앤더슨(Roberta Joan Anderson)입니다. 1964년 토론토의 포크 클럽과 커피하우스에서 연주활동을 시작합니다. 포크 가수인(Chuck Mitchell)과 결혼했다가 헤어진 뒤 1967년 뉴욕에서 데뷔 앨범 [Songs To A Seagull]을 만들며 화려하게 데뷔합니다.

Bruce Springsteen - Sad Eyes (슬픈 눈)

매일 당신은 걸어오지
내 혀를 잡아당겨서 난 더 대화도 할 수 없어
당신이 행복하다고 그러면 된 거야
계속 가자고, 그대여, 나는 시간이 많아
슬픈 눈은 절대 거짓말을 안 하지
슬픈 눈은 절대 거짓말을 안 하지

블루컬러 즉, 노동자 층의 보스 또는 록의 보스로 불립니다. 그는 1949년 미국 뉴저지에서 태어났습니다. 20세기 미국을 빛낸 100인에 들어가 있을 정도로 팝음악 역사의 한 페이지를 장식하는 인물입니다.

외치듯 절규하듯 부르는 샤우트 창법으로 70년대 명반으로 꼽히는 〈Born To Run〉을 부르며 나타났습니다. 소외된 사람들 앞에 서서 그들의 절망 속에서 피어나는 희망을 부르다는 것은 그들에게 큰 위안이 되었습니다.

9월 23일

상업적으로 물들어가던 미국 록 음악의 역사를 다시 쓰기도 했던 브루스는 이렇게 엘비스 프레슬리와 밥 딜런과는 다른 차원에서 최고 록 가수로 불리게 됩니다. 일렉트릭 기타와 하모니카를 불면서 만든 그의 앨범을 듣다보면 브루스 역시 음악의 출발점은 포크라는 생각이 강하게 듭니다.

브루스는 1975년 가을 시사주간지 타임즈와 뉴스위크의 표지 인물로 실리게 되는 대단한 사건을 일으킵니다. 당시 두 주간지에 표지 인물로 나온다는 사실은 거의 세계를 좌지우지 하는 정치인이나 경제인이 주로 표지 인물로 등장했던 터라 더욱 록 스타가 실린다는 것은 당시로서는 파격적이었습니다. 하지만 이 대단한 사건은 그들을 좋아하는 팬들과 서먹해지는 계기가 됩니다. 없는 이들의 편이라고 믿고 있던 팬들은 어느 날 갑자기 유명 인사들의 표지에 실린 브루스에게서 배신감을 느꼈습니다. 당시 투어공연을 갖고 있었던 브루스는 이 상황에 대해 당황스러웠다고 심정을 고백했습니다.

그러나 거짓 없는 진실은 오해 속에서도 이겨내게 됩니다. 1984년 [Born In The U.S.A]라는 앨범으로 여전히 하얀 티셔츠와 너덜너덜한 청바지에 낡은 구두나 운동화를 신고 변함없는 서민들을 노래합니다.

그의 서민적인 모습은 하모니카 소리 속에서 〈The River〉(1980)라는 곡으로 팬들과 어우러지는 모습을 상상하면 더 잘 알 수 있습니다. 소외된 이들의 마음을 헤아리는 듯한 브루스의 음악 속에서 〈Sad Eyes〉를 느껴봅니다.

Ten Years After- I'd Love To Change The World
(난 세상을 바꾸는 것을 좋아했지)

어딜가나 괴짜와 싫어하는 놈들뿐이네
그리고 동성애자들 뿐이네
대체 제대로 된 곳이 어디있을까
더 이상 부자가 판치지 못하도록
부유한 사람에게는 세금을 부과하고
가난한 사람에게는 사례금을 돌려줘
이 세상을 바꾸고 싶어

영국 출신의 남성 4인조 블루스 록 밴드로 올드 록 마니아들 사이에서는 유명한 밴드입니다. 방송보다는 다운타운에서 더 큰 사랑을 받은 그룹입니다.
블루스 록 밴드가 세상을 바꾸고 싶다고 합니다. 세상에 나와 아이폰을 만들어 컴퓨터 시장까지 흔드는 스티브 잡스처럼 한번 세상을 흔드는 패기가 필요할 때입니다. 자, 음악을 듣고 기분도 전환하길 바라는 마음에 선곡해 보았습니다.

9월 24일

사람들은 지렁이를 징그럽다고 생각하지만 숲 속 낙엽을 청소하여 기름진 땅을 만드는데 그 누구보다 능숙한 것이 지렁이입니다.

도시의 가로수 잎은 사람들이 청소를 하지만 숲 속의 낙엽은 수많은 미생물과 지렁이 같은 작은 동물들이 청소를 하는 것인데 만일 이런 숲에 청소부가 없다면 온 세상 천지가 많은 낙엽으로 뒤덮이게 될 것입니다.

숲에는 낙엽뿐만이 아니라 죽은 가지, 나무껍질 종자도 떨어지는데 혹시라도 숲 속에 산책길로 나설 때 나뭇잎이나 땅 속에서나 숲 속의 작은 청소부들이 꿈틀거리고 있는 모습을 볼 수 있음을 감사해야 합니다. 그 속에서 우리는 안심하며 훗날 또 풍요로운 숲길을 거닐며 살아가고 있습니다.

이처럼 숲 속 작은 동물마저도 숨어서 자기 할일을 다하고 있습니다. 하찮은 미물도 이 땅의 비료 같은 역할을 하며 꿈틀거리고 있는데 우리는 얼만큼 이 땅의 비료로서 역할을 다하고 있는지 되돌아볼 필요가 있습니다.

Bird Thongchai Mcintyre – Sabai Sabai
(버드 통차이 맥인따이)　　(사바이 사바이)

우리나라에 국민가수로 조용필이 있다면 태국에는 이 버드 통차이 맥인따이가 있습니다. 톱텐 아시아 가수로도 올라있는 그는 Bird라는 예명으로 태국에서 널리 알려진 국민 가수입니다.
한 때 빌보드 뮤직 어워드에서 수상한 유일한 태국 아티스트로 태국영화 〈붉은 지붕집〉과 〈차오프라야의 석양〉에 출연하면서 연기를 시작하였고 현새 태국 연예게, 무대, TV, 영화에서 최고의 위치를 차지하고 있습니다.
버드는 룩퉁이라는 전통가요와 접목을 시켜 부르기도 했는데 40대라는 나이가 믿기지 않을 만큼 수려한 외모와 중년의 나이에도 댄스곡을 발표하는 정열을 품고 있습니다.
사바이 사바이(Sabai Sabai)란 편하다 또는 좋다는 의미의 태국말인데 노래 제목의 뜻답게 편하고 밝게 느껴집니다. 버드의 음악을 듣고 있으면 마치 우리나라의 음악 선율을 듣고 있는 것 같은 느낌을 받게 되는데 아마 같은 아시아인으로서의 공통된 모습을 많이 닮아서 인지도 모르겠습니다.
사바이와 함께 또 한 곡 권하고 싶은데 애절한 멜로디가 이끄는 사바이 프레(Sa Bai Prae)라는 곡입니다. 음악 들으시면서 우리나라의 국민 가수 조용필과 어떤 차이가 있는지 한번 비교 해보는 것도 좋을 것 같습니다. 그의 음악에서 은연 중 우리나라의 가요를 듣는 듯한 정겨움이 묻어납니다.

9월25일

George Michael – Faith (믿음)

네가 하는 게임을 난 다 알아
나 역시 하니까, 오 하지만
감정으로부터 떨어져있는 시간이 필요해 바닥에
떨어진 내 심장을 주워야해

그 사랑이 희생 없이 이리로 다가오면
좀 강한 남자가 필요하겠지
허나 난 네게 문을 보여줄게
믿음을 가져야해

1963년 6월 25일에 영국에서 태어났으며 1981년 남성 그룹 웸에서 1집 앨범 [Fantastic]을 발표하며 화려한 가수 생활을 시작하였습니다. 당시 터프한 외모와 뛰어난 노래 실력으로 마이클 잭슨에 버금가는 인기를 끌었습니다. 1997년 캐피털라디오 어워드 올해의 앨범상과 최우수남자보컬상을 수상하였습니다.

9월26일 광대뼈가 튀어나온 여성분들이 본인 얼굴을 두고 고민하는 것을 볼 수 있습니다. 팔자가 드세다라는 옛 속설이 있었던 것은 여자의 팔자가 세서 그런 것이 아니라 남성이 절대적으로 군림하던 옛날에 여성의 개성이 강하면 힘든 세상이었기에 그런 말이 나오지 않았을까 생각됩니다.

그러나 요즘은 옛날과 반대로 개성 천국 시대라고 해도 맞을 만큼 사람에게 개성이 없으면 어느 분야에서건 인정받기 어려운 시대가 되었습니다.

외국의 유명한 여배우 중에도 줄리아 로버츠나 미셸 파이퍼 등도 적절하게 광대뼈가 튀어나와 있습니다. 그런데도 광대뼈로 고민하다 광대뼈 축소 수술을 받는 사람들이 있는데, 무조건 작고 갸름하게 만든다 하여 아름다운 얼굴이 되는 것이 아닌 것 같습니다. 자신의 외모를 인정하는데도 신념과 믿음이 필요합니다.

Neil Young- After The Goldrush (황금시대 그후)

꿈에 갑옷을 뒤집어쓴 기사가 오는 것을 보았어
여왕의 소식을 외치면서 말이야
노래를 부르는 농부들과 북을 치는 고수들도 있었고
궁수는 나무를 반으로 쪼갰지
태양을 향해 흩날려 울려 퍼지는 팡파레가
산들바람에 실려 흘러가고
바지런히 미동하는 신록을 품은 어머니를 보네
바로 지금 21 세기에
나는 만월을 두 눈에 담고
불타버린 지하실에 누워있었어
구름 사이를 가른 햇빛이 하늘에 흐를 때
부드러운 변화가 오기를 소원했지

9월27일

토론토에서 출생한 닐영은 10대 때부터 밴드에서 활동했으며 1966년 미국으로 건너와 운 좋게도 버펄로 스프링필드의 보컬을 맡았습니다. 1969년에 솔로 데뷔 앨범 [Neil Young]을 발표했고, Crazy Horse와 함께 만든 앨범 [Everybody Knows This Is Nowhere](1969)가 히트했습니다.
그 후 그룹 크로즈비, 스틸스, 내시 앤드 영에 가담하여 앨범 [데자뷰](1970)를 발표합니다. 그리고 크레이지 호스와 함께 공연한 라이브 앨범 [Live Rust](1979)가 큰 호응을 얻게 됩니다.
1980년에는 테크노 리듬의 〈Trans〉(1982), 로커빌리 스타일의 〈Everybody's Rockin'〉(1983) 등 다양한 음악을 시도했고, 1989년에는 〈Freedom〉, 1990년에는 〈Ragged Glory〉를 발표하면서 평론가들의 찬사와 함께 성공을 거두게 됩니다. 1995년 로큰롤 명예의 전당 공연자 부문에 올랐으며 얼터너티브 록의 대선배로 불리웁니다.

Mariah Carey - Hero (영웅)

영웅이 있습니다
당신 가슴 속을 들여다보세요
당신 실체를 만나는 걸 두려워할 필요는 없습니다
그곳엔 답이 있습니다
당신이 당신의 영혼에 닿는다면 말이에요
그리고 당신이 알던 슬픔은 녹아 없어질 거에요

1970년 3월 27일 미국에서 출생하였습니다. 1990년 1집 앨범 [Mariah Carey]로 데뷔하였습니다. 보통 사람들은 3옥타브 정도로 노래를 하는데 그녀의 앨범 홍보 관계자에 의하면 그녀가 7옥타브의 고음을 낸다고 해서 음악팬들 사이에서 화제가 되기도 하였습니다. 음악 마니아 사이에서는 그녀가 내는 음이 7옥타브가 맞느냐, 맞지 않느냐로 설전을 벌였습니다. 가창력이 뛰어나 휘트니 휴스턴과 함께 90년대를 풍미한 여가수입니다.

9월28일

김춘희 할머니는 노점상을 해가며 한두 푼 모은 돈을 어려운 이웃에게 써달라며 모두 내놓았습니다.

평생 남을 돕느라 가정도 못 꾸리고 홀로 살아온 할머니는 모든 것을 내 놓은 뒤 "어차피 죽으면 누군가 가지고 갈 것 아니냐."며 아무 욕심 없이 편하게 죽고 싶다는 말로 자신의 심정을 밝혔습니다.

열개를 가진 사람이 다른 사람의 한 개를 욕심낸다는 말도 있습니다. 재물 앞에서 사람이면 누구나 욕심이 들게 마련인데, 모든 걸 나누어 주고 빈손으로 돌아가는 할머니는 빈털터리가 아니라 가장 많이 가진 사람이란 생각을 해보았습니다.

Quarterflash - Harden My Heart (마음을 단련함)

빗속에서 당신을 기다리며 구석진 곳에서 울고 있습니다
나는 두 번 다시 기다리지 않겠습니다
당신은 내게 여러 가지를 말하지만 당신은 거짓말쟁이였습니다
내 꿈의 이상형이었던 당신
내가 당신을 떠나리라고는 생각한적 없습니다
그러나 당신에게 알려주고 싶습니다

보컬에 린디 로스, 키보드에 릭 디지아로나도, 기타에 잭 찰스와 마브 로스, 베이스에 리치 구스, 드럼은 브라이언 데이비드 윌리스로 팀을 이루었습니다. 1981년 1집 앨범 [Quarterflash]로 데뷔하였습니다. 1980년에 그룹을 결성했다가 1985년에 그룹을 해체했고 1990년에 재결성하였습니다.
색소폰 소리를 듣고 있으면 생각지도 않았던 듣는 이의 몸에 잠재된 무서운 잠재력이 나올 것만 같은 멋진 곡입니다.

9월 29일

전 세계 어린이들을 텔레비전과 오락기에서 책으로 눈을 돌리게 한 해리포터 시리즈는 무명의 한 여성 작가를 베스트셀러 작가로 만들었습니다.
또 연간 판매량이 3만 켤레로 거의 무너져가던 허시파피 신발은 맨하튼의 이스트 빌리지와 소호에 사는 몇몇 청소년들이 신기 시작한 것이 미국 전역으로 퍼지면서 1995년 판매량이 43만 켤레를 기록했습니다.
이렇게 성공한 사람들은 젊은 시절에는 눈에 띄는 발전이 없었습니다. 그렇다고 조바심에 자신을 불신한다면 성공하기 어렵습니다. 또한 성공의 기회를 놓쳤다고 스스로 나이에 연연하면 성공은 힘이 듭니다. 사람의 전성기는 서른에 올 수도 있고 마흔에 올 수도 있고 심지어는 오십이나 육십에 올 수 있습니다.
마음을 단단히 단련하며 간절히 원하는 것을 기다려보세요.

Johnny Mathis - Because You Loved Me (당신이 날 사랑하기 때문에)

당신이 나를 일으켰던 시간들
당신이 볼 수 있게 해준 진리들
당신이 내 삶에 준 기쁨들
당신이 고쳐준 나의 옳지 못한 것들
당신이 이루었던 모든 꿈들
당신 안에서 찾았던 모든 사랑들을
항상 감사할께요

그는 한 때 프랭크 시나트라와 더불어 미국인이 가장 사랑하는 가수였습니다. 풍부한 음량을 바탕으로 음계를 길게 지속시키는 특유의 창법 즉 비브라토를 무기로 1950년대 후반 팝 음악계에 모습을 나타낸 이래 그는 손꼽히는 다작 아티스트였습니다. 지금까지 베스트 앨범 등을 포함해 100여 장이 훨씬 넘는 음반을 냈고 그 중 무려 60여 장을 차트에 올려놓았습니다.

1935년 9월 30일생으로 콜럼비아 레코드사의 책임자였던 미치 밀러의 눈에 띄어 팝 발라드 가수로 변신하며 성공 가도를 달리게 됩니다. 특히 1958년 발표한 히트곡 모음 앨범은 빌보드 앨범 차트에서 무려 490주 동안이나 머무는 기록을 세우기도 했습니다. 이 기록은 1983년 핑크 플로이드의 [The Dark Side Of The Moon]에 의해 깨질 때까지 최고 기록으로 남아 있습니다.

1960년대 들어 록 음악이 득세하기 시작하자 그는 싱글 보다는 앨범 발매에 치중을 하게 되고 다양한 컨셉 음반을 선보이는가 하면 1970년대엔 전통 팝 발라드에서 탈피해 소프트 록 넘버를 들려주기도 했습니다. 1978년 데니스 윌리엄스와 함께 부른 〈Too Much, Too Little, Too Late〉는 1957년의 〈Chances Are〉이후 무려 21년 만의 싱글 차트 1위곡으로 기록되었습니다.

이렇게 숨어있는 음악 기록자인 자니 마티스의 〈Because You Loved Me〉를 추천합니다.

Shine Dion – The Well (샘물)

푸른빛으로 덮힌 잔디에 있는 샘물 곁에
난 누워서 잠을 청하고 있네
은색을 띈 새가 내는 낯선 아름다운 소리들
나는 바라보고 있지만 아무 말도 하지 않네
거침없던 한 여자는 길을 따라 걸어오고
침묵과 함께
그녀 뒤편으로 노년으로 빠져드네

신비스러움과 조금은 어두운 낭만을 전해주는 노르웨이 출신의 혼성 포크 밴드입니다.
점성술사라는 특이한 이력을 지닌 여성 보컬리스트 얀 한센(Janne Hansen)과 일찍이 기타리스트와 작곡자, 프로듀서로 경력을 쌓은 페르 셀러(Per Selor)로 이뤄진 이 팀은 1990년에 결성되었습니다. 이후 노르웨이의 레이블을 통해서 1993년에 첫 싱글을 발표했으며 1998년에는 완전한 정규 앨범 [Killandra]를 발표하였습니다.
'달의 여신 Diona 뒤에서 빛나는 달'이라는 뜻의 그룹명에서도 느껴지듯이 이들의 작품에는 좀처럼 접하기 힘든 신비스러움이 담겨 있습니다.
보컬리스트 얀은 점성술가라는 직업답게 맑고 신비스러운 음색을 들려주며 기타와 작곡을 맡은 페르 셀러는 다분히 목가적인 포크 사운드를 그려내고 있는데 이들의 곡인 〈The Well〉은 신비스런 분위기를 느끼게 합니다.
가을에 들으면 좋은 신비로운 곡입니다.

Jimmy Cliff - Wonderful World Beautiful People
(멋진 세상 아름다운 사람)

오 멋진 세상 멋진 사람
너와 니 여자친구 충분히 예뻐질 수 있어
그러나 보이지 않는 이런 저런 비밀이 있어
아무도 다시 살 수 없어
세상에 시선을 던져서 오늘을 머물러봐
나는 네가 동의한다고 확신한다구
우리는 더 좋은 삶을 살 수 있어

1947년에 태어나서 영국에서 활동을 시작한 가수입니다. 1960년대 최고의 인기를 누리기 시작한 후 2004년에는 [Black Magic] 앨범을 발표하였고 호주와 뉴질랜드에서 활동하였습니다.
친구는 우리의 삶은 역경과 고난의 연속이라고 말을 합니다. 이런 친구가 있어서 아직은 즐겨볼만한 멋진 세상입니다.

목표를 실현하는 과정에서 누구에게나 힘들고 고통스러운 때가 있습니다. 그럴 때는 누구나 포기하고 싶은 유혹을 느끼게 됩니다. 그러나 시련이 닥칠 때 그것을 피하려 하지 마십시오. 피하고자 하면 시련 앞에 무릎을 꿇게 되니까요!
당당하게 부딪칠 때 우리는 그것을 극복하기 위해 창조적인 지혜를 발휘할 수 있고 성장할 수 있습니다. 시련은 또 다른 기회입니다.
어려움을 겪는 순간은 마음이 크게 열릴 수 있습니다. 만약 당신의 가슴에 큰 상처가 있다면 그 상처는 큰 에너지로 전환될 수 있는 가능성이 있습니다.
힘들고 혼란스러울 때 자신의 몸 안에서 진정한 힘과 휴식을 얻을 수 있습니다. 자신의 몸이 휴식처이고 에너지 발전소입니다. 몸이 당신에게 완벽한 휴식을 제공해 줄 것입니다. 그런 후에 스스로에게 '괜찮아' 하고 말해 주십시오. 그러면 여러분의 영혼과 몸이 편안해지고 새로운 힘을 얻게 될 것입니다.

Chava Alberstein - This Little Bird (작은 새)

누군가가 보낸 작은 새가 있어
바람 결에 살면서 세상 끝까지 실려가는
바람에서 태어나 그는 바람 결에 잠을 자
이 작은 새는 누군가 보낸거야

이스라엘의 존바에즈라고 불리는 가수입니다. 1946년에 폴란드에서 태어나서 이스라엘로 이주 후 이스라엘인으로 표현될 정도로 가수로서 확고한 위치를 다지게 됩니다.
그녀는 히브리어로 된 서정성 있는 시와 전통 유태 음악을 모체로 포크와 짚시 음악 프랑스 샹송의 서정성까지 접목시킨 아름다운 곡들로 사랑받고 있습니다. 그녀가 노래합니다. 새처럼 쉽게 볼 수 있는 생물마저도 다 자기 역할에 충실하게 살아간다고요.

도스토예프스키는 '전 우주가 비밀에 덮여 있다. 모든 마디충이나 풍뎅이 같은 벌레, 그리고 개미와 꿀벌까지도 이성은 소유하지 않았지만 놀라울 정도로 제 길을 바로 찾아갈 줄 알며, 그들 스스로 끊임없이 쌓아올리는 하나님의 비밀에 힘입어서 번식해 간다.' 고 하였습니다.

10월 3일

하찮은 미물이라도 자신의 길은 신기할 정도로 찾아내고 또 누가 시키지 않아도 자신이 할일이 무엇인지 정확하게 아는 모습을 종종 봅니다.
개미가 일렬로 진행하면서도 가는 모습이나 먹이를 나르는 모습이나 누에가 갇혀진 잠실 안에서 누에고치로 변해가는 모습들을 볼 때 마다 우리는 한번쯤 어떤 일도 제대로 마무리하지 못하고 투정하는 행동을 반성해야 합니다. 하찮은 미물에 비해 우리는 이성을 하나 더 선물 받은 사람들입니다. 그래서 더욱더 살만하고 힘 있는 인생입니다.

Guns N' Roses - Sweet Child O'Mine (달콤한 나의 아이)

그녀는 나로 하여금 어린 시절의 기억들을 되살리게 만드는 미소를 지니고 있어요
모든 것들이 푸른 하늘만큼이나 새로운 곳으로
옛날이나 지금이나 내가 그녀의 얼굴을 바라보는 곳으로 그녀는 특별한 장소로 데리고 가죠
행여나 내가 오랫동안 바라본다면 아마도 난 무너져 사랑에 빠져버릴테죠
사랑스런 내 사람

보컬인 엑슬 로즈를 중심으로 강한 록 사운드를 구사하는 그룹입니다. 1987년 1집 앨범 [Appetite For Destruction]로 데뷔하였습니다. 노래 제목처럼 강렬하면서 동시에 아름다운 노래를 불러줍니다. 연인 또는 부부끼리 소원해졌다면 이 노래를 들으며 강렬했던 상대의 모습을 다시 상기하기 바랍니다.

살아가면서 무관심보다 더 무서운 것이 없다고 합니다. 그만큼 사람은 관심 속에서 서로를 이해하고 아끼면서 살아가는 것이 좋다고 하는데 하지만 상대를 일일이 감시하고 구속을 해야만 성이 풀리는 쪽은 사랑보다는 집착에 가깝습니다. 상대의 말 한마디와 작은 행동 하나에 울고 웃는 모습이라면 거의 집착이라고 하는데 서로가 편해지려면 이런 집착은 도움이 안 됩니다.

다음은 사랑보다는 집착에 가까운 경우들인데 상대의 음성사서함, 이메일을 매일 확인하지 않고는 불안한 경우, '사랑해.'라는 말을 듣지 않으면 불안한 경우, 오로지 확인 받아야만 직성이 풀리는 사람들. 이런 것도 사랑 집착의 일종이고. 나 아닌 이성과의 접촉은 모조리 차단하는 경우. 연인 사이를 제외하고 모두 차단해야 직성이 풀리는 사람, 상대의 선후배, 이성 친구를 비롯해 일로 만나는 이성까지 모두 경계대상을 삼는 경우, 시시때때로 헤어지자고 하지만 매번 발뺌하는 경우. '옛날에는 안 그랬잖아.'라며 연애 초기만 되씹는 경우는 집착에 해당됩니다.

더 크로스 – 백설공주를 사랑한 난장이

그림 동화책 속엔 하얀 공주에게는 아무도 모르던 남친이 있었죠
등을 돌린 거울에 비뚤어진 왕비가 그를 난장이로 바꿔 깊은 산속 어딘가로 그를 쫓아내 버렸어요
여섯 난장이들은 그 날부터 일곱 난장이가 됐죠

작사 겸 작곡은 이시하이고 메인 보컬은 김경현입니다. 2003년 1집 앨범 [Melody Quus]로 데뷔하였고 2001년 Mnet 뮤직페스티벌 록 부문 대상을 받았습니다.

우리가 아는 백설공주라는 동화를 보면 일곱 난쟁이가 나옵니다. 새 왕비보다 더 예쁘다는 이유로 새 왕비가 시킨 부하에 의해 죽임을 당할 뻔하다가 마음 약한 부하의 도움으로 숲으로 쫓긴 백설공주가 일곱 난쟁이를 만나 왕자님을 만나기전까지 함께 생활하는 내용은 우리가 잘 아는 동화입니다.

10월 5일

그러나 우리는 일곱 난쟁이라는 단체성의 존재만 알고 있지, 그 일곱 난쟁이들에게 각기 이름과 뜻이 있다는 것을 아는 분은 흔치 않습니다.
이름 하나보다 그냥 일곱 난쟁이로 생각하고 있으니까요.
그러나 백설공주 원본에는 첫째 재채기(Sneezy), 졸림(Sleepy), 심술(Grumpy), 즐거운(happy), 부끄럼(Bashful), 박사(Doc), 막내는 멍청이(Dopey) 라는 이름이 엄연히 있습니다.

Queen - I Want to Break Free (나는 자유를 원해요)

그만 만나고 싶어
네 거짓말로부터 자유롭고 싶어
넌 너무 잘난 척이야, 그런 널 필요치 않아
그만 만날거야
정말로 그만 만나고 싶어
사랑에 빠졌었지
난생 처음으로 사랑에 빠졌었던 거야

드럼에는 로저 테일러, 기타는 브라이언 메이, 베이스는 존 디콘, 보컬과 피아노는 1991년 11월 24일 사망한 프레디 머큐리입니다. 데뷔는 1973년 1집 앨범 [Queen]으로 했고 1980년 아메리칸뮤직어워드 최우수 싱글상을 받았고 1976년 아이보 노벨어 어워드 수상하였습니다. 비틀스, 롤링스톤즈, 딥퍼플, 레드 제플린 못지않게 왕성하게 활동하며 인기를 끌어모았던 퀸은 현재 젊은 세대들에게도 인기를 끌 정도로 세련된 음악을 구사했습니다.

백화점은 우리나라 대표 상점입니다. 그러나 백화점 등의 우리말 오용은 외국인이 보면 창피할 정도로 심각한 수준입니다.

10월 6일

한글을 써도 의미 전달에 부족함이 없는 단어를 일부러 생소한 외국어를 그대로 옮겨놓는가 하면 틀린 표기와 문법에 맞지 않는 문장 구사도 애교로 봐 줄 수준을 넘어서고 있습니다.

의미를 알 수 없는 문구는 다음과 같습니다. 어덜트하게, 쉬크한 또 스텝에 낌(엘리베이터 전동 바닥에 끼임)등이 대표적인 사례입니다.

이제 며칠 있으면 한글날도 돌아오는데 우리말의 오용이 심각하면 할수록 점점 '바른말, 고운말'의 의미가 사라진다는 것을 우리나라 대표 상점이라고 할 수 있는 백화점에서 먼저 느끼고 시작해야 합니다.

Gareth Gates-Listen To My Heart (내 심장 소리를 들어요)

사람들은 사랑이 그렇게 강하진 않다고 하지
너도 그냥 그렇게 생각할지 모르지만
내가 보여줄게, 그게 틀린 말이란 걸
내 심장 소리를 들어봐
내가 널 너무 사랑하고 있다고 말하고 있어
너에 대한 내 감정이 얼마나 큰지 알고 싶다면
좀더 가까이 와서 내 심장소릴 들어봐

1984년에 영국에서 출생하였습니다. 데뷔는 2002년 1집 앨범 [What My Heart Wants To Say]로 하였고 2002년 팝 아이돌 준우승을 하였습니다. 이승철의 소리쳐와 표절 시비가 벌어지기도 하였습니다. 잘생긴 외모와 미성을 발판으로 많은 팬들의 마음을 훔친 그는 욕심쟁이임에 틀림없습니다. 그런 그가 심장 소리가 들릴 정도로 누군가를 사랑한다고 하는 군요. 사랑할 때만 심장이 빠르게 뛰는 게 아니라 뜀박질을 할 때도 심장이 빠르게 뛰지요.

가을만 되면 만국기가 온 운동장을 휘날리는 가운데 그 속에서 목이 터져라 응원가를 부르던 어린 시절을 누구나 경험했을 겁니다. 마을 잔치가 되기도 하고 사람들이 만나는 광장이 되기도 해서 그야말로 마을의 큰 축제였습니다.

10월 7일

그런데 축제 같은 가을 운동회가 애물단지로 전락했다고 합니다. 수도권 일부 지역에서 시끄럽다고 아파트 입주민들이 신고를 하는 바람에 경찰이 골머리를 앓고 있습니다. 사정이 이렇다 보니 축제로 열릴 운동회가 위축되고 작아지고 있습니다. 신고를 한 사람들은 운동회 없는 학교를 다닌 것인지 아니면 아이가 없는 사람들인지 정말 궁금합니다.

운동회뿐만 아니라 놀이터까지 자신을 위해서는 시끄럽다고 신고하는 세상 누구를 탓해야 할까요?

Hanne Boel-Standing On The Edge Of Love(사랑 끝에 서서)

어제 밤 늦게 나는 꿈꾸고 있었어
매혹적인 너의 모습을 꿈꾸고 있었어
나는 서 있었지
사랑의 끝자락에
당신을 내 품에 안고서
아, 너는 달콤한 말을 속삭였어
그리고 내게 말했지

1957년 8월31일 덴마트 코펜하겐에서 태어났습니다. 덴마크에서 로얄 대니쉬 아카데미를 졸업하고 1980년에 미국 보스턴으로 건너가 버클리 음대에서 공부한 후 음악교사 자격을 얻었습니다. 다시 덴마크로 건너와 여러 해 동안 음악교사로 일을 하면서 1981년에서부터 1986년까지 재즈락 밴드인 Blast의 멤버로 활동하기도 했으며 교회 성가대 솔리스트로 활동하였습니다.

1988년에는 그녀의 솔로 앨범 [Black Wolf]가 발매되면서 대중에게 알려졌고 덴마크에서 인기가수가 되었습니다. 1994년에는 이탈리아에서 교황과 수많은 관중 앞에서 공연하기도 하였습니다. 2000년 마틴 홀과 더불어 듀오 앨범 [Boel&Hall]을 발매하기도 했습니다.

가스펠과 소울, 블루스, 그리고 락, 컨트리 여러 장르에 걸쳐 탁월한 가창력과 창법을 지닌 아티스트입니다.

10월 8일

송창식 - 가나다라

가나다라마바사아자차카타파하 헤이헤이
하고싶은 말들은 너무 너무 많은데이
내 노래는 너무 너무 짧고
일이삼사오육칠팔구 하고 십이요 헤이헤이
하고싶은 일들은 너무 너무 많은데

1947년 2월 2일에 인천에서 태어났습니다. 서울예술 고등학교 출신이며 1968년에 윤형주와 트윈폴리오를 결성하였으며 1970년에는 솔로 가수로 전향하였습니다. 기타를 매고 우렁찬 목소리로 노래를 부를 때는 같이 노래 부르는 록커들의 목소리가 묻힐 정도로 쩌렁쩌렁 울립니다. 우리말을 아름답게 구사하는 가사와 포크 멜로디로 당시 인문대 대학생들에게 인기를 끌었던 가수이기도 합니다. 1446년(세종 28년) 음력 9월에 세종대왕이 훈민정음을 반포한 이후 이미 지구촌에서는 우수성을 인정받은 우리의 한글이 점점 퇴색되어 가고 있습니다. 한글날 우리말의 아름다움을 구사하는 송창식의 노래를 들어봅니다.

10월 9일

두 사람이 다솜으로 만나 미쁨으로써 옴살이 되려 합니다. 그동안 아껴주신 어른과 아음 벗들을 모시고 가시버시의 살부침을 맺고자 하오니 바쁘시더라도 꼭 오셔서 두 사람의 앞날에 비나리를 해 주시기 바랍니다.

윗 내용은 청첩장의 문구를 순 우리말로 바꿔놓은 것입니다.
딱딱한 청첩장 보다는 순 우리 토박이말이 들어가니 더 정답게 느껴지는 초대장인데 다솜은 사랑을 말하고, 미쁨은 믿음을, 옴살이는 한 몸을 말하며 비나리는 축복이며, 살부침은 인연을 말하며, 가시버시는 남편과 아내를 뜻한답니다.

Michel Sardou - La Maladie dAmour (사랑의 아픔)

사랑이라는 병이 퍼져 퍼져나갑니다
7살짜리 아이부터 77세의 노인의 마음에까지
도도히 흐르는 강물은 노래합니다
그 물결의 침대 위에 금발의 사람들
회색 머리의 사람들을 맺어줍니다
그것은 남자들을 노래 부르게 하고 세상을 커지게 합니다
그것은 때때로 평생 동안 내내 고통을 주기도 합니다
그것은 여인들을 울게 하고, 어둠에서 소리치게도 합니다
그렇지만 가장 고통스러운 것은 그 병에서 나을 때입니다

Michel Sardou(1947년생)은 가수며 영화배우, 연극배우이기도 합니다. 배우인 아버지 페르난드 샤루드와 어머니 잭키 샤루드 사이에서 태어난 그는 어린 시절부터 부모님이 공연하는 캬바레(공연장)에서 많은 시간을 보냈습니다.
공부에 관심 없었던 그는 아버지의 캬바레에서 서빙을 하는 일을 시작합니다. 그러던 중 미셀 푸게인을 만나게 되고, 오디션을 통과하면서 가수로서 첫 공식적인 계약서에 싸인을 하게 됩니다.
1967년 이후 가장 앨범을 많이 판매하고 공연을 한 가수들 중 한 사람인 그는 40년동안 23개의 앨범과 300여 곡의 샹송을 발표합니다.
특히 그의 이름을 전세계로 알린 곡으로는 1973년에 발표한 〈La maladie d'amour〉을 들 수 있습니다. 〈사랑의 열병('La maladie d'amour')〉, 〈여느때 처럼(Comme D'Habitude)〉, 혹은 〈콘마라의 호수(Les Lacs Du Connemara)〉가 유명한 히트곡입니다. 그러나 미셀 사르두라는 이름을 들으면 프랑스인들의 머리에 자동적으로 떠오르는 다른 곡들이 있습니다. 〈나는 찬성이야(Je Suis Pour)〉, 〈프랑스(La France)〉, 〈식민 시대(Le Temps des Colonies)〉, 〈고독의 도시들(Les Villes de Solitude)〉이 있습니다.

그의 유명세는 다음과 같은 유명했던 논쟁으로 확인할 수 있습니다. '사르두가 영원히 금지된 인물이 되더라도 그를 옹호할 것이다' 이것은 샹송가수 막심 르 포레스티에의 말입니다.
그의 가수 활동을 막으려는 위원회가 구성될 정도로 한 때 그는 반대하는 사람들이 많았습니다. 1976년과 1977년 사루드가 벨기에, 그리고 프랑스 도시에서 순회 공연을 하는 중에 생겨났습니다. 많은 사람들이 동원되어 그를 반대하는 팸플릿을 배부하고 시위를 벌였으며, 심지어 무조건 그의 공연을 저지하려 시도하기도 했습니다.
드디어 언론이 이 문제를 다루기 시작했고, 이 논쟁은 몇 달간 계속되었습니다. 1977년 5월 17일 '마탱 드 파리'(Matin de Paris)와의 인터뷰에서 사르두는 우파와의 친근 관계를 부인했고 1978년에 있을 국회의원 선거에서 좌파연합(Union de la Gauche)에 투표할 것이라고 선언합니다.
그 후 차츰 이 논쟁에 대한 열기가 가라앉았고, 언론은 이 사건을 망각했습니다. 그러나 최근 2년간 이 가수의 인기가 높아짐에 따라 또다시 이 사건을 둘러싸고 전례 없이 광범위한 논쟁이 벌어지고 있습니다.

Placido Domingo & Maureen Mcgovern-A Love Until The End Of Time
(시간이 끝날 때까지 사랑해요)

당신이 꿈이 아니라는 게 믿을 수 없어요
당신은 내가 원하던 모든 것
내가 늘 바라던 꿈 속 사람
이 세상 끝날 때까지 사랑할 사람

플라시도 도밍고는 1941년 1월 21일 스페인에서 태어났습니다. 파바로티, 호세 카레라스와 함께 세계에서 세 손가락 안에 드는 테너로 명성이 높습니다.
모린 맥거번은 1949년 7월 27일 미국에서 출생하였습니다. 영화 〈포세이돈 어드벤처〉의 주제곡을 불러 빌보드 1위에 오르는 기염을 토하기도 했습니다.

상실의 슬픈 집

김은영 시인

10월11일

너를 만나 앓았던 아픔의 절망까지도
이제는 내려놓으려 해
사랑이 깊어지면서
다다랐던 상실의 가파른 언덕
지워야지.
더 이상 내 곁에 오지 않은 너인데
이제는 외로워도
음악 속 그의 목소리를 들으며 참아야겠지

Marshall & Alexander – Perhaps Love (아마도 사랑일 겁니다)

사랑에 대한 추억은 당신을 안식처로 안내할 거예요
아마도 사랑은 창문과 같아요
아마도 열려 있는 문이죠
사랑은 당신을 더 가깝게 다가가도록 해요
당신에게 더 많은 것을 보여주고자 하죠
그리고 당신이 길을 잃어도
무엇을 해야할 지 모른다고 해도

1997년 오늘 비행기 사고로 운명을 달리한 존덴버의 사망을 추모하면서 이 노래를 띄웁니다.
음악으로 우정을 만들고 하모니로 세상에 아름다운 빛을 비추고 사랑을 키운다면 사람들 모두가 지구촌 안에 어우러지는 음악 가족이 될 수 있습니다. 여기 음악 가족을 만들어줄 노래 한 곡을 추천합니다. 아름다운 하모니로 이루어진 듀엣곡인데요, 존 덴버의 〈Perhaps Love〉를 스페인 빅 테너 플라시도 도밍고와 함께 불러서 그야말로 노래 속 가사보다는 '노래가 아름답구나!'로 감탄할 만큼 충분히 아름답고 꽉 들어찬 하모니로 유명합니다.
워낙 유명해져 있는 곡이라 또 다른 아티스트들이 흉내낸다고 해도 과연 존 덴버와 도밍고의 하모니를 따라갈 수 있을까 하는 의구심이 듭니다. 그러나 마샬과 알렉산더가 만나서 화음을 이룬 〈Perhaps Love〉 역시 또 하나 새로 발견한 아름다운 음악 형제들이라고 해도 과언이 아닙니다.

10월 12일

Al Martino - Spanish Eyes (스페인 풍의 두 눈)

내가 떠나기 전에 한번 더 미소를 지어주세요
곧 당신의 마음이 소유할 수 있는
모든 사랑을 가지고 난 돌아오겠어요.
제발 'si si'라고 말해주세요.
당신과 당신의 스페인 두 눈동자가
날 기다리겠다고 말해주세요

올드팝 애호가들에게는 잘 알려져 있는 알 마티노의 곡으로는 〈Love You Because〉, 〈I Love You More and More Everyday〉, 〈Spanish Eyes〉, 〈Can't Help Falling In Love〉등이 있습니다. 2000년도에는 약 20년간의 공백을 깨고 [Style]이라는 팝 스탠다드 모음집 음반을 내놓기도 했었습니다.

이태리 출신 가수인 그는 1952년, 1953년, 2년 동안 4개의 히트곡을 내고는 그 이후에는 성공을 이어가지 못하고 1950년대 말경까지 대중의 기억에서 사라지듯 했습니다.

그 이유는 어린 나이에 첫 성공을 거둔 후 그것을 어떻게 유지 관리를 해야할 지 몰랐고 여러가지 좋지 않은 일들이 생겼기 때문이었습니다. 마티노는 다시 레코드 취입을 하고자 영국에 건너가서 노력을 했지만 허사였습니다.

1958년에 다시 미국으로 돌아와서 그 이듬해에 캐피틀 레코드와 계약을 했는데 이후 줄줄이 히트곡을 내놓았습니다. 히트 행진은 1977년도까지 계속되었으며 약 100곡이나 발표하였고 그 중 히트곡만 34곡이나 됩니다.

1960년대에는 팝송에 컨츄리 요소를 가미하여 알 마티노의 노래는 두 개의 음악 장르 사이에 경계가 분명하지 않은 스타일의 노래를 불렀습니다. 1972년에는 알 마티노는 〈대부〉에서 영화 속 가수 조니 폰테인 역할로 영화 출연도 했는데, 프랭크 시나트라의 실제 인생과 매우 닮은 역할이었습니다.

Rose - A Taste Of Neptune (바다 신의 풍미)

험난한 바다의 손길이여내
깊은 곳까지 이르러
내가 미처 알지 못하는
나의 일부를 깨우쳐 다오
바다의 신이시여

이미 많은 분들이 아시다시피 타이틀 곡 〈A Taste Of Neptune〉은 심야 방송을 통해 큰 사랑을 받은 바 있습니다. 드라마틱한 구성과 애수 가득한 멜로디 보컬도 좋지만 서늘한 키보드 음색이 멋집니다. 이 음악을 듣고 있으면 열심히 살아야겠다는 용기가 생깁니다.

조엘 씨는 태어난 지 20개월 만에 끔찍한 자동차 사고를 당해 몸 대부분에 3도 화상을 입었지만 총 50여 차례 수술 끝에 살아났습니다. 인내로 모든 어려움을 극복하고 지금은 미국 전역을 돌며 강연을 통해 좌절한 사람들에게 희망을 심어주고 있습니다. 이러한 조엘 씨가 후원회의 주선으로 2살 때 집에 불이나 부모님은 돌아가시고 전신에 화상을 입은 성주군을 만났습니다. 온 얼굴에 화상을 입은 모습으로 만난 조엘 씨는 성주군이 학교에 다니려고 했으나 외모 때문에 입학을 거부당했고 언론에 알려진 뒤에야 겨우 특수반에 들어갈 수 있었다는 사연을 듣고는 '어떤 문화권에서도 인간의 권리는 중요한 것'이라며 성주군을 위로했다는 소식입니다.

어느 누구에게도 시련은 있습니다. 사람의 힘으로는 막을 수 없는 일이구요. 내가 당하는 일이 아니라고 등 돌리고 거부를 한다면 나중에 나의 일로 돌아와 있을 때 서로를 위안할 수 있는 따뜻한 포옹은 힘들어집니다.

먼 이국땅에 와서 성주 군을 위로하는 조엘 씨의 아름다운 모습 우리들이 해야 할 모습은 아니었을까요?

Tom Jones - Green, Green Grass of Home (고향의 푸른 잔디)

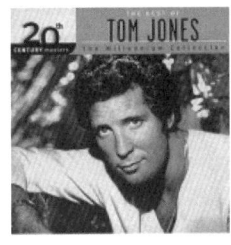

기차에서 내리며 바라본 고향집은 그대로 있구나
그리고 어머니와 아버지가 나를 맞아주시지
길 아래로는 달려가는 메리가 보여
금발 머리에 체리 입술을 가진 메리가 말이야
고향의 푸른 잔디에 안기니 정말 좋군
모두가 날 맞으러 나와 줄거야
팔을 벌리고, 환하게 웃으며

1940년 6월 7일에 영국에서 출생하였으며 데뷔는 1965년 1집 앨범 [Along Came Jones]로 하였습니다. 수상은 1999년 대영 제국 훈장을 받았고 1965년 그래미시상식에서 최우수 신인상을 받았습니다. 2006년 3월 영국 기사 작위를 받았습니다.
톰 존스가 고향과 관련한 노래를 불렀는데 우리 명절 추석과 잘 어울리는 노래입니다.

명절 때 고향을 찾는 마음은 설레임과 기쁨으로 가득 찹니다. 하지만 요즘은 절망과 슬픔으로 찾는 분들이 많습니다.

10월15일 그럼에도 고향을 찾는 것은 마음이라도 푸근해지지 않을까하여 고향으로 향하는 분들도 많습니다. 찾아갈 고향이 있다는 것은 그나마 행복한 일입니다.

귀성길, 기쁨과 기대감으로 많이들 들떠 있겠지만 그 와중에는 가고 싶어도 갈수 없는 분들, 생활에 쫓겨 못 가시는 분들의 심정도 한번쯤 돌아보면서 다녀오면 훨씬 넉넉한 귀성길이 되지 않을까 합니다.

Kansas – Dust In The Wind (바람의 먼지)

당신 돈을 다 준다 해도 단 1분도 살 수 없어
바람에 날리는 먼지
우린 다 바람에 날리는 먼지일 뿐
바람에 날리는 먼지
모든 게 다 바람에 날리는 먼지일 뿐

드럼에 필 이허트와 보컬에 스티브 월시, 베이스에 빌리 그리어, 기타에 리차드 윌리암스, 바이올린에 데이비드 랙스데일로 이루어져 있습니다. 1978년 인생을 날아가는 먼지에 비유한 이 곡은 록발라드의 명곡으로 지금도 기타를 배우는 지망생들에게 꼭 한번쯤은 연주를 해야하는 통과의례와 같은 곡입니다. 손가락으로 일일이 기타줄을 아르페지오로 툭툭 건드리다보면 마치 바람이 먼지에 날리듯 선율이 흐르는 착각을 할 정도로 훌륭한 곡입니다.

재산 때문에 부모를 버리고 또 재산 때문에 형제마저 외면하는 이 시대에 초등학교 어린 시절에 호기심으로 공사 현장의 펜치를 훔친 뒤 외국 유학길에 나섰던 한 청년이 25년의 세월이 흐른 후에 펜치 값 3만원을 되돌려준 것으로 알려져 화제가 되고 있습니다.

이 청년은 가격을 잘 모르지만 분실되었던 펜치가 다시 제자리로 돌아갈 때 자기 양심도 제자리로 돌아오길 바라는 마음에서 되돌려 준다는 편지를 남겼습니다.

이를 바라본 사람들은 도덕적 불감증의 시대에 3만 원이라는 적은 돈에 양심앓이를 25년 동안 하면서 마음 아파하였던 청년의 바른 생각을 본받아야 한다고 했답니다.

10월16일

Mocedades – Eres Tu (Touch The Wind) (바로 당신)

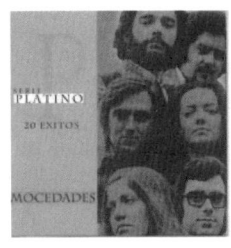

나의 샘물과도 같은 당신
당신은 우리 가정의 불꽃이야
한 편의 시 같은 당신
밤에 들리는 기타 같은 당신
당신은 나의 모든 지평선이야
그것이, 그런 것이 바로 당신이야
나의 샘물과도 같은 당신
당신은 우리 가정의 불꽃이야

아바의 워터루와 함께 나란히 한 시대를 풍미한 곡입니다. 그룹명 Mocedades는 젊음이라는 뜻으로 유러비전 콘테스트에서 스페인 대표로 2위까지 했던 그룹입니다. 최근 KBS〈남자의 자격〉프로그램에서 실버합창단이 이 곡을 불러 큰 감동을 안겨주기도 했습니다. 쌍투스가 번안곡〈그대 있는 곳까지〉를 불러 크게 사랑받았던 곡이기도 합니다.

어느 누구에게나 좋은 사람이 있습니다. 팬이 운동 선수나 연예인에게만 존재하는 것이 아닙니다. 누군가에게 사랑을 받는다는 것은 그 사람에게 행운입니다. 그런데 많은 사람이 일회성 사랑을 받고 있는 것에 만족할 때가 많습니다.

사람에게 있어서 가장 무서운 것은 무관심입니다. 누군가에게 관심을 보이고 애정 어린 관심을 받고 있을 때 사람은 비로소 행복이라는 단 열매를 딸 수 있을 것입니다. 혹시 당신이 위기에 빠져 모든 사람이 외면할 때도 당신을 끝까지 진정으로 지지해줄 사람이 있다면 당신은 행복한 사랑입니다.

한번쯤 이런 물음을 우리 자신에게 던져 보십시오. 나는 지금 나를 곁에서 진정으로 지지해줄 팬이 곁에 있는가? 비록 지금 당장은 초라하고 작게 보여도 그가 당신의 진정한 팬이 될 수 있음을 잊지 말아 주세요.

Extreme-When I First Kissed You(내가 처음 네게 키스 했을 때)

뉴욕은 높은 곳에서 보면 아름다워요
바로 그 곳에서 당신과 키스를 했죠
현대적인 로맨스에 내 생애 완벽한 행동
마치 두 명의 바보처럼 실없는 얘기나 나누고
달콤하지만 의미 없는 말을 속삭이죠

프랭크 시나트라처럼 말 잘하지는 못하죠
시계 종이 한시를 땡 알리고
잠들 줄 모르는 이 도시의 밤은 아직 한창이었죠
그때 당신과 첫키스를 했을 때 폭풍 같은 감정이
밀려왔어요
거의 나를 쓸어버릴 그런 감정이
당신과 첫키스를 했을때
내가 사랑에 빠졌다는 걸 깨달았어요
바로 그 곳에서 당신과 첫키스를 했기 때문이죠

록발라드 〈More Than Words〉를 발표 후에 국내 팬들에게 큰 사랑을 받은 하드록 그룹입니다.
기타를 치는 멤버 누노 베턴커트는 인천 펜타포트 록페스티발에 참가하여 아름다운 〈More Than Words〉를 즉석에서 연주하여 국내 록 팬들에게 큰 선물을 안겨주었습니다.
데뷔는 1989년 1집 앨범 [Extreme]으로 하였고 1996년 팀 해체로 팬들에게 실망을 안겨주었습니다. 2007년에 재결성한 후에 다시 주목을 받는 그룹입니다.

10월18일

Rene & Rene- Lo Mucho Que Te Quiero (더욱더 사랑해)

사랑은 한 순간의 꿈이라고 남들은 웃으면서 말을 해도 내 마음 모두 바친 그대를
그 누가 뭐라 해도 사랑해

미움은 사랑 속에 있다면서 달빛이 구름 속에 가리워도 한마음 굳게 믿은 그대 가슴이 아프도록 사랑해

라틴팝을 하는 듀엣입니다. 르네 오르넬라스는 1936년 8월생으로 라레도 출신이며 르네 헤레라는 1935년 10월생으로 텍사스 출신입니다. 둘은 라틴팝을 하는 듀엣이기도 합니다. 국내 가수인 트윈폴리오가 〈더욱더 사랑해〉로 번안해 불렀습니다. 누군가를 사랑한다면, 자식을 사랑할 때 가슴이 아플 때까지 사랑하게 되는 것이 부모 심정이지요.

체중 미달의 연약한 어린아이를 치료하는 특별한 방법을 알고 있는 저명한 소아과 전문의가 있었습니다. 그는 회진할 때마다 아이의 기록표를 발견하면 다음과 같은 처방전을 써놓았습니다.
"이 아이는 세 시간마다 사랑을 받아야 함."
의사들은 우리들의 신체적인 질병이 대부분 마음에서 오는 불안이나 외로움 그리고 방치돼서 버려지는 느낌에서 온다고 의견을 같이 하고 있습니다. 정신적인 문제에서도 마찬가지입니다. 누군가를 사랑하면 자신의 모든 것을 나누어 주어도 하나도 아깝지 않는 것처럼 곧 누군가에게 주는 사랑은 반드시 자신에게로 다시 돌아오고 있음을 배우게 됩니다.
우리에게 질병의 처방은 어떤 의약품이나 주사가 아니라 바로 사랑이라는 처방전입니다. 그것이 사람과 사람 사이가 아름다워지는 비결입니다.

Rod McKuen - You (당신)

그 낡은 집은 이제 고요해요, 침묵의 상징이 되어버렸죠.
그대가 작별 인사를 한 어제부터 그 상태 그대로 있네요
그러나 난 결코 그 침묵을 개의치 않았어요
그건 내가 알기 전 일이에요.
그대가 있을 때 얼마나 떠들썩한 침묵인지
하지만 난 결코 그 침묵을 개의치 않았어요.
그건 내가 알았을 때까지
그대가 있을 때 얼마나 시끄러운 침묵인지

1933년 미국 켈리포니아에서 태어난 시인 겸 뮤지션 로드맥퀸은 11살의 나이로 알콜중독자인 아버지의 구타에 못 이겨 가출한 후 철도 노동자로서 막일을 하며 어린 시절을 불행하게 보냈습니다.
그러다가 시를 쓰고 번역을 하면서 음악까지 했는데 그의 시는 현대 대중시 분야에서 보기드문 성공을 거두었고 11개국 언어로 번역되어 총 6500만 여권의 책이 판매되었습니다.
그가 만든 노래는 무려 1500곡이 넘는데 세기의 스타인 프랭크시내트라, 마돈나, 페리코모 등도 그의 음악을 취입해서 음반을 발표하였습니다.
시인으로서 음악인으로서 최고의 자리에 오른 굵직한 저음이 매력적인 가수입니다.

10월 20일

아침과 저녁 사이를 살다 죽는 하루살이에도 인생이라는 숨은 그림이 있습니다. 새장에 갇혀 있는 새에게도 비상하고 싶은 새의 본성이 숨어 있듯이 우리에게도 분명 우리가 알지 못하는 숨은 인생이 수없이 많습니다.
신문지 한 장에 담긴 숨은 그림 찾기에도 노력이 있듯이 인생에 숨겨진 숨은 것들을 찾아내면 어디로 가야하는지 몰라서 삶을 포기하는 일은 없을 것입니다.

Michael Franks- Antonio's Song (안토니오의 노래)

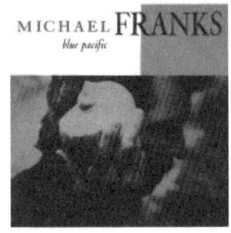

열정적인 인생을 사는 안토니오는 진실을 위해 기도해요
안토니오는 우리 우정 절대 안 변한다고 말하죠
리오에서 맴돌던 독수리는 LA 하늘을 배회하고
인디언에게 주었던 담요는 그들을 죽게 했죠
하지만 오랫동안 잊혀졌던 그 노래를 불러봐요
그리고 무지개 빛처럼 음악이 흐르도록 해봐요

1944년 9월에 미국 캘리포니아에서 출생한 그는 고교시절 3인조 포크밴드를 결성한 후 음악활동을 시작합니다.
명문대학인 U.C.L.A.에서 비교문학을 전공하였고, 음악은 부전공이었습니다. 하지만 석사 과정을 거치면서 음악에 더 심취하게 된 그는 버클리에서 음악 이론에 대한 박사학위를 취득하며 본격적인 음악인의 길에 접어듭니다.
그는 부드러운 음색과 감미로운 멜로디로 데뷔앨범부터 팬들의 뜨거운 호응을 이끌어냈습니다. 1973년 데뷔 이래, 보사노바, 재즈, 팝 음악의 장르를 넘나들면서 퓨전재즈로 새로운 그만의 음악세계를 구축한 그는 지금까지도 변함없이 음악활동을 하고 있습니다.
열정적인 인생을 살게 하는 안토니오의 노래처럼 우리도 친구들과 이웃과 가족과 즐겁게 사는 것입니다. 방법은 시간을 혼자 독식하지 말고 주변 사람들과 나누는 것입니다.

10월21일

세상과 사람을 믿지 못해서 미움과 증오 속에서 평생을 살았다고 해도 그것 역시 나름대로는 미움과 증오를 벗어버리고 싶은 다른 이면의 시간이었을지도 모릅니다.
남에게 도움을 받을 줄 모르는 사람이 남을 도울 수도 없듯이 시간의 비밀을 나눠 갖지 못하는 사람은 평생을 살아도 시간의 고리에서 벗어나지 못할 것입니다. 풀리지 않을 때, 한 걸음 물러서는 것. 그것은 시간의 비밀을 들춰보는 순간입니다.

Helmut Lotti- Kiss Me Quick (빨리 키스 해줘요)

어서 키스해 줘요, 이 감정 사라지기 전에
날 꼭 껴안고 놓지 말아줘요
내일은 어떻게 될지 알 수 없으니까요
사랑도 상처만 남기고 떠날 수 있어요
어서 키스해 줘요 당신을 너무 사랑해요

1969년생인 그는 벨기에 출신의 가수이자 유럽 최고의 미성의 소유자입니다. 현재 유럽에서 절정의 인기를 누리고 있는 크로스오버 스타입니다. 그는 또한 팝 가수로 데뷔하여 클래식 음악으로 세계적인 스타의 반열에 오른 유일한 가수이기도 합니다.
1993년에 팝 데뷔 앨범 [Memory]를 발표하여 유럽에서 플래티넘을 기록하기도 했으나 그를 유럽뿐 아니라 전 세계에 알리는 계기가 된 음반이 [Helmut Lotti Goes Classic]입니다.
달콤한 미성의 소유자인 헬무트 로티가 부르는 클래식의 명선율은 그를 일약 벨기에의 국민가수로 만들었고 97년에는 베네룩스의 베스트 셀링 아티스트란 명예를 얻게 만들었는데 클래식 감상을 편하게 하는 기쁨도 크지만 전문 성악가도 소화하기 힘든 명선율을 쉽게 들려주는 그의 노래 솜씨 또한 놓칠 수 없는 선물입니다.
많은 곡을 리메이크하기도 한 헬무트 로티는 오히려 원곡의 가수보다 더 아름답게 부른다는 평도 있습니다.
〈Sailing〉, 〈Quizas Quizas〉, 〈Love Me Tender〉, 〈Hava Nagila〉 등 많은 곡을 소화 시켰는데 〈Kiss Me Quick〉은 엘비스 프레슬리가 불렀던 곡입니다.

패닉 - 달팽이

해는 높이 떠서 나를 찌르는데 작은 달팽이 한 마리가
어느새 다가와 내게 인사하고 노래를 흥얼거렸어
내 모든 걸 바쳤지만 이젠 모두 푸른 연기처럼 산산이 흩어지고
내게 남아 있는 작은 힘을 다해 마지막 꿈속에서
모두 잊게 모두 잊게 해줄 바다를 건널거야

리드보컬인 이적과 랩을 담당한 김진표가 하모니를 이룬 그룹입니다. 1995년 1집 앨범 [달팽이]로 뜨겁게 데뷔하였으며 1996년, 1997년, 대한민국영상음반대상 본상을 수상하였습니다. 이적은 소설가로 데뷔할 만큼 이야기를 꾸미는 솜씨가 뛰어난 싱어송라이터입니다.

삶이라는 것이 기다리기만 하면 기회는 오지 않습니다. 그렇다고 기다리는 것이 오지 않는다고 살아갈 용기마저 잃지는 않습니다. 사람의 모든 일들이 미세한 먼지가 쌓이듯 그렇게 일어나듯이 오지 않는 것을 평생 꿈꾸며 살아가는 달팽이처럼 살 수 없습니다.
처음부터 내 것이 아니라고 느껴질 땐 차라리 자신의 것을 더 오래 지켜볼 필요가 있습니다.

10월23일

Kenny Rankin - A Day In The Life Of A Fool (어느 바보의 하루)

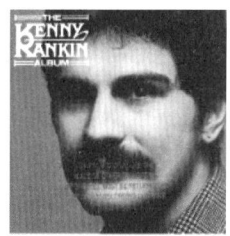

어느 바보의 일생 중 하루 한 날
바보의 삶 중에 어느 한 날
길고, 슬프고 외롭던 어느 날
내게로 오는 당신의 반기는 모습과
마주치기를 바라면서 거리를 거닙니다
당신이 사는 곳 바로 맞은편에서 멈춥니다
그러나 당신은 그곳에 없네요
나는 내 방으로 돌아와 우울에 빠졌어요
이별의 눈물을 흘리면서
당신이 내게 돌아오는 날까지
어느 바보의 모든 나날들이 그렇게 흘러갈 거에요

1967년 1집 앨범 [Mind Dusters]을 발표하면서 팝 계에 입문합니다. 미국 뉴욕 출신으로 재즈와 팝을 노래하는 실력 있는 뮤지션입니다.
특히 부드러운 목소리는 듣는 이로 하여금 묘한 감정을 이끌어 내는 마법 같은 목소리의 소유자입니다.
1980년 〈After the Roses〉, 1991년 〈Because of You〉, 1996년 〈Peaceful: The Best of Kenny Rankin〉, 2001년 〈Haven't We Met?〉를 발표하면서 꾸준한 인기를 얻고 있습니다.

10월 24일

마음의 시인이자 님의 침묵이라는 시로 우리에게 많이 알려진 만해 한용운님은 "종이라고 하는 것은 치면 소리가 난다. 쳐도 소리가 나지 않는 것은 세상에서 버린 종이다. 또 거울이란 비추면 그림자가 나타난다. 비추어도 그림자가 나타나지 않는 것은 세상에서 내다버린 거울이다. 사람이란 사랑하면 따라온다. 사랑해도 따라오지 않는 사람은 또한 세상에서 버린 사람이다." 라고 하셨습니다.
집안에 있는 물건은 쓸고 닦아 빛낼 수는 있겠지만 그것을 쓸 수 있는 마음이 더 이상 빛나지 않는다면 길가에 버려진 물건이나 마찬가지입니다.

Smokie – Smokie Medley (스모키 모음곡)

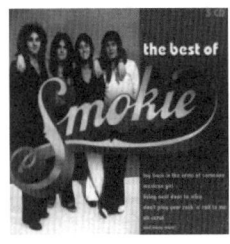

새마을 운동과 광주 민주화 운동이 교차하는 1970,80년대 우리나라에서 비틀즈를 능가하며 인기를 누렸던 영국 출신 스모키 그룹은 서로 친구 사이인 고교스쿨밴드입니다. 크리스 노먼, 테리우틀리, 알란 심슨, 피터 스펜서 등으로 첫 신호탄을 울렸으며 그들의 명곡 〈Living Next Door to Alice〉, 〈Stumblin In〉, 〈What Can I Do〉가 입버릇처럼 나올 정도로 큰 히트를 한 그룹입니다. 1980년으로 접어들면서 〈Maxican Girl〉을 대히트시킨 그룹입니다.
우리들이 잘 알고 있는 1976년 발표한 싱글 〈Living Next Door To Alice〉는 전 미국 차트 상위권에 오르고 유럽과 아시아 일대 30여개 국가의 차트를 석권한 노래인데 이 노래로 인해 이전에 발표한 스모키의 노래들까지 재차 히트하는 기적 같은 붐을 연출합니다. 스모키 그룹도 새로운 멤버 알란 버튼이 독일에서 불우의 교통사고를 당한 뒤 혼수 끝에 사망하는 우여곡절을 겪었지만 여기서 멈추지 않고 새로운 멤버 마이크 크래프트를 맞이하여 오히려 과거보다 더 역동적인 분위기로 부활합니다.
물론 LP판으로는 최초로 우리나라 팝 역사상 100만장 이상의 판매고를 올린 전작들 만큼 관심을 끄는 데는 부족했지만 아직까지도 건재한 그들의 끝없는 도전은 음악인들에게 자극이 되고 있습니다. 백발이 되어서도 살아가는 열정은 스모키를 그리워하는 팬들의 갈증을 해소시키는 불멸의 힘입니다. 지금 소개하는 곡은 우리에게 사랑을 받았던 곡들을 하나로 합친 스모키 메들리입니다.

J.D. Souther - You're Only Lonely (당신이 외로울 때)

당신 어깨에 세상의 짐을 짊어지게 되어
외롭고 왜소함을 느낄 때
당신을 안아줄 누군가가 필요하죠
이름을 크게 불러요
이젠 수줍어하지 말아요

1945년 11월 3일 미국에서 태어난 가수 겸 영화배우인 제이 사우더는 글렌프레이와 함께 그룹 이글스의 창단멤버였다. 그는 74년에 트리오 더 사우더, 힐맨, 퓨레이 밴드를 결성하여 활동하다가 독립하였습니다.
1976년에는 [Black Rose]앨범을 발표하면서 솔로로서 인기 가수 대열에 참여합니다. 국내 팬들에게는 〈You're Only Lonely〉와 사랑의 종말을 노래한 〈The Last In Love〉로 인식된 가수입니다. 당신이 외로울 때 안아줄 사람이 필요하다고 그가 노래합니다.

흩어져 있으면 그냥 하나의 사물일 수밖에 없지만 때때로 모여지면 세상 그 무엇보다 강하고 아름다운 모습을 실현시킬 수 있는 사람들이 우리 대한민국 사람들입니다.
우리는 그러한 땅에서 또 하나의 커다란 가족 구성원으로 서로 지켜보고 있습니다.
지금 이 순간에도 우리는 같은 가족임을 잊지 마세요.

10월 26일

Connie Francis - Somewhere, My Love
영화 〈Dr.지바고〉 메인 테마 - (어딘가에 내 사랑이)

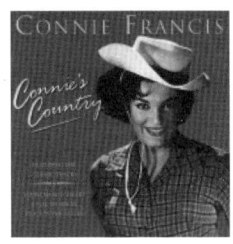

겨울을 이기고 따뜻한 그 봄이 올 때
당신은 오랜 시간의 세월을 넘어
내게 돌아올 거 에요
산들 바람처럼 따뜻하고
눈에 입맞춤처럼 부드럽게
날 사랑할 때까지
이따금씩 날 생각해주세요
내 사랑의 성공을 빌어주세요.
당신이 다시 내 사람이 될 때까지

미국 출신의 커니는 12살에 NBC 라디오 〈스타타임 쇼〉에서 노래했었습니다. 이어서 그녀는 아더 갓프리의 〈탤런트 스카웃 쇼〉에 나가 우승하면서 유명해졌고 아더는 그녀의 이름을 바꾸라고 제안했습니다.

그녀가 아직 십대였을 때 커니는 MGM 레코드사와 계약을 맺었고 〈Forgetting〉같은 히트 안 되는 곡들을 녹음하느라 2년을 보냈습니다. 결국 1957년 말, 커니는 아버지가 좋아하는 흘러간 노래들을 녹음하는 것이 어떻겠느냐고 제안했고 1957년 11월에 〈Who's Sorry Now〉를 녹음했는데, 이곡은 밀리언셀러로 치달려 MGM에서 최대 히트곡이 되었습니다. 이어서 그 해 여름에 닐 세다카가 작곡한 〈Stupid Cubid〉와 1960년 5월 〈Everybody's Somebody's Fool〉로 히트합니다.

커니는 웨스트 코스트에서 살았는데 1974년에 강간을 당하는 불행한 사건이 발생합니다. 허나 몇 년 뒤에 다시 무대에 올라 아픔을 딛고 재기한 모습을 보여주었습니다.

10월27일

Eros Ramazotti&Tina Turner - Can't Stop Thinking Of You [Cose Della Vita] (당신에 대한생각을 멈출수가 없어요)

티나 터너는 폭발적인 가창력과 화려한 무대를 가진 여성 싱어로 2010년 그래미 시상식 때 비욘세와 함께 듀엣 공연을 펼쳐 노익장을 과시하였습니다. 에로스 라마조띠는 이태리 출신의 라틴팝 싱어로 전 세계적으로 2000만 장의 판매고를 자랑하는 독특한 목소리 색채를 가진 아티스트입니다.

소울음악과 리듬 앤 블루스를 버리고 머리를 오렌지색으로 탈색한 뒤 백인 음악을 부르기 시작하면서 비로소 인기차트의 정상에 올랐습니다. 그녀의 히트곡으로는 〈What's Love Got to Do With It〉, 그리고 〈Better Be Good to Me〉 등이 있습니다.

이런 그녀가 음악 스타일도 전혀 다르고 색깔도 틀린데 〈A Mezza Via〉라는 곡으로 우리에게 알려진 에로스 라마조띠를 만나서 〈Can't Stop Thinking Of You〉를 소화시킵니다.

10월28일

에로스 라마조띠는 이태리출신의 라틴팝싱어로 전 세계적으로 2000만 장의 판매고의 기록을 가지고 있으며 독특한 목소리 색채를 가진 아티스트로 유명합니다. 이러한 전혀 다른 스타일 다른 색채를 가진 두 사람의 조화를 이뤘는데 일부 팬들은 약간 거부감을 느낄 수도 있습니다.

에로스 라마조띠와 티나 터너가 함께한 〈Can't Stop Thinking Of You〉로 그들의 다른 느낌에서도 절묘하게 조화되는 하모니의 감동을 찾아보길 바랍니다.

Bill Medley&Jennifer Warnes- (I've Had) The Time Of My Life
〈더티댄싱〉 Ost - 내 인생의 시간

우리가 이 놀라운 환상을 경험할 때
우리 눈 속의 이 열정
그것을 숨길 수는 없어요
남 모르게 그래서 우린 서로의 손을 잡아요
우린 이해하는 것 같아요
서로의 이 절실한 마음을
그저 기억해요 당신은 유일한
내가 끝없이 갖고 싶은 것
그래서 당신에게 말합니다

영화 〈더티 댄싱〉은 에밀 아돌리노 감독 작품으로 패트릭 스웨이지, 제니퍼 그레이가 주연을 맡았습니다. 댄스 영화는 메가 히트를 친 영화가 드물었는데 그 중에 작품성이 뛰어난 몇몇 작품이 성공을 거뒀습니다. 영화와 함께 OST도 인기가 높았다는 것이 그 특징이지요. 영화 〈풋릇즈〉, 〈토요일 밤의 열기〉, 〈플래쉬 댄스〉, 〈더티 댄싱〉 등도 있습니다.

10월29일

영화 〈더티 댄싱〉은 에밀 아돌리노 감독 작품으로 패트릭 스웨이지, 제니퍼 그레이가 주연을 맡았습니다. 댄스 영화는 메가 히트를 친 영화가 드물었는데 그 중에 작품성이 뛰어난 몇몇 작품이 성공을 거뒀습니다. 영화와 함께 OST도 인기가 높았다는 것이 그 특징이지요. 영화 〈풋릇즈〉, 〈토요일 밤의 열기〉, 〈플래쉬 댄스〉, 〈더티 댄싱〉 등도 있습니다.

이문세 – 나는 행복한 사람

그대 사랑하는 난 행복한 사람
잊혀질 때 잊혀진 대도
그대 사랑 받는 난 행복한 사람
떠나갈 때 떠나간대도
어두운 창가에 앉아
창밖을 보다가
그대를 생각해 보면
나는 정말 행복한 사람
이 세상에 그 누가 부러울까요
나는 지금 행복 하니까

1959년생으로 1978년 CBS 라디오 〈세븐틴〉 디제이를 맡았습니다. 후에 MBC에서 〈별이 빛나는 밤에〉 디제이를 맡으며 80년대 90년대 초반 청소년의 고민 상담을 들어주는 친숙한 모습의 오빠, 형으로 활동하였습니다. 작곡가 이영훈이 작곡한 곡들을 불러 8,90년대를 풍미한 TV에 많이 출연하지 않고서도 히트곡을 낸 대중 가수입니다.

10월30일

불행의 원인은 늘 내 자신이 만든다. 몸이 굽으니까 그림자도 굽는다. 어찌 그림자가 굽은 것을 한탄할 것인가? 나 이외에는 아무도 나의 불행을 치료해 줄 사람은 없다. 내 마음의 불행을 만드는 것처럼 불행이 내 자신을 만들 뿐이다. 그러나 불행 또한 내 자신만이 치료할 수 있다.
또, 현명한 사람은 큰 불행도 작게 처리해 버린다. 어리석은 사람은 작은 불행도 현미경으로 확대해서 스스로 고민에 빠진다.

-프랑스 수학자, 파스칼

양희은 – 부모

낙엽이 우수수 떨어질 때
겨울의 기나긴 밤 어머님하고
둘이 앉아 옛이야기 들어라
나는 어쩌면 생겨나와
옛이야기 듣는가

1952년 8월 13일에 서울특별시에서 출생하였습니다. 서강대학교 사학과를 졸업하였으며 당시에는 포크 송이었지만, 그 노래가 가진 의미심장한 가사로 인해 민중가요로도 유명해진 1집 앨범 [아침이슬]로 데뷔하였습니다. 현재는 인기 라디오DJ로도 맹활약하고 있어서 2009년 MBC 브론즈 마우스상을 수상하였습니다. 깊어 가는 가을에 듣는 그녀의 목소리는 듣는 이의 마음을 차분하게 합니다.

부모도 사람이기에 가끔은 자식들을 향한 무한한 사랑이 조금은 귀찮고 공허하게 느껴질 때가 있습니다. 자식들에게는 메이커다 뭐다 하면서 좋은 것만 먹이고 입히면서도 정작 부모들은 값싼 옷으로 눈을 돌리니 어느 순간 가끔이라도 그런 생각이 안 든다면 오히려 이상합니다. 그러나 이런 생각에 오래 머무를 수가 없는 것이 우리들도 부모의 속주머니 사정은 생각 않고 무작정 부모에게 손을 내밀어 원하기만 하면서 자랐기 때문에 이런 내림은 당연한 결과입니다.

우리들의 부모님도 우리들에게 한없이 주시기만 했었으니 어찌 보면 사람의 인생사가 돌고 돈다는 말이 괜히 나온 말은 아닌 듯 싶습니다.

무엇이든 들어주는 부모는 결국 자식이 사회 생활을 하는데 전혀 도움이 되지 못한다는 전문가들의 충고 상기하길 바랍니다.

Carole King- You've Got A Friend (당신에겐 친구가 있어요)

당신에겐 친구가 있다는 것이 좋지 않은가요
사람들은 너무 냉정해질 때
그들은 당신을 해치고 버릴 거예요
그들은 당신의 영혼을 가져갈 거예요
오, 하지만 그렇게 하지 못하게 해요
그냥 내 이름을 불러줘요
당신은 알고 있죠, 내가 어디에 있더라도
난 당신을 다시 보기 위해 달려갈 거예요
겨울, 봄, 여름, 아니면 가을이라도
당신이 해야 할 것은 날 불러주는 거예요
그러면 난 그곳으로 달려갈 거예요 그럼요
당신에겐 친구가 있어요

미국 브루클린 출신의 여성 록가수이며 작곡가입니다. 작곡가로 활동하며 〈더 로커모션〉 등 100여 곡이 넘는 히트곡을 작곡했습니다. 제임스 테일러에서 크리스틴 맥비, 머라이어 캐리 등으로 이어지는 부드러운 소프트록의 개척자로 꼽힙니다. 4세 때부터 피아노를 연주했으며 고등학교 시절에는 밴드를 결성하여 노래를 불렀습니다.

11월 1일

아무리 부와 명예를 가진 사람이라도 힘들 때 술 한잔 나눌 친구가 없다면 모든 걸 다 가졌다고 할 수 없습니다. 많은 사람들을 만나고 수많은 시련을 겪고 견뎌온 삶이라도 마음 기댈 친구 하나 없다면 외로운 바다를 떠도는 난파선과 다를 게 없습니다. 쉽지는 않겠지만 고통스러울 때 같이 울어주고 기쁠 때 같이 나눌 수 있는 벗을 만드는 것은 아내나 남편을 만드는 것만큼이나 중요하고 소중합니다.

Manhattans – Shining Star (빛나는 별)

당신에게만 나의 사랑을 줄 거예요
나의 사랑,
당신은 나의 빛나는 별이에요
떠나지 말아요
당신이 있는 바로 이곳에 있고 싶어요

조지 스미스, 에드월드 손니 비빈스, 윈프레드 블루 로베트, 케니 워리 켈리, 리차드 릭키 테일러로 이루어진 6인조 알앤비 보컬 그룹입니다. 데뷔는 1966년 1집 앨범 [Dedicated To You]로 했으며 지금 소개할 곡은 1980년에 소개된 곡으로 연인을 반짝이는 별로 비유한 노래입니다. 떨리는 상대가 있다면, 그것은 그 사람을 사랑하고 있다는 징조입니다. 그렇다고 너무 긴장된 나머지 땀이 난다면 그건 심리적인 부분 이외에도 다한증이라는 병일수도 있습니다.

긴장을 하면 손과 발에 땀이 너무 많이 나서 고민을 하는 사람들이 많죠. 이렇게 신체의 일부분에 땀이 유별나게 많이 나는 경우를 다한증이라고 합니다. 심신이 평안할 때는 아무 일 없다가 긴장만 하면 손바닥과 발바닥에 심하게 땀이 납니다.

시험을 보거나 피아노나 바이올린 같은 악기를 연주할 때, 공을 다루는 운동을 할 때, 타인과 악수를 할 때 땀이 많이 나면 자신감마저 잃어버리는데요. 심하면 우울증에 빠지게 되고 사춘기 전후의 민감한 나이에 자주 발생합니다.

치료 방법은 다음과 같습니다. 손의 온도를 높이게 되면 교감 신경의 반사를 억제해 다한증이 호전됩니다.

Rockwell - Knife - 칼로 잘린 듯 아픈 사랑

서둘러 집에 들어갈 필요도 없게 됐다고
당신이 떠났으니까
칼
칼로 살을 에는 것 같아
이 상처를 어떻게 치료해야 할까?
나 너무나 깊은 상처를 입었어
칼
칼로 살을 에는 것 같아

마이클 잭슨, 프린스와 더불어 80년대 초반을 대표했던 흑인 아티스트입니다. 미국의 디트로이트에서 태어난 그는 모타운 레코드사의 설립자인 베리 고디의 아들이기도 합니다. 당대 아티스트들과 어울리면서 음악적 실력을 키워 1984년에 〈Somebody's Watching Me〉를 발표하여 화려하게 데뷔합니다.
실연의 아픔을 칼로 베이는 고통에 비유한 노래 락웰의 〈Knife〉를 들어봅시다.

사람들은 누구나 자신에게 닥친 시련들을 피하고 싶어 합니다. 왜 이런 시련이 나에게 찾아왔는지에 대한 의문보다는 당장 닥친 시련 때문에 힘겨워합니다. 하지만 우리는 시련을 이겨낸 후 먼 훗날 이렇게 말하게 될지도 모릅니다.

11월 3일

"그 시련이 오늘의 나를 만들었습니다." 라고,
시련을 당하고 있을 때는 시련의 의미를 모르지만 시간이 흐른 후에 그 시련이 준 참 의미를 비로소 깨닫게 됩니다. 늘 그 시련을 이겨낼 수 있는 힘과 용기, 그리고 커다란 교훈과 함께 찾아오는데 우리는 종종 그 사실을 너무 늦게 깨달을 때 안타깝습니다.

Glen Campbell - Time (시간)

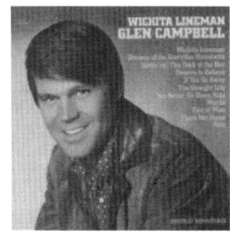

아, 그 좋았던 시절은 어디로 갔을까?
어떤 때는 행복하지만, 어떤 때는 그렇지 않아요
어떤 때는 내 얼굴이 차갑지만, 뜨거울 때도 있습니다
해가 질 때 나는 웃고, 해가 뜰 때는 울어요
한밤 중에 나는 어찌할 줄 모르죠
왜 그런지 모르겠어요

1964년에서부터 1965년까지 그룹 비치보이스의 멤버로 활동하였습니다. 1965년에는 영화 〈베이비〉로 데뷔하기도 한 미남 가수입니다. 작곡가 지미 웹과 함께 일하면서 〈By The Time I Get To Phoenix〉를 히트시킵니다. 그는 이 노래 〈Time〉에서 좋았던 시절이 더 좋았다고 합니다. 하지만 삶이 힘들 때 좋았던 과거를 보는 것보다 음악을 들으며 휘파람을 불어보는 것이 어떨까요.

마음에서 즐거운 듯이 만면에 웃음을 띠워라. 어깨를 쭉 펴고 크게 심호흡을 하자. 그리고 나서 노래를 부르자. 노래가 아니면 휘파람이라도 좋다.
휘파람이 아니면 콧노래라도 좋다. 그래서 자신이 사뭇 즐거운 듯이 행동하면 침울해지려 해도 결국 그렇게 안 되니 참으로 신기한 일이다.

11월 4일

-데일 카네기의 명언

Roberta Flack&Peabo Bryson - Tonight I Celebrate My Love
(오늘밤 나는 당신을 향한 내 사랑을 축복해요)

오늘밤, 당신을 향한 사랑을 소중하게 노래해요
그건 나에게 너무나 당연한 일이죠
오늘밤, 아무도 우리를 찾지 못할 거예요
우리는 세상 모두로부터 잠시 벗어나 있을 거예요
당신과 사랑을 나누고 있을 때는 말이죠
오늘밤, 당신을 향한 사랑을 소중하게 노래해요
그리고 당신도 마음 속 깊이 나와 같은 생각을 하고 있길 바라죠

1939년에 출생하였으며 데뷔는 1969년 1집 앨범 [First Take]로 하였습니다. 피아니스트 겸 싱어로서 작곡가 및 편곡자로도 활발히 활동하였습니다. 〈Killing Me Softly〉는 팝의 명곡이 된지 오래입니다. 로맨틱한 발라드를 구사하는 당시에는 신인이었던 피보 브라이슨과 이 노래를 달콤하게 부릅니다. 부부 간에 싸우고 난다면 이 노래로 화해의 제스처를 보내는데 좋으리라 생각됩니다.

부부 간 다툴 때 분노를 표출하지 않고 꽁하니 있는 경우 사망률이 4배나 더 높았습니다.

미국 위스콘신 독립 연구소를 이끄는 이커 박사는 실험기간 동안 부부 간 갈등 상황에서 적극적으로 말하는 유형과 말을 하지 않는 유형을 구분해 관심 있게 지켜봤습니다. 이커 박사는 '자기 침묵형 아내들은 좋은 관계는 유지될지 몰라도 건강은 유지되지 않는다.'고 설명했습니다.

갈등 상황에서 여성이 말을 안 하는 동안 스트레스를 유발하는 호르몬이 촉진돼 이것이 신체에 악영향을 미치는 것 같다고 추측했습니다.

다만 서로 본인들의 생각들을 명확하게 표현하되 화를 조절하면서 내라는 것입니다.
화를 적절하게 내면서 자기 표현을 할 시기입니다.

11월 5일

Olivia Newton John - Let Me Be There (당신과 함께 할 거예요)

당신 손을 잡고 당신이 넘어지면 잡아줄 수 있는 그런 곳에서 당신이 하는 모든 일을 끝까지 지켜볼 겁니다
당신과 아침을 함께 할 장소에 있었으면, 당신과 밤을 함께 할 장소에 있었으면 좋겠어요
잘못된 것이라면 뭐든지 고치고, 바르게 만들게 해주세요.

1970년대 팝 계의 신데렐라로 사랑받았습니다. 형부의 커피숍에서 솔로 가수로 음악 활동을 하다가 고객의 권유로 오스트레일리아의 레코드 회사에서 주최한 콘테스트에 참가하여 수상합니다. 1948년 9월 26일생이며 영국 출신의 가수입니다. 이 곡은 유명 작곡가 폴 윌리암스의 곡으로 〈Let Me Be There〉를 내놓아 히트합니다. 당신이 있는 곳이라면 나도 그곳에 있고 싶다는 그런 소망을 담았습니다. 노래 속에 그녀는 사랑에 중독된 것 같습니다.

사회적으로도 큰 문제가 되고 있는 인터넷 게임은 날이 갈수록 중독성을 드러내고 있어 자칫하면 한창 꿈을 키워갈 나이에 피폐해진 나날로 미래를 망칠 수 있다는 게 전문가들의 충고입니다.

11월 6일

인터넷 게임은 실제 게임으로 인해 금단 현상이 나타나고 생활 장애가 동반되고 있어 더 심각합니다.

이와 같은 중독 현상을 예방하기 위해서는 무엇보다 컴퓨터를 시야에서 멀리 두는 동시에 부모가 자녀를 꾸준히 관찰하고 대화하려는 노력이 필요합니다.

흔히 가랑비에 옷 젖는 줄 모른다는 말처럼 가볍다고 방치했다가는 이렇게 중독이라는 벽과 부딪히게 되므로 부모의 꾸준한 관리가 필요할 것 같습니다.

Blood, Sweat & Tears - I Love You More Than You'll Ever Know
(그대가 알고 있는 것 보다 더 많이 사랑해)

당신이 생각할 수 없을 정도로
내가 돈벌이가 시원찮았을 때도
내가 월급을 어디에 썼는지 알잖아요
모두 당신께 갖다 바쳤어요
내가 쓴 거라고는 땡전 한 푼도 없었죠
더 이상 어떻게 살 수가 있을까요
사랑했던 당신이 사라져 버리길
바란다고 생각할지 모르지만
당신이 알지 못하는 그 이상 당신을 사랑해요

1967년 블루스 프로젝트에서 탈퇴한 앨 쿠퍼와 스티브 캐츠, 바비 콜롬보에 의해 결성된 팀입니다. 관악기를 사용하여 사운드의 영역을 넓은 최초의 록 그룹으로 재즈와 록 요소를 융합한 음악을 발표하였습니다. 이곡은 1968년에 발표한 Blood Sweat & Tears의 앨범 [Child Is Father To The Man] 수록곡입니다.

우리 삶에 외로움을 어쩔 수 없는 숙명인가 봅니다. 사랑하는 사람과 있다가 조금이라도 서운한 사이가 된다면 사랑 대신 외로움이 다가옵니다. 신기한 일입니다. 사람을 통해 사랑을 느끼고 사람을 통해 외로움을 느끼다니.

11월 7일

매일 똑같은 음식에 똑같은 옷을 입지 않듯이 사람의 마음에도 많은 모양들이 있습니다. 그중에서 자신을 가장 단단하게 만드는 것이 외로움입니다. 그러나 그 외로움이 오래가지 않도록 언제든지 마음의 문은 활짝 열어두세요.

Johnny Cash – Folsom Prison Blues (풀섬 교도소의 블루스)

열차가 오는 소리를 들어 굽은 길을 돌고 돌아
나는 햇빛을 보지 못했어 언제부터인지 모르겠어
나는 폴섬 교도소에 갇혔어
시간은 계속 흘러가 기차는 계속 굴러가고
내가 어린애였을 때 샌 안톤에서 엄마는 말했어
"아들아, 항상 좋은 애가 되어라, 다시는 총을
갖고 놀지 말아라"
그러나 나는 레노에서 사람을 쐈어, 그가 죽는 걸
보고만 있었지, 호루라기 소리를 들었을 때 나는
머리를 숙이고 울었어
틀림없이 부자들은 잘 먹겠지
화려한 식당 칸에서 그들은 커피를 마시고 있겠지
커다란 시가를 피우고 내가 이렇게 된 건 당연
한 거겠지
자유로울 수 없다는 것도 알아, 그렇지만 저 사람
들은 계속 나아가겠지
그것이 더욱 나를 괴롭혀
그래, 나를 이 감옥에서 풀어준다면 저 기차길의
기차가 내것이라면, 나는 조금이라도 떠나볼꺼야
선로 아래 더 멀리, 폴섬 교도소에서 멀리
그곳이 머물고 싶은 곳이야
그리고 고독하게 휘파람을 불꺼야
나의 블루스를 말이야

11월 8일

칼 퍼킨스. 제리 리 루이스, 그리고 엘비스 프레슬리 등의 동료들과 더불어 초기 로커빌리스타들 중의 한 사람이었던 자니 캐쉬는 60년대에 컨트리부문에 확고하게 자리를 잡기 전까지는 포크 성향이 짙은 음악을 노래했습니다. 캐쉬는 1964년 비터 티어즈의 〈The Ballad Of Ira Hayes〉로 미국 인디안에 대한 기념비적인 공헌을 함으로써 컨트리 뮤직에 전례가 없을 정도의 치열한 사회 의식을 반영하였습니다. 아마도 최초 국제적인 컨트리 스타라고 할 수 있는 캐쉬는 밥 딜런과 크리스 크리스터퍼슨을 대중에게 소개시키는 데 큰 역할을 하였습니다.

사람에게는 6가지 감옥이 있다고 합니다.

첫째 감옥은 자기도취의 감옥,

둘째 감옥은 비판의 감옥

셋째 감옥은 절망의 감옥

넷째 감옥은 과거지향의 감옥

다섯째 감옥은 선망의 감옥'

여섯째 감옥은 질투의 감옥이 있는데

사람은 여섯 가지 감옥에서 탈출하지 않으면 결코 행복할 수 없다고 합니다.

트윈 폴리오 - 하얀 손수건

헤어지자 보내온 그녀의 편지 속에
곱게 접어 함께 부친 하얀 손수건
고향을 떠나올때 언덕에 홀로 서서
눈물로 흔들어주던 하얀 손수건

송창식, 윤형주로 구성된 그룹입니다. 이 곡은 나나 무스꾸리의 〈Me T Aspro Mou Mantili〉가 원곡입니다.

손수건의 기원은 고대 로마 시대로 거슬러 올라갑니다. 중세 말기에는 머리에 쓰던 커치프(두건)를 손에 들고 다니면서 손수건이 되었습니다.
16세기경에는 포켓 위에 살짝 내비치게 꽂거나 장식용으로 손에 들고 다니는 것이 유행하기도 했는데 18세기 말 프랑스에서는 귀족 부인들이 개성을 표현하기 위해 직사각형, 정삼각형 등 다양한 모양의 손수건을 들고 다녔답니다.
그런데 루이 16세의 왕비 마리 앙투아네트가 손수건 모양이 마음에 들지 않는다는 이유로 남편인 루이 16세에게 프랑스의 손수건은 모두 정사각형으로 통일하라고 명령을 내렸습니다. 그 때부터 손수건의 모양이 정사각형으로 정착된 것이라고 합니다.
일회용 휴지의 범람으로 인해 손수건을 통보지 못하고 있습니다. 혹시 예쁜 꽃무늬가 프린트된 손수건 갖고 계신가요?

Michael Jackson- Money (탐욕과 욕망에 사용되는 돈)

그래 너는 돈을 믿을만한 물건이라 부르지만
난 말하기를
탐욕과 욕망에 관한 악마의 놀이에
사용되는 도구일 뿐이라 하지

80년대 최고의 팝스타입니다. 1958년 8월 29일에 태어나서 2009년 6월 25일에 운명하셨습니다. 70년대 유명한 음악 가족인 잭슨5의 리드보컬로 데뷔하였습니다. 어린 소년의 몸에서 뿜어내는 미성은 팝 계에 신동 소리를 들을 정도로 대단했습니다. 성인이 돼서 솔로로 독립한 후 내놓는 앨범마다 밀리언셀러를 기록할 정도로 선풍적인 인기를 끌게 됩니다. 특히 [Thriller]앨범은 9곡이 수록되어 있는데 무려 7곡이나 탑 텐에 랭크되어 전 세계 팝을 지배하는 황제로 떠오릅니다. 그는 큰 부자이긴 했지만 헤픈 씀씀이로 인해 행복하진 않았습니다.

탈무드에 나오는 금전에 관한 속담

11월10일

*현금은 가장 능력 있는 중개인이다.
* 좋은 수입만큼 좋은 약은 없다.
* 지식을 지나치게 많이 쌓은 사람은 늙지만, 돈을 지나치게 많이 가진 사람은 젊어진다.
* 돈을 갖지 못한 사람은 그 돈이 매우 귀중해 보인다.
* 돈을 사랑하는 마음만으로는 부자가 될 수 없다. 돈이 당신을 사랑하지 않으면 안 된다.

John Lennon – Love (사랑)

사랑은 바로 당신이에요. 당신과 내가 바로 사랑이에요
사랑은 아는 것이에요. 우리가 존재한다는 것을
사랑은 자유로움이에요
자유로움이 바로 사랑이죠
사랑은 살아 있는 것이에요, 살아 있는 사랑
사랑은 부족함을 느끼는 것이에요

1940년 10월 9일 영국에서 태어나 1980년 12월 8일에 극성 팬에 의해 일찍 죽음을 맞이했습니다. 데뷔는 1963년에 비틀즈 1집 앨범 [Please Please Me]로 밴드 생활을 시작하였으며 미국에 영국 침공이라고 불릴 정도로 미국을 비롯한 전 세계에 선풍적인 인기를 끌었습니다. 사후, 1981년 제24회 미국 그래미시상식에서 올해의 앨범상을 수상했습니다. 그가 노래하는 사랑은 매 순간이 모두 애정으로 가득 차 있네요.

화이트 데이, 블랙데이, 로즈데이 그리고 가늘고 긴 과자를 교환하는 빼빼로 데이도 있다고 전했고 이 외에도 첫 만남 이후 100일, 200일, 300일, 천일 째 날을 기념하고 있다며 기념일들을 미리 알려주는 인터넷 사이트까지 있습니다.

11월11일 언론은 이런 기념일이 1년에 30여개에 달한다고 전하면서 기업들이 밸런타인데이의 매출 급증에 고무돼 사랑과 상품을 묶어서 매출을 올리는 방안을 찾고 있다고 합니다.

좋아하는 사람에게 자신의 마음을 선물로 전하는 것을 뭐라고 탓할 수 없지만 그래도 의미도 불분명한 날에 상품성에 자신의 마음을 포장하는 것은 한번쯤 생각해 보는 것은 어떨까요. 정말로 사랑하는 사이라면 선물보다는 평소에 시로 위하고 챙겨주는 것이 멋진 선물입니다.

Charlie Landsborough - Love You Every Second
(매순간 순간 당신을 사랑합니다)

매 순간 그대를 사랑합니다.
오랜 세월이 흐른 후 우리가 헤어져야만 할
날이 올겁니다.
그 시간을 헤아려보기 위해 이 자그마한 손목시계를 샀어요, 시계의 설명서는 내 마음입니다
당신이 언제나 나만의 사람이기를
당신께 상기시켜 주기 위한 매 순간 그대를 사랑합니다, 간단하지만 변함 없는 진실입니다
순간이 소중하니 한 순간이라도 낭비하지 마세요

아일랜드 출신의 싱어송라이터 찰리 랜즈보로는 30년을 교사로서 또는 리버풀에서 노래하는 무명 가수로 지낸 후에 컨츄리 뮤지션으로 인정받은 어렵게 성장한 가수입니다. 그의 얼굴에서 연륜이 느껴집니다.

내가 젊고 자유로워서 상상력에 한계가 없을 때, 나는 세상을 변화시키겠다는 꿈을 가졌었다. 좀더 나이가 들고 지혜를 얻었을 때 세상이 변하지 않으리라는 걸 알았다. 그래서 내 시야를 약간 좁혀 내가 살고 있는 나라를 변화시키겠다고 결심했다. 그러나 그것 역시 불가능한 일이었다.

황혼의 나이가 되었을 때 마지막 시도로, 나와 가장 가까운 내 가족을 변화시키겠다고 마음을 정했다. 그러나 아무 것도 달라지지 않았다. 이제 죽음을 맞이하기 위해 누운 자리에서 나는 문득 깨달았다. 만일 내가 내 자신을 먼저 변화시켰더라면, 그것을 보고 내 가족이 변화되었을 것을. 또한 그것에 용기를 얻어 내 나라를 더 좋은 곳으로 바꿀 수 있었을 것을."

작가 미상의 이글은 웨스트민스터 대성당의 지하 묘지에 있는 한 영국 성공회 주교의 무덤 앞에 적혀 있는 글입니다.

Donovan - I Like You (당신을 좋아합니다)

당신은 좋은 친구이기에 그대를 적으로 두고 싶지 않아요
처음 만난 순간부터 당신만이 날 자유롭게 해 줄 사람이란 걸 알았지요
당신은 날 좋아했고 나도 당신을 좋아했죠
당신은 날 좋아했고 나도 당신을 좋아했죠
그대는 내 마음을 장악하고
서쪽 인디언 땅을 향해 그대 마음에 있는 금빛 소년을 꿈꾸며 시간을 채우며 그대의 몸을 태웠죠

1946년에 스코틀랜드 글래스코우에서 태어난 싱어 송라이터입니다. 10세 때 영국으로 이주하여 학교를 그만두고 방랑생활을 하다가 지방의 클럽에서 연주하며 정착하였고 음반사의 눈에 띄어 1965년 〈Catch The Wind〉 노래로 데뷔하였습니다. 영국의 밥 딜런이라는 칭호를 받을 정도로 포크 싱어로 활약이 대단하였고 2008년도에 잠실에서 열린 파워플라워 페스티발 참가해서 공연을 하였습니다.

많은 말 중에서 가장 귀하고 아름다운 말은 격려입니다. 그래서 사람들은 격려의 말을 표현의 예술이라고 합니다. 당장 능수능란하게 글을 구사하는 작가가 될 수는 없지만 그보다 더 좋은 사람들에게 영향을 미치는 격려의 예술가는 누구나 될 수가 있습니다.

마크 트웨인은 멋진 칭찬을 들으면 그것만 먹어도 두 달은 살 수 있다고 하였습니다. 지금 대부분의 사람들은 음식을 못 먹어서 배고픈 것이 아니라 격려와 칭찬과 긍정적인 말에 목말라 있습니다. 격려는 꽃과 같아서 그것을 주는 사람의 손에도 향기의 일부를 남기기 때문입니다.

좋은 말과 좋은 음악으로 여러분에게 따뜻한 격려를 드리고 싶습니다. 도노반이 부릅니다. 당신을 좋아합니다.

Papa Winnie-You are my sunshine (당신은 내 행복의 근원)

당신은 나의 유일한 태양입니다
하늘이 흐릴 때면 날 행복하게 해주지요
내가 얼마나 사랑하는지 당신은 모를 겁니다
제발 나의 태양을 앗아가지 말아요
지난 밤 잠이 들었는데
당신을 안고 있는 꿈을 꾸었습니다
잠에서 깨어 보니 꿈이었을 뿐이지요
난 머리를 묻고 울고 말았습니다

1993년 국내의 레게 붐을 타고 사랑을 받은 레게 싱어입니다. [You Are My Sunshine]과 미국 출신의 싱어 송라이터 조 사우스의 오리지널을 리메이크 한 〈Games People Play〉로 기억되는 인물입니다.
특히 파파위니하면 레게를 전 세계에 알린 인물입니다. 카리브해 주변 나라에서만 들을 수 있던 레게를 전 세계 사람들이 듣고 좋아할 수 있도록 대중화하였습니다.

우리에게 정말 소중한 건 살아가는 데 필요한 많은 사람들보다는 단 한 사람이라도 마음을 나눌 수 있는 길동무가 있으면 됩니다.

11월 14일

혼자보다는 둘이 좋고 낯선 둘보다는 친근한 벗 하나 있는 것이 좋다는 것이지요. 어느날 불어 닥친 인생의 고난 속에서도 유일하게 마음의 길이 되어 곁에 있어주는 동무, 그것은 살아가야할 삶의 뚜렷한 이유입니다.
친구야, 우리 사이 아무 이상 없는 거지?
오늘은 이런 전화 친구에게 한 통 걸어 보는 것은 어떻습니까? 우정은 선물처럼 그냥 배달되지 않습니다.

Lucifer's Friend - My Love (내 사랑)

내 사랑, 당신 눈에 다시 흐르는
눈물을 보고 난 깨달았어요
내가 또 잘못을 했다는 걸요
내가 사랑을 몰랐다는 걸 알잖아요
당신께 어떻게 맞춰야할 지 몰랐어요

루시퍼스 프렌드는 1970년에 1집 앨범 [Lucifer's Friend]로 데뷔하였습니다. 순식간에 떠오른 인기보다 우리에게 좋은 음악으로 서서히 알려진 그룹입니다. 1960년대 중반 독일에서 결성되어 활동하던 록 그룹 저먼 본즈는 키보드 주자인 피터 헤흐트와 베이스 주자인 디어터 호른스가 활동하고 있었습니다. 이 밴드에 기타 주자인 피터 해슬레인이 합류하였고, 이듬해에는 드러머인 조아킴 라이텐바흐가 가담하면서 본격적인 활동을 시작합니다. 라디오를 통해 한국에서 유명해진 독일의 하드 록 그룹 루시퍼스 프렌드는 1970년에 아스테릭스라는 이름으로 시작하였습니다.

우리가 맞이하는 하루는 열어 보지 않은 선물입니다. 아무도 알지 못하는 사랑의 선물입니다. 우리는 날마다 그것을 열어봅니다. 무엇이 담겨 있는지는 아직 모릅니다. 하지만 내 마음이, 내 눈과 귀와 손 끝이, 발걸음이 그것을 좋아하면 기쁨이라는 이름의 선물이 될 것이고, 사랑이라 느끼면 사랑이라는 이름의 선물이 됩니다.
불만의 마음으로 열면 그것은 불만의 상자가 될 것이고, 걱정과 후회의 마음으로 열면 그것은 당신에게 힘들고 괴로운 날을 안게 할 것입니다.
에이브러햄 링컨은 '미래가 좋은 것은 그것이 하루씩 다가오기 때문이다.'라고 했었습니다. 하루하루, 그것은 당신에게 스스로 하루의 내용을 신처럼 결정할 수 있도록 허락한 귀한 시간입니다.

11월 15일

박상민 - 중년

어떤 이름은 세상을 빛나게 하고
또 어떤 이름은 세상을 슬프게도 하네
우리가 살았던 시간은 되돌릴 수 없듯이
세월은 그렇게 내 나이를 더해가
한때 밤잠을 설치며 한사람을 사랑도 하고
삼백예순 하고도 다섯 밤을
그 사람만 생각했지 한데 오늘에서야
이런 나도 중년이 되니 세월의 무심함에
갑자기 웃음이 나오더라

짙은 색의 선글라스와 검은 콧수염이 매력 포인트인 그는 허스키한 목소리로 대중들에게 사랑을 받고 있습니다.
대표곡으로는 〈청바지 아가씨〉, 〈멀어져 간 사람아〉, 〈하나의 사랑〉과 〈너에게 가는 길〉이 있습니다. 박상민의 〈중년〉을 들으며 저는 옛 청춘이 생각나 저도 모르게 미소를 짓습니다.

젊음을 부러워하지 말라, 마음의 질투는 몸까지 병들게 한다

움켜쥐지 말라

인색한 중년은 외로울 뿐이다, 남에게 의존하지말라

11월16일

감정에 솔직하라

젊은 척 아는 척 부유한 척은 왕따를 자초한다

참견 하지말라

이제 후원과 격려를 할 시기이다

이제부터 새로운 인생이 시작된다고 생각하라

'중년 이후 '에서 발췌한 내용입니다.

Styx- Boat On The River (강 위 나룻배)

강물을 들여다보니 시간은 그대로 멈춰 있고,
강 위의 나룻배를 스쳐가는 물결이
가만히 어루만지며 편안하게 해주니
난 더 이상 울지 않겠어
아 - 강은 넓고
모래 위에 부서지는 파도처럼 내 삶을 어루만지며
고요의 바닥으로 통하는 모든 길에서
내 근심 어린 얼굴은 사라지네

미국 시카고 출신의 밴드 스틱스는 1977년에 발표한 음반 〈The Grand Illusion〉과 싱글 〈Come Sail Away〉의 성공으로 시카고를 대표하는 록 그룹으로 유명세를 타게 됩니다. 록 지향 음악으로 시작한 스틱스는 토미 쇼의 가입과 함께 팝 쪽으로 방향을 선회하였습니다. 이러한 시도가 성공적으로 이어져 스틱스는 1977년부터 밴드 전성기를 맞이하게 됩니다.

한 사람이 배를 타고 강을 건너다가 빈 배가 그의 배와 부딪치면 그가 아무리 성질이 나쁜 사람일지라도 그는 화를 내지 않을 것이다. 왜냐하면 그 배는 빈 배이니까.
그러나 배 안에 사람이 있으면 그는 그 사람에게 피하라고 소리칠 것이다.
그래도 듣지 못하면 그는 다시 소리칠 것이고 마침내는 욕을 퍼붓기 시작할 것이다.
이 모든 일은 그 배 안에 누군가 있기 때문에 일어난다. 그러나 그 배가 비어 있다면 그는 소리치지 않을 것이고 화내지 않을 것이다.
세상의 강을 건너는 그대 자신의 배를 빈 배로 만들 수 있다면 아무도 그대와 맞서지 않을 것이다. 아무도 그대를 상처 입히려 하지 않을 것이다.

- 장자

Jeremy Spencer Band – Traveling (여행)

먼 나라를 여행하며
즐거운 나날을 보내고 있었습니다
난 한 곳에 머무는 스타일은 못 됩니다
그런데 밤에 도시의 불빛을 보니
문득 고향이 그리워지는군요
내가 침울했던 이유는
사랑이 그리웠기 때문이었어요
당신의 사랑은 아무리 받아도 부족하죠
홀로 여행을 하고 있어요
과거를 되돌아보며 오늘밤 당신을 생각합니다
내 인생을 바꾸어놓은 당신을 지금에 와서야 알겠습니다
최선을 다한 결과 난 한 인간일 뿐이며
당신의 사랑이 필요하다는 것을 말예요
세상을 여행하면서
당신이 이렇게 말하는 소리가 들리는 듯합니다
난 당신의 사랑을 원해요, 당신의 사랑이 필요해요
곧 집에 돌아가게 될 겁니다
멀지 않았어요

11월 18일

전설적인 록 밴드 플릿우드 맥에서 기타리스트로 활동했던 제레미 스펜서가 79년에 발표했던 곡으로 고속도로를 달리는 느낌의 슬라이드 기타의 전주가 어디론가 떠나고 싶은 마음이 들게 합니다. 여행을 주제로 경쾌한 분위기의 곡이지만, 가사를 살펴보면 인생의 동반자를 찾아 나선 외로운 청년의 인생 여정을 노래한 곡입니다.

Andy Williams – Moon River (달빛이 흐르는 강)

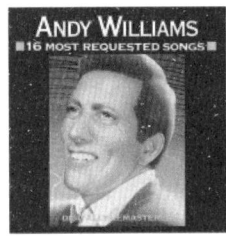

달빛이 흐르는 강
무척이나 깊어 보입니다
언젠가 난 당신의 모습을
외면한 적이 있었습니다
오랫동안 사랑했지만
나의 꿈을 부셔 버린 사람
나는 당신이 어디로 가든지
당신을 따라 가겠습니다
세상의 밖에 존재하는 두 표류자
우리는 무지개의 양쪽 끝에 있습니다
나의 허클베리 친구가
무지개 저쪽 끝에 있습니다

1927년 12월 3일에 미국에서 출생하였습니다. 그룹 윌리엄스 브라더즈로 데뷔하였으며 1956년에 커덴스 레코드사와 계약하였습니다. 오드리햅번 주연의 영화 〈티파니에서 아침〉의 주제곡인데, 부드러운 보이스로 달빛이 보이게끔 불러 수십 년이 흐른 지금까지 사랑받는 명곡입니다.

11월 19일

Hugh Grant and Haley Bennett - Way Back Into Love
(사랑으로 가는길)

내 머리로 그늘이 드리워진 채로 살았어
내 침대 위로 먹구름이 드리워진 채로 잠을 잤어
난 오랫동안 외로웠지
나는 과거에 갇혀서 도저히 나아갈 수가 없었지
난 꿈과 희망을 숨겨뒀지
혹시라도 내가 그것들이 필요할까봐서
난 시간에 벗어난 곳에 나 자신을 두었어

휴 그랜트는 영국에서 출생한 영화배우입니다. 1960년 9월 9일 영국에서 출생하였으며 1982년 영화 〈프리버리지드〉로 데뷔하였습니다.
1995년 제52회 골든 글로브 시상식 뮤지컬, 코미디부문 남우주연상을 받았으며 드루베리모어와 함께 공연한 로맨스 영화 〈그 여자 작사 그 남자 작곡〉에서 같이 주제곡을 불렀습니다. 90년대에 여심을 흔들었던 영국의 대표 미남배우입니다.

사람들이 알고 있는 행복은 늘 멀리 있다고만 생각하고 있어서 늘 슬픈 얼굴을 할 수 밖에 없습니다.
행복은 바로 곁에 있는데 그것을 느끼지 못하고 사람들은 늘 먼 곳만 쳐다보며 이미 와있는 행복을 기다리고 있기에 자신의 행복은 외로울 수밖에 없습니다.
언제까지 자신의 행복을 슬픈 얼굴로 만드시겠습니까?
오늘은 주위에 혹시 자신의 행복이 슬픈 얼굴로 자신만을 바라봐 주기를 기다리고 있는 건 아닌지 한번 돌아보시는 시간되길 바라면서 여기 따스한 로맨스 영화 〈그 여자 작사 그 남자 작곡〉 음악을 띄웁니다. 이 노래 속에서 다정하게 노래를 부르는 연인들처럼 가장 가까운 그 또는 그녀에게 달콤함을 속삭이는 하루가 되었으면 좋겠습니다.

11월 20일

Paul Young - Everytime You Go Away (당신이 갈 때 마다)

우린 어떤 문제도 극복할 수 있는데
왜 이렇게 많은 눈물을 허비해야 하나요
당신 또 그러는군요
당신을 유혹하는 남자가 나타나면
당신은 항상 그런 식이에요
모르겠어요?
우린 언제나 이런 식이잖아요
당신이 떠나갈 때마다
나의 일부를 떼어가는 것 같아요
당신이 떠나갈 때마다
나의 일부를 떼어가는 것 같아요
어서 가요, 가서 자유롭게 사세요

라이쳐스 브라더스와 조카커 이후 몇 명의 아티스트들에 의해서 이어져온 블루아이드소울(백인 연주자가 흑인의 소울을 적극 차용한 음악)의 영국 대표 주자로 많은 사랑을 받았습니다. 1956년 1월 17일생이며 어린 시절부터 음악에 많은 관심을 가져 피아노와 기타를 배우며 성장하였습니다. 10대 시절에는 아버지가 일하고 있던 자동차공장의 축구팀에서 선수로 뛰기도 했으며 남는 시간 틈틈이 몇 군데의 밴드를 거치며 베이스 주자로 활동하였습니다. 내가 모르는 것은 너무 많습니다. 잘 알고 있다고 생각하는 상대도 그 속을 깊이 파고들면 모르는 것 투성이입니다. 영국 가수 폴 영이 노래하던 시절도 마찬가지였나 봅니다. 속을 모르는 여자 친구 때문에 속을 끓이는 그가 멋진 목소리로 노래합니다.

11월21일

하늘을 날아다니고 초능력 같은 과학의 세상에 몸담고 있다 해도 단 한사람의 마음도 알지 못하며 하다못해 하루살이 곤충에 배어 있는 온몸을 던진 날개 짓의 고통을 우리는 알지 못합니다.

Glenn Frey- The One You Love (당신이 사랑하는 한 사람)

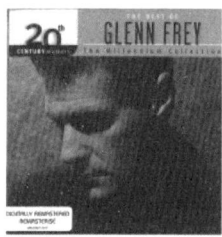

난 당신에게 말을 함께 나눌 친구가
필요하단걸 알아요.
당신이 겪고 있는 모든 일들을
이해해주는 친구말이죠.
사랑에 대해서는
쉬운 대답이란 없는 거죠

이글스의 주요 멤버로 이글즈 시절에는 돈헨리와 함께 이글스를 이끌었던 유능한 싱어송 라이터입니다. 솔로음악은 1982년 발표한 〈No Fun Aloud〉이며 또 그는 〈Hotel California〉의 작곡가로써 명예의 전당에 이름을 올리기도 한 뛰어난 작곡가인데 솔로로도 밴드 시절과는 차별화된 달콤한 노래를 불렀습니다.

사람의 얼굴을 보다보면 아름답게 보이는 각도가 있습니다. 일명 얼짱 각도라고도 하죠. 어느 방향에서 보느냐에 따라 예뻐보이기도 하고 미워보이기도 합니다.
사람 속도 마찬가지입니다. 분명 사람에게도 좋은 점이 있을 텐데, 그것은 찾아보지 않아 자신의 시각으로만 바라봐서 상대를 미워하고 무시합니다. 사람은 그가 누구냐보다 내가 어떻게 보느냐에 따라 중요도와 의미가 달라집니다.

11월 22일

LeAnn Rimes - Amazing Grace (거룩한 축복)

놀라운 은총이여 얼마나 감미롭게 들리는가?
그 소리가 나 같은 쓰레기를 구원하였도다!
한때 장님이었지만 이제는 볼 수 있게 되었고
그 은총은 나의 마음에 두려움을 가르쳐 주었소
그리고 바로 은총은 모든 두려움을 걷어내고
얼마나 고귀하게 은총이 나한테 나타났던지
내가 처음 믿은 순간
수많은 험난함과 수고와 유혹을 통과하여
나는 이미 여기 와 있소이다
그 은총이 나를 안전한 곳으로 그렇게 멀리 인도
하여 주었소
그리고 은총은 나를 나의 집으로 인도하리오
주는 나에게 선을 약속하였습니다.
그분의 말씀으로 나의 소망은 확고해 지고

1982년 8월 28일에 미국에서 출생하였습니다. 십대에 이미 1994년 1집 앨범 [All That]를 불렀습니다. 1997년과 1998년에 블록버스터 어워드 최우수 여성 아티스트상, 올해의 아티스트상 최우수 컨트리 앨범상을 받으며 포크의 기대주로 시선을 모았습니다.
근처에 화상 전문 병원이 있는데 병원의 환자들을 바라보면, 종교를 떠나 기도하고 싶은 마음이 듭니다. 놀라운 기적이 필요한 시절이기도 합니다.

Laura Branigan - Self Control (자기 절제)

오, 밤은 나의 세계
도시의 불빛이 여자를 물들이고,
하루의 일은 아무 문제가 안돼요
치근거리는 밤이 됐어요
밤엔 자제력을 잃죠
벽을 통해 무엇인가 부서지고,
당신이 걷고 있는 것처럼 순백색으로 갈아입죠

1957년 7월 3일, 미국 뉴욕 주 브루스터에서 태어났으며 비교적 이른 나이인 47세에 뇌동맥류로 2004년 8월 26일 운명하셨습니다. 미녀 팝 가수이며 동시에 배우였고 1979년에서부터 2004년까지 활발하게 활동하였습니다.
1982년에 데뷔한 앨범 [Branigan] 플래티넘 판매고 기록하였고 1983년 〈Gloria〉가 빌보드 2위를 기록, 36주간 차트에 머물러 있었습니다.
이 노래는 한 남자 앞에 자기 절제를 잃어버린 사랑에 빠진 여인을 묘사하고 있는데, 흥겨운 팝 리듬으로 탄생하였습니다. 한 남자에게는 파란 신호등처럼 허락하겠다는 속뜻을 내포하고 있네요.

빨간 신호등이든 파란 신호등이든 이 모든 것은 우리 사람들이 만들어낸 것이고 또 그것을 질서라는 이름으로 맞춰가며 생활합니다.

11월 24일

우리가 만들어낸 것들로 인해 우리 스스로 그것에 기다릴 줄 모르고 타박을 한다면 어쩌면 자신의 삶에서부터 이미 빨간 신호등이 들어와 있는 것은 아닌지 돌아봐야 할 것입니다.
인생에서 가장 여유로운 파란신호등은 바로 너그럽게 순응할 때 오래 켜져 있습니다.

Peter, Paul And Mary - Blowin In The Wind (바람 결에 흩날리다)

얼마나 많은 사람들이 머리를 돌려야 거짓을 볼 수 없을까
얼마나 여러 번 올려봐야 푸른 하늘을 볼 수 있을까
얼마나 큰 소리로 외쳐야 사람들의 고통을 들을 수 있을까
얼마나 많은 사람들이 죽어야 죽음의 뜻을 알까
내 친구야 묻지를 마라 바람만이 아는 대답을

피터 야로우, 노엘 폴 스투키, 메리 트래버스로 이루어진 3인조 혼성 포크 밴드입니다. 1961년 뉴욕 그리니치 빌리지에서 결성되어 1970년 해체될 때까지 지금까지 불려지는 수많은 포크 명곡을 양산해낸 트리오로 1960년대 아니, 팝 음악사를 통틀어 가장 대중적인 인기를 누린 포크 그룹 중 하나입니다.

세상에 사람의 좋은 면만을 보는 사람도 있고 나쁜 면만을 보는 사람도 있습니다. 좋은 면만을 보는 분들은 진실한 분입니다. 밭에 있는 거름을 두고 한사람은 농사 풍년을 기원하는 마음으로 거름을 바라보고 또 한사람은 같은 거름인데도 불구하고 냄새나는 찌꺼기쯤으로 봅니다.

11월25일

이렇듯 같은 사물인데도 어떤 마음과 어떤 눈으로 바라보느냐 차이에서 생각에도 풍년과 흉년이 있습니다. 카우면은 보이지 않는 것을 보는 사람만이 불가능을 가능하게 할 수 있다고 했습니다. 수많은 나쁜 점에서 단하나의 좋은 점을 찾아내는 하루가 되었으면 좋겠습니다. 폴앤매리가 부릅니다. 바람만이 아는 진실한 대답을 찾아볼까요.

Richie Valens - Donna (다나)

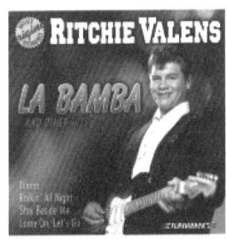

내겐 한 소녀가 있었답니다.
다나가 바로 그녀의 이름이었죠
당신이 내 곁을 떠난 이후로는
난 나의 소녀 바로 당신을 사랑하고 있었기에
예전의 내 모습을 찾을 수가 없었답니다.
다나, 당신은 과연 어디에 있는 가요
다나, 당신은 도대체 어디에 있는 건가요?

1957년 여름, 북쪽의 캘리포니아에서 록큰롤의 천재적 자질을 타고난 리치는 형 바브와 어머니 코니, 어린 동생들과 함께 멕시코 이민촌에 살며 음악에 대한 꿈을 키웠습니다.
어머니의 소개로 근처 군인 회관에 프로로 데뷔한 리치는, 레코드 프로모터인 킨의 주선으로 헐리우드의 골드스타 스튜디오에서 녹음합니다. 새로 전학해온 부잣집 딸 다나와 사랑에 빠집니다. 그러나 그녀 부친의 반대로 사랑이 좌절되자 상심하여 형과 술집에 갔던 리치는 라밤바를 듣게 되고, 곧 심취합니다. 리치는 〈다나〉를 작곡하여 일약 스타로 부상하고, 다나와 재회를 이루게 됩니다. 그러나 행복도 잠시 리치는 비행기 추락으로 짧은 인생을 마감합니다.

11월 26일

미국의 정치자이자 과학자인 프랭클린이 남긴 말 가운데, '쓰고 있는 열쇠는 항상 빛난다.'는 말이 있습니다.
친구도 마찬가지입니다. 아무리 친한 친구라고 해도 만나지 않고 등한시 한다면 점점 멀어질 수밖에 없습니다. 친구란 가족 외에 자신의 모습을 비춰주는 등대지기와 같은 존재입니다. 혹시 사는 것에 쫓겨 친구를 어쩌다 사용하는 창고 열쇠처럼 빛을 잃어가게 하는 것은 아닌지 한번 돌아보세요.

임재범 – 너를 위해

나는 매일 네게 값지도
못할 만큼 많은 빚을 지고 있어
연인처럼 때론 남남처럼
계속 살아가도 괜찮은 걸까

1979년에 사는 영문과 여대생 소은은 선배와 짝사랑의 환희에 젖어있습니다. 그리고 세상 기쁨을 함께하는 같은 과 단짝친구 선미와의 우정도 날마다 새롭게 쌓여갑니다. 그런 그녀에게 우연히 고물 무선기 하나가 옵니다. 개기월식이 진행되는 어느 날 밤, 그 낡은 무선기를 통해 신기한 교신음이 들려오고 저쪽 너머 어딘가 아득한 목소리를 듣게 됩니다. 그는 소은과 같은 대학 광고창작학과에 다니는 남학생입니다. 소은은 그 낯선 남자와 학교 시계탑 앞에서 만날 것을 약속하지만 쉽게 만날 수 없습니다.

"인연이라는 말은 시작할 때 하는 게 아니라 모든 것이 끝날 때 하는 말이다."

이 말은 〈동감〉이라는 영화 속에 나오는 대사의 일부입니다. 인연은 우리가 태어나기 이전에 이미 정해졌다는 말이 있듯이 인연은 어쩌면 우리가 함부로 말할 수 있는 부분들이 아닐지도 모릅니다.

11월 27일

누구나 인연의 소중함은 다 알고 있지만 그러나 누구라도 인연의 귀함을 얼마나 지키며 살아갔느냐는 질문에는 그 누구도 시원하게 대답해줄 사람은 없을 것입니다. 지금도 우리는 인연이라는 이름 앞에 얼마나 많은 인내와 배려를 베풀고 있는지 아니면 인연이라는 이름 앞에 두 개의 얼굴로 상대방을 기만하고 있는지 떠오르는 이름을 한번 열어봐야 할 것입니다.

Art Garfunkel- Blowin In The Wind (바람결에 흩날리다)

메리는 아직 어린아이죠
그녀를 돌봐주거나 반겨줄 사람이 아무도 없어요
무척이나 낡고 허름한 트레일러에서 그녀는 태어났어요
하지만 그녀는 마치
진흙에 묻힌 진주 같은 아가씨죠
메리에겐 친구가 한 명도 없어요
마치 벽에 걸려있는
유명한 사람의 사진처럼 말예요
사람들마다 그녀를 바라보지만
아무도 그녀의 가치를 몰라요

1941년 11월 5일에 미국 출신이며 그룹 사이먼 앤 가펑클을 결성하여 시적인 가사와 잔잔한 포크 음악으로 승승장구를 달립니다. 일반적인 음악 관련 학과가 아니라 컬럼비아대학교에서 건축을 전공한 독특한 이력이 있습니다. 1990년 로큰롤 명예의 전당에 올랐습니다. 하지만 사이먼 앤 가펑클을 기억하는 팬들은 포크의 제왕으로 경배할 정도로 높은 인기를 누리고 있습니다. 우리 고등학교 영어 선생님이 유독 사이먼 앤 가펑클을 좋아해서 수업 시간에 그들의 시에 가까운 노래 가사를 통해 공부를 했던 기억이 떠오릅니다.

11월 28일

Temptations – Mary Ann (메리안)

멤버는 G.C. 카메론과 테리 위크스, 론 타이슨, 조 헨던, 오티스 윌리암스입니다. 데뷔는 1964년 1집 앨범 [Meet the Temptations]으로 하였고 1968년에서부터 2000년까지 그래미시상식에서 최우수 그룹 R&B 보컬상과 최우수 R&B 연주상을 자주 받을 정도로 R&B에 탁월한 그룹으로 독특한 비트와 5인조 남성들의 하모니가 아름답게 어우러집니다.

아마도 사랑하는 여인의 이름이었을까? 가슴을 쥐어뜯는 듯 처절하게 부르짖는 템테이션스의 〈Mary Ann〉은 한번 들은 이후에는 절대로 머리에서 잊혀지지 않는 멜로디입니다. 1976년에 발표된 〈Wings Of Love〉에 수록된 곡입니다. 대중화된 곡은 아니지만 지금도 가끔씩 다운타운 음악카페나 인터넷을 통해서 들을 수 있는 명곡입니다. 특히 후반부의 강한 바람소리는 듣는 이들의 가슴을 뭉클하게 합니다.

더군다나 이 추운 날씨 속에 까맣게 그을린 깡통에 장작불을 피워놓고 옹기종기 추위를 이기며 일하는 사람들을 바라볼 때면 그네들과 우리의 살아가는 삶의 생존은 방법이 다를 뿐 같은 생을 살아가고 있음을 배우게 됩니다.

구겨진 마음을 펴고 다시 바라보면 그 모습들이 어쩌면 이 세상을 힘겹게 돌아가게 하는 삶의 근원이 아닐까요? 내가 아닌 다른 누군가의 삶을 이해하고 받아들이는 것이야 말로 더불어 사는 삶입니다.

조정현 – 일기예보

오늘 일기 예보엔 비가 내린다 했지
널 만나려 했지만 게을러지는 나의 마음
언제인지 모르지만 식어버린 사랑과
그저 그런 마음만 남아 있나봐
비가 올 것 같은 이런 날엔
아무 생각 없이 나 혼자 웃고만 싶어

1966년 8월 15일생이며 한양대학교 연극영화과 학사입니다. 1989년 1집 앨범 [그 아픔까지 사랑한거야]로 데뷔하였습니다. 영화배우처럼 잘생긴 외모로 1990년대에 인기 많았던 가수입니다.

우리가 어렸을 때만 해도 다음 날 날씨를 알 수 있는 방법은 자연이 주는 현상과 라디오를 통해 들려오는 소식으로 판단할 수 있는 것이 전부였습니다. 가령 개구리가 울면 비가 온다는 설과 달무리가 있으면 그 다음날 비 온다는 설도 있었죠.
또 미신의 경우로는 농기구를 물에 적시면 비 온다고 하는 말도 있었습니다. 물론 지금은 시시각각 전해주는 일기예보와 또 기상청이라는 문이 열린 시대에 있기 때문에 다음날 날씨는 쉽게 알 수 있죠.

11월30일

겨울 날씨는 추워야 제 멋이라고는 하지만 내일 날씨는 그래도 따뜻했으면 하는 것이 추운 몸을 달래고 싶은 우리들의 작은 욕심입니다.
날씨는 비록 춥지만 마음만은 따뜻하고 가시는 길 어디든 안전 운행으로 휘파람 절로 나왔으면 하는 바람입니다. 여러분의 내일 날씨는 어떤 곳을 향하고 계시는지요.

Salvatore Adamo - Tombe La Neige (눈이 내리네)

절망은 나에게 외치죠
아직도 눈이 내려요 저렇게 태연하게
눈이 내리고 있어요
오늘 밤 그대는 오지 않겠죠
모든 것은 절망의 순백색 슬픈 확신
그리고 추위와 공허
이 가증스런 침묵 하얀 고독
그대는 오늘밤 오지 않겠죠
그대는 오늘밤 오지 않으리라고
절망은 나에게 외치죠
아직도 눈이 내려요, 저렇게 태연스럽게

1943년 11월 1일 시실리아의 한 가난한 가정에서 태어나서 벨기에의 예마페라는 광산 지대에서 어린 시절을 보냈는데, 가난한 생활로 우울하고 슬픈 나날을 보냈지만 천성적으로 음악을 좋아해 노래가 끊기는 날이 없었습니다.

어려운 생활에서 아버지의 도움으로 1962년 19살의 나이로 <쌍두아 마미>를 발표하게 됩니다. 이 곡은 전 유럽으로 퍼지며 선풍적인 인기를 얻었는데, 이듬해에는 <블루진과 가죽 잠바>와 <눈이 내리네>로 아다모의 인기는 하늘 높은 줄 모르고 치솟습니다. 아다모의 노래는 종래의 샹송에서 일방적으로 강조되어 온 문학성 대신 음악성 특히 선율에 중점을 둬 인기를 끌었고, 그의 레코드는 당시 프랑스에서만 2,500만 장, 독일과 이탈리아, 스페인 등에서 900만 장이라는 경이적인 판매고를 올린 것을 보아 아다모의 노래는 국경과 민족을 초월하였습니다.

그의 노래 속에는 향수와 따스한 인간에 대한 그리움이 녹아 있어서, 언어 차이로 알아듣지 못함에도 세계 각국 음악 팬들에게 사랑을 받았습니다.

Bobby Vinton – Mr.Lonely (외로운 남자)

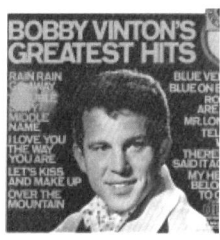

난 정말 외롭고도, 고독한 남자에요
내 마음을 위로해줄 사람 하나 없어요
난 정말 외로워요, 난 짝도 없는 외톨이에요
전화라도 해줄 사람이 있으면 좋겠어요
저는 외로운 직업 군인입니다
고향 떠나 먼 곳에서 희망도 없이 지내고 있어요
그래서 난 외로워요, 외로운 놈이에요

1941년 4월 16일 펜실바니아주 피츠버그에서 태어나 피아노, 색소폰 등 만능악기 재주꾼으로 수려한 용모와 미성의 보컬로 60년대 팝 음악을 주도했던 가수로 주로 팝 발라드를 노래했던 한국인의 정서에 맞는 팝 가수입니다. 1962년 <Roses Are Red>라는 곡으로 알려지기 시작합니다.
<Mr.Lonely>는 1964년 빌보드 싱글차트 1위를 하였던 곡으로 덕분에 그는 세계적인 팝 발라드 가수가 되었습니다. 바비 빈튼은 곧 <Mr. Lonely>라는 애칭을 갖게 되었습니다.

보통 살찐 사람이 마른 사람에 비해 추위를 덜 느낀다고 합니다. 추위를 느끼는 정도는 신체에 있는 지방층의 두께와 종류 그리고 성격에 따라 큰 차이를 보이고 있다고 하는데 일반적으로 습도가 60%로 일정한 상태에서 노인들은 섭씨 20도가 최적 온도이고 남성은 18도, 여성은 16도 어린이들은 여성보다도 더 낮은 온도에서 쾌적함을 느낍니다.

이는 추위에도 적용이 되어 보통 여자가 남자보다 섭씨2도 정도를 더 잘 견뎌낸다고 합니다. 흔히 여자가 추위를 잘 참아냅니다. 왜냐하면 여자의 피하 지방층이 남자보다 두껍기 때문에 신체 조건상 마치 옷 한 벌을 더 입은 것 같은 효과가 있습니다.

12월 2일

Roy Buchanan-The Messiah Will Come Again(구세주는 다시 오실 것)

그저 씩 웃고 그저 힐끗 보고 어둠의 왕자
그는 그냥 그렇게 가버렸다
그간 많은 사람들이 있었고
그들에게서 이런저런 말도 많았지만
이번엔 내 식으로 말하려 한다
한 마을이 있었다
묘한 구석이 있는 작은 마을이었다

언더그라운드 최고의 뮤지션이었던 로이 부캐넌은 1972년에 데뷔 음반 [Roy Buchanan]을 발표하였습니다. 데뷔 음반에는 명곡이자 대표곡인 〈The Messiah Will Come Again〉이 수록되어 오랜 세월 사랑받고 있습니다.

1988년 8월 14일. 로이 부캐넌은 버지니아주의 페어픽스 카운티에서의 음주 사건으로 구속되었고 감옥에 구금된 지, 몇 분 후 그는 천장에 목이 매달려 사망한 채 발견되었습니다.

그의 죽음은 아직도 다운타운 클럽에서는 열띤 논의거리가 되고 있지만 아무도 그의 삶의 어두운 면이 그를 최악의 상태로 몰아넣었다는 사실에 대해서는 부인하지 않고 있습니다.

남이 욕하면 왼쪽 귀가 가렵고, 칭찬하면 오른쪽 귀가 가렵습니다. 이 말은 그리스 신화에 나오는 플리니(Pliny)신의 수호천사에서 유래했습니다. 이 수호천사들은 사람들이 어느 한 개인에 관하여 칭찬을 할 때는 오른쪽 귀를, 험담을 할 때는 왼쪽 귀를 만져줌으로써 '즐거움이나 경고의 메시지'를 전달했습니다.

12월 3일

칭찬과 험담의 차이는 마음 한 장 차이입니다. 마음 한 장을 넘지 못해서 어떤 사람은 남을 험담하는 것으로 시간을 보내고 어떤 사람은 칭찬으로 상대방의 양쪽 귀를 즐겁게 합니다.

말과 귀는 온 세상의 아름다움과 추함을 모두 담고 있지만 어떤 쪽에 속하느냐는 오직 자신의 말과 귀에 달려있습니다.

Air Supply-Making Love Out Of Nothing At All(사랑 외엔 아무것도)

어떻게 속삭이는지,
어떻게 울어야 할지 알아요
어디서 대답을 찾아야 할지,
어떻게 거짓말을 해야 할지도 알고 있어요
어떻게 속임수를 쓰고,
어떻게 계획을 세워야 할지도 알아요
언제 진실을 받아들여야 할지

보컬에는 러셀 히치콕, 기타와 보컬을 담당한 그라함 러셀이 같이 활동한 남성 듀오 밴드입니다. 1977년 싱글 앨범 [Love And Other Bruises]로 데뷔하였고 1991년 그룹 해체 후 다시 재결성하게 됩니다. 여성의 목소리와는 차별화된 미성은 록발라드에 참 어울립니다. 그들의 팝 감각에 다시 한번 놀라게 됩니다.

사람들에게 있어서 비만이라는 것은 사회 생활에 있어서 자신감을 저하시키는 골칫덩어리입니다. 그래서 많은 사람들이 비만과의 이별을 위해 수단과 방법을 가리지 않고 도전하고 있지만 쉬운 일은 아닙니다.
그런데 최근 미국 하버드대 연구팀에서 에너지 연소를 촉진시키는 새로운 비만 치료법을 찾아냈다고 해서 비만으로 고민 하는 사람들에게 희소식을 전하고 있습니다.
우리 몸에는 에너지를 저장하는 백색 지방이 있고 열을 발생시켜 에너지를 연소시키는 갈색 지방이 있는데요. 이 갈색 지방은 안타깝게도 어린이였을 때 대부분 사라지고 어른에게는 소량 밖에 없습니다.

12월 4일

하지만 연구팀은 쥐를 통한 실험에서 백색 지방이 되기 직전 세포에 유전자 조작을 가해 갈색 지방으로 바꾸는데 성공했습니다. 이 방법이 사람에게도 성공한다면 유전자 조작을 통해 비만을 미리 막을 수 있을 수 있다고 합니다. 이 실험이 성공해서 비만으로 고민하는 사람들에게도 도움을 주면 좋겠다는 즐거운 상상을 해봅니다.

Mike Oldfield - Moonlight Shadow (달빛 그림자)

그녀가 그를 마지막으로 보았을 때
저녁에 속삭이는 나무들은
달빛 그림자에 실려갔어요
슬프고 비통한 노래를 하며
달빛 그림자에 실려갔어요
그녀가 본 것이라곤 총의 그림자

그는 음악의 변화무쌍에 호평과 비난을 동시에 받고 있습니다. 하지만 주제는 일관된다는 평가를 받습니다. 공포 영화 〈엑소시스트〉에 삽입될 정도로 그늘을 갖고 있습니다.

그런데 이 곡은 몇 년 전 국내 치약 광고에 사용되었습니다. [Crisis]라는 앨범에 실린 짧은 곡입니다. 보컬은 메기 릴리가 맡았는데 그의 냉탕과 온탕을 오고갔던 그의 전적에 비해 이 곡은 대중적인 곡입니다. 제약 회사에서 광고 음악으로 쓸 정도죠.

[암과 싸우는 10가지 방법]

1. 이웃을 사랑하며 삶의 진정한 의미를 찾는다.
2. 모든 것을 긍정적으로 생각한다.
3. 통곡식, 야채와 과일, 해조류, 콩 등 으로 균형 잡힌 영양을 추구 한다.
4. 온몸을 움직이는 운동을 꾸준히 지속 한다.
5. 과로를 하지 않고 언제나 충분한 휴식을 취한다.
6. 정기적으로 건강검진을 시행 한다.
7. 건전한 취미를 가져 정서적인 안정을 갖는다.
8. 깨끗한 생활(목욕, 신선한 공기, 오염 안 된 식사 등)을 한다.
9. 자연을 접하는 시간을 정기적으로 갖는다.
10. 종교를 가져 절대자에게 믿음을 갖고 항상 봉사하고 감사한다.

George Winston - The Great Pumpkin Waltz
(위대한 호박 왈츠)

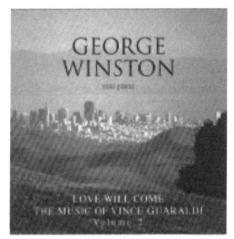

1949년 미국 태생의 피아노 연주자 조지윈스턴은 1972년 1집 앨범 [Ballads And Blues]를 표합니다. 어떤 특정한 부류의 음악만 고집하는 사람들도 그의 연주곡을 듣고 거부감을 느끼는 사람은 드뭅니다. 또한 조지윈스턴의 음악을 뉴에이지라는 장르로 제한하여 그의 음악을 단순한 피아노 소품으로 가볍게 생각하는 사람이 있다면 조지윈스턴의 극히 일부만 듣는 것입니다. 조지윈스턴은 맑고 깨끗하며 투명합니다.

즉흥성도 없고 스윙감도 없지만 초기 1집 앨범이 뚱보 재즈 피아니스트 팻츠웰러의 영향을 받았다는 사실만 보아도 알 수 있는 것처럼 조지윈스턴은 위대한 재즈피아니스트입니다. 윈턴 켈리의 블루지함이나 빌 에반스의 서정성과는 다르지만 조지윈스턴의 터치에는 그 무엇으로도 형용할 수 없는 깔끔함이 배어있습니다. 아쉬운 점이 있다면 디셈버의 성공이후 그의 음악이 매너리즘에 빠져 있는 것처럼 변화 없이 비슷한 분위기의 곡만 발표하고 있습니다.

12월 6일

Nicole Flieg (니콜) – A little Peace (작은 평화)

겨울을 맞이하는 한 송이의 꽃과 같은 기분이
바람에 꺼진 촛불과 같은 기분이
더 이상 날지 못하는 한 마리의 새와 같은
그런 기분이 가끔 들어요.
하지만, 근심으로 우울해져서
의기소침해 있을 때는
저만치 길 끝에 있는 한 줄기 불빛을 그려요
눈을 감으면 어둠을 뚫고 솟아나는
마음 속 깊은 곳에 자리 잡은 희망이 보여요

1965년, 서독 출신의 가수입니다. 17살이 되던 해 서독 대표를 뽑는 유로비젼 송 콘테스트 예선에서 우승하면서 연예계와 인연을 맺었습니다. 독일 국민을 매료시키기에 충분할 정도로 뛰어난 미모와 우수한 가창력을 지닌 니콜레는, 1982년 4월 24일에 영국의 잉글랜드 북부의 해로게이트에서 열린 제27회 유로비젼 송 콘테스트에 17세의 최연소자로 출전하여 그랑프리를 수상했습니다.

행복한 결혼생활을 하려면 남편이 아내의 말을 따라야한다는 주장을 뒷받침하는 연구결과가 나왔습니다. 미국 한 대학의 연구팀이 72쌍의 〈행복한 부부를 대상으로 의사 결정 과정과 행복한 결혼 생활의 상관 관계〉에 대해 조사했는데 이 결과에서 이들 부부는 문제를 해결하는 과정에서 아내 의견을 우선으로 하고 남편은 이를 즐겁게 받아들이는 것으로 나타났습니다.

제 개인적인 생각으로는 집안의 평화와 안정적인 행복을 위하여 누구의 말을 따른다는 것 보다 서로 이해하고 의견을 잘 따라주는 것이 더 오래 지속될 수 있는 행복한 결혼 생활입니다.

Christian Castro (크리스챤 카스트로) – Azul (어디에)

그는 1974년 멕시코시티에서 유명 여배우이자 가수인 어머니 베로니카 카스트로의 아들로 출생했으며 그의 어머니 성을 따랐습니다. 호소력 짙은 목소리의 라틴 음악가로 5세부터 TV 드라마에 출연하는 등 7세 때에는 프로그램 내에 록큰롤 그룹에서 데뷔하고 14세에는 하드록 밴드를 결성하고 17세에는 팝 발라드로 솔로 데뷔한 신동입니다.

한국 사람의 정서에도 잘 맞는 발라드풍 음악을 부른 카스트로는 현대 라틴음악 계에서 가장 좋은 목소리를 갖고 있다고 인정받고 있으며 그의 애절하면서도 부드러운 노래는 많은 팬들을 열광시켰습니다.

그의 노래들로는 〈Angel〉, 〈Yo Queria〉 그의 어머니 베로니카를 위한 노래 일거라 생각되는 [Veronica], 그리고 앨범 제목이기도한 [Azul] 등 이 밖에도 카트로의 음악들은 어느 한곡 버릴만한 곡들이 없을 만큼 그의 호소력 짙은 목소리가 잘 담겨져 있습니다. 그의 곡 가운데 그 자신의 앨범 타이틀인 〈Azul〉을 추천해봅니다.

12월 8일

송대관 – 세월이 약이겠지요

세월이 약이겠지요
당신의 슬픔을 괴롭다 하지말고
서럽다 울지를 마오
세월이 흐르면 사랑의 슬픔은 잊어버린다
이 슬픔 모두가 세월이 약이겠지요
세월이 약이겠지요 세월이 약이겠지요

1946년 6월 2일 태생이며 1967년에 〈인정 많은 아저씨〉로 데뷔하였습니다. 2006년 SBS 가요대전 트로트부문상을 받았습니다. 살다보면 여러 가지 사연으로 인해 고통을 겪습니다. 어르신들은 종종 말씀하시곤 하죠. 세월이 약이라고.

뭐든지 잘 먹어 소화시키는 것처럼 몸에 좋은 보약은 없겠지만 가끔 음식을 살펴보면 궁합이 서로 맞지 않아 오히려 부작용이 따르는 음식들이 있습니다.
우선 예를 들어보면 타이레놀을 우유 또는 빵과 같이 먹게 되면 약의 효과가 줄거나 부작용을 가져오게 됩니다. 밥이나 빵에 들어 있는 탄수화물은 타이레놀과 섞이면 약의 흡수를 방해하기 때문에 피하는 것이 좋습니다.
우유와 변비약 역시 같이 먹으면 약효가 줄어든다고 하는데 우유하고 약하고 같이 복용을 하게 되면 장에서 녹아야 할 게 위가 장인줄 알고 약 성분이 위에서 녹게 되어 충분한 효과를 보지 못합니다.
그래서 충분한 효과를 보지 못하는 반면 식품의 성분이 약의 효과를 상승시켜 부작용을 일으키는 것도 있다고 하는데 감기약 안에 들어 있는 카페인이 커피, 녹차와 같은 카페인 음료와 만나면 불면증, 현기증, 구토 등을 일으킬 수 있습니다.

12월 9일

바이브 – 술이야

슬픔이 차올라서 한 잔을 채우다가 떠난
그대가 미워서 나 한참을 흉보다가
나 어느새 그대 말투를 내가 하죠
난 늘 술이야 맨날 술이야
널 잃고 이렇게 내가 힘들 줄이야
이젠 난 남이야 정말 남이야

리드 보컬인 윤민수와 류재현으로 이루어져 있습니다. 데뷔는 2002년 1집 앨범 [Afterglow]로 데뷔했으며 2005년 1월 멤버 유성규 탈퇴하였습니다. 이제 본격적으로 송년 모임이다 뭐다해서 연일 술자리가 계속 될텐데요, 무엇보다 걱정인 것은 한두 잔에 간이 멍들어 자칫하면 건강에 적신호로 이어질까 우려됩니다.

한 보건소에서 절주 프로그램을 운영하면서 내걸었던 '술에 장사 없고 술꾼에게 제명 없다.'라는 말이 애주가들의 간담을 서늘하게 했었는데 이제는 술 사랑에 소문난 애주가라도 이제 술이 점점 두려워지고 있습니다.
처음엔 사람이 술을 마시지만 나중에는 술이 사람을 마신다는 말이 있듯이 각종 모임 약속이 빼곡히 들어차 있는 일정에 두렵지 않은 분들은 아마 없을 것입니다. 거의 단 하루도 술을 마시지 않는 날이 없을 정도인데 취소하려해도 대부분 취소할 수 없는 경우가 허다합니다.
이렇게 애주가라도 두려운 판인데, 하물며 술을 잘 마시지 못하는 사람의 경우에는 12월 각종 송년모임이 부담스럽습니다. 술은 적당히 마시면 보약이지만 사람을 미치고 병들게 하는 독약입니다. 자신의 간을 살펴서 드시길 바랍니다.

12월 10일

Thin Lizzy – Whiskey In The Jar (병 속 위스키)

항아리 속 위스키
내가 코르크 앤 캐리 산을 오르고 있을 때
난 패럴 선장이 돈을 세고 있는 것을 보았어
난 내 권총과 레이피어를 꺼내보였지
나는 악마에게 가고 싶지 않으면 꼼짝 말고
돈을 내놓으라고 말했어
난 그의 모든 돈을 얻었고, 그것은 꽤 많은 액수였어
난 그의 모든 돈을 얻었어. 그래 난 집에 가서 몰리에게 줬지
그녀는 나를 좋아한다고, 그리고 날 떠나지 않겠다고 맹세했어
하지만 악마가 그 여자를 데려갔어
알다시피 그녀는 날 쉽게 다루니까

1970년에 아일랜드의 더블린에서 결성되었으며 베이스 주자인 필 리놋트와 기타리스트인 에릭 벨, 그리고 브라이언 도우니를 드럼 주자로 1971년 3월에 런던으로 진출했습니다. 데뷔 앨범 [Thin Lizzy]는 룩셈부르크에서부터 인기를 모으기 시작했는데, 룩셈부르크의 한 라디오 방송국에서 DJ를 담당하던 키드 젠센의 도움이 컸습니다. 그들의 노래를 매일 밤 계속해서 방송에 선곡함으로써 이 밴드가 성공하는 데 디딤돌 역할을 했습니다.

12월11일

Burl Ives - Silent Night, Holy Night (고요한 밤 거룩한 밤)

고요한 밤 거룩한 밤 어둠에 묻힌 밤
주의 부모 앉아서 감사 기도 드릴 때
아기 잘도 잔다 아기 잘도 잔다

영화배우이자 가수입니다. 1909년 6월 14일에 미국에서 출생하였으며 1995년 4월 14일에 돌아가셨습니다. 데뷔는 1940년 방송 〈The Wayfaring Stranger〉에 출연하였으며 1959년 제31회 아카데미시상식 남우조연상을 받았습니다.

지하상가를 걷고 있는데 어디서 캐롤이 흘러나옵니다. 〈Silent Night, Holy Night(고요한 밤, 거룩한 밤)〉은 1818년 크리스마스 이브에 목사 죠셉 모르가 단 3시간 만에 작곡한 노래입니다.

세상에는 우리가 알지 못하는 불가사의 한 일들이 부지기수로 일어나고 있습니다.

*전 세계가 애창하는 〈White Christmas〉는 어빙 리빙스턴이 작곡했는데, 그는 정규 교육을 받지않아 읽고 쓸 줄을 몰랐기 때문에 그가 부르는 노래를 그의 비서가 듣고 받아 적은 것입니다.

*라이트 형제, 가수 프랑크 시나트라, 영화배우 알파치노, 스티브 맥퀸, 크리스천 사이언스의 창시자 베이커 에디, 카네기, 찰스 디킨스, 찰리 채플린, 토머스 에디슨, 마크 트웨인, 정주영. 이상은 고등학교도 졸업하지 못한 사람들입니다.

12월12일

John Schneider - It's Now Or Never (지금이 아니면 영원히 안 돼요)

지금이 아니면 안 됩니다
날 꼬옥 안아주고 키스해 주고
오늘밤 내 사랑이 되어주세요
내일은 너무 늦을 거예요
지금이 아니면 영원히 하지말아요
내 사랑은 기다리지 않아요

1954년 4월 8일 미국에서 태어났으며 데뷔는 1979년 영화〈해저드 마을의 듀크 가족〉의 스턴트로 얼굴을 드러냈습니다.
미국 텔레비젼 시리즈〈히어로〉로 80년 초반에 틴에이저들의 많은 사랑을 받은 존 슈나이더와 엘비스 프레슬리의 명곡을 리메이크하여 발표한 이 노래는 1981년 빌보드 14위까지 랭크된 그의 대표곡입니다.

옛날에 밤 9시만 되면 주위가 한밤이기 때문에 일찍 자고 일찍 일어나는 어린이들이 많았었습니다. 당시 지금처럼 밤에 활동할 수 있는 놀이문화가 충분하지 못했기 때문에 밤늦도록 깨어 있는 경우는 거의 늦도록 공부하거나 학력고사처럼 큰 행사가 끝난 후에 친구들과 뭉쳐 다니면서 밤새는 경우가 전부였습니다.
하지만 요즘은 세상이 거의 24시간을 불 밝히고 있어서 무엇인가 할 수 있는 여건들이 넘쳐납니다. 그래서 잠을 잃은 아이들이 많습니다. 밤늦도록 활동하면서 수면을 방해받게 되면 우울증과 건망증, 심한 감정 기복을 일으키게 되고 따라서 학습 능력에 영향을 미쳐 언어 장애까지 유발할 수 있어서 심각하게 받아들여야 합니다.
이제 방학이라고 마음까지 여유로워서 밤늦도록 잠을 자지 않는 아이들이 많아질 텐데 아이들의 건강한 발육과 장래를 생각한다면 충분히 수면을 취할 수 있도록 각별히 관리해주는 것이 좋습니다.

Trio Los Panchos - Besame Mucho (키스해 주세요)

베싸메 베싸메 무쵸
이 오래된 노래를
너를 위해 부르네
베싸메 베싸메 무쵸
끝나지 않을 사랑의 이야기처럼

멕시코 출생의 알프레드 힐과 튜쳐 나바로, 푸에르토리코 출생의 에르난다 아빌레스에 의해 1944년에 결성된 보컬 트리오입니다. 1945년 힐은 소형 기타를 개량하고 볼레로의 새로운 연주스타일을 창안하여 일약 스타가 되었습니다. 민속악기 하라나를 개량해 만든 보통 기타보다 소형이고 5음 높은 레킨토는 그들 음악성을 돋보이게 해주었으며 누구나 쉽게 연주할 수 있는 대중적 악기로 자리 잡았습니다.이러한 레킨토의 아름다운 선율과 탑 보이스의 달콤하고 애절한 목소리가 환상적 조화를 이룬 〈Besame Mucho〉, 〈La Paloma〉, 〈Quizas Quizas Quizas〉 등은 트리오 로스 판초스를 세계 탑 그룹으로 위치시키는데 기여한 세계적인 명곡들입니다. 한국에서도 몇 차례 공연한 바 있으며 트리오 로스 판초스가 세상에 모습을 드러낸 것은 멕시코에서가 아니라 뉴욕에서였습니다. 세계적인 대도시 뉴욕에서 대중적 인기를 확보하려면 누구에게나 친근함을 줄 수 있는 사운드이면서도 라틴 음악적인 매력과 분위기를 담은 인터내셔널한 음악이어야 합니다.

특히 베사메무초는 우리나라에서도 선풍적인 인기를 끈 곡으로 60년대 현인과 현미가 번안해 불러 우리에게 매우 친숙한 곡이기도 합니다. 트리오 로스 판초스는 감미로운 기타, 마음을 사로잡는 잔잔한 보컬, 그리고 뛰어난 테크닉 세 가지 매력으로 문화가 다른 세계인들에게 라틴 음악의 새로운 모습을 전함으로써 음악성은 물론 상업적으로도 크게 성공한 라틴 음악의 전도사입니다.

12월14일

Klaatu- December Dream (12월의 꿈)

12월의 꿈
6월에 내린 마지막 눈
그 암담했던 악몽
너무 늦었어요, 너무 빨리 찾아 왔어요
울지 말아요
누구나 언젠가는 죽기 마련이에요
12월의 꿈, 이제 날 떠나지 말아요

캐나다 출신의 프로그레시브록 그룹 1973년 존 월로슉, 디 롱, 테리 드레이퍼, 이렇게 3인조로 데뷔앨범 [Klaatu]를 발표하면서 알려졌습니다.
초기에는 비틀즈의 사운드 모방이라는 비난을 받았지만 이들의 음악은 분명 비틀즈와는 달랐습니다. 웅장하고 수려한 멜로디를 바탕으로 잘 짜여진 음악을 선보이면서 대중들에게 인정을 받았던 실력 있는 팀입니다.

지출해야 할 돈이 첩첩으로 쌓였지만 정작 지갑 속엔 단돈 몇 천원이 고작인 경우도 있습니다. 금전이라는 것이 있을 땐 모르지만 없을 땐 동전 몇 개마저 아쉽기만 합니다.
요즘 쌀이 없어 굶고 있다면 어떤 이들은 농담한다고 우스갯소리로 받아들이겠지만 주머니가 얇은 소외된 계층에게는 실제로 일어나는 일이고, 또 굶는 아이들을 위해 몇 천 원 때문에 도둑질 하는 부모들이 있습니다.
누구나 평등하게 주어진 삶이라고는 하지만 나에겐 그저 가슴 아픈 일이 다른 어떤 이들에게는 목숨을 내놓아야할 만큼 절박한 일로 다가서는 것이 우리가 말하는 삶이고 현실입니다.
비록 내 주머니 속은 조금 얇아도 그나마 없는 다른 누군가를 한번 쯤 돌아보는 것도 이 추운 겨울을 함께 보내는 좋은 방법이 아닐까요?

Jim Reeves – Mary's Boy Child (마리아의 아기)

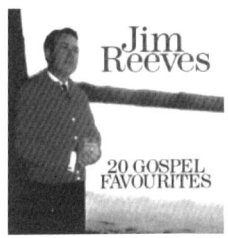

그리고 크리스마스 날로 인하여
인간은 영원히 살게 될 겁니다
나팔이 울리고 천사들이 노래합니다
그 소리가 무슨 말을 하는지 들으세요
크리스마스로 인하여
인간은 영원히 살게 될 겁니다

출생은 1923년 8월 20일에 미국에서 했으며 1956년 1집 앨범 [Jim Reeves Sings]로 데뷔하였습니다. 1967년에 컨트리 뮤직 명예의 전당에 헌액되었습니다.
컨츄리 분야에서 활발히 활동하며 1960년대에 저음이 매력인 가수로 사랑받았습니다.

요즘 40~50대 젊은 주부들 사이에 3대 바보 시리즈 유머가 유행입니다. 첫째는 며느리 딸로, 둘째는 사위를 아들로 생각하는 사람이 바보이고 그리고 가장 심한 바보는 며느리의 남편을 아직도 아들로 착각하는 여자라고 합니다. 그만큼 아들과 딸에 관한 부모의 생각도 바뀌어 가고 있는 한 단면을 보여주는 것이죠.
뿌리 깊은 남아 선호사상으로 남녀 성 비율의 불균형을 걱정하던 것이 그리 오래된 일은 아닌데도 이제는 이런 유머까지 나오고 있다는 것입니다. 더 재밌는 것은 한 설문 결과에서는 자식을 낳는다면 딸을 더 원한다고 응답해 부모들의 의식이 확연히 변화된 것을 알 수 있었다고 하는군요.
이런 변화는 더 이상 자식이 노후에 기댈 곳이 아니라는 부모의 심리적인 영향이 작용한 것으로 보입니다.

12월16일

Jason Mraz - Too Much Food (많은 음식)

난, 말하자면 보통 사이즈 상자에 든 꼬부랑 감자튀김이라고 할 수 있죠, 맛 가지고 장난치는 거 좋아요, 당신이 맛보는 그 맛 말이에요
난 가장 마지막으로 먹어요, 하지만 아예 안 먹는 게 나을걸요
패스트푸드 백 안에서 살고, 케첩과 소금과 친구하고, 사람들은 내가 더 나은 것을 추구하지 않는다고 미쳤다고 해요

1977년 6월 23일, 미국 출신의 가수입니다. 1999년 1집 앨범 [A Jason Mraz Demostration]으로 세상에 알려졌고 비교적 최근 2010년 제52회 그래미시상식에서 최우수남성팝 보컬상을 수상하였습니다. 국내 히트곡으로는 〈I'm Yours〉와 〈Lucky〉등이 있으며 2011년 현재 국내 최고의 인기를 누리는 싱어송라이터입니다. 달콤하게 노래를 하는 그가 의외로 이 곡에서 기타를 치며 수다를 늘어놓듯 노래합니다. 하모니카 소리가 마치 전자기타음처럼 들리는 신나는 음악입니다.

보통 우리가 아는 기름기에 관한 상식으로는 섭취했을 때 몸에 좋지 않는 걸로 알고 있는데요. 그런데 만병의 원인이라는 스트레스가 이 기름기 많은 음식을 섭취했을 때 사라진다고 하면 어떻겠습니까?

납득이 가지 않는데 호주 과학자들의 생각은 다른가봅니다. 이 과학자들의 결과에 따르면 기름기 많은 음식을 먹으면 기분이 한결 나아지고 스트레스가 사라집니다. 지방이 많이 든 음식을 먹는 현대 사회에서 이런 결과가 사실이라면 반길만한 일이겠지만 글쎄요, 아무리 호주 과학자들이 떠들어봐야 상식적으로 모든 음식을 골고루 섭취 하는 것이 더 좋으리란 생각은 변함 없습니다.

Kraftwerk - Computer World (컴퓨터 세상)

1970년에 독일의 뒤셀도르프에서 결성된 크라프트베르크는 오거니제이션(Organization)이란 그룹에서 활동하던 랄프 후터와 플로리안 슈나이더를 중심으로 결성된 테크노 팝 그룹입니다.
타악기를 전공한 볼프강 훌러와 칼 바르토스를 가담시켜, 1972년에 데뷔앨범 [Kraftwerk]를 발표했지만, 대중들로부터 외면당합니다. 그러나 계속해서 [Ralf And Florian]과 [Autobahm] 등과 같은 앨범들을 발표하면서 대중들과 가까워지는 계기를 마련했습니다. 특히 세 번째 발표했던 앨범 [Autobahm]은 고속도로를 달리는 상태를 음악적으로 표현해, 22분에 달하는 긴 대곡으로 화제가 되었습니다. 이 앨범이 폭발적인 히트 앨범으로 기록되고, 국내에서는 많이 알려진 네 번째 앨범 [Radio-Activity]에서 많은 싱글이 히트되면서, 이들의 명성은 세계로 퍼져 나갑니다. 그 뒤로 한 동안 활동이 없다가 80년대를 맞이하면서 [Trans-Europe Express]를 발표하고, 1981년에는 컴퓨터 시대를 살아가는 현대인을 그린 [Computer World]를 발표했지만 예전의 명성에 비해 조금 아쉬움이 남습니다.

12월18일

키보드 사용 후 바로 손을 씻지 않고 다른 곳을 만지거나 음식에 손을 대는 행위는 박테리아 등 병원균을 그대로 몸에 이식하는 것과 마찬가지라고 하네요. 자판은 박테리아가 서식하기에 알맞은 따뜻한 온도와 조건 등을 가지고 있어서 현대인들은 컴퓨터를 작업 후 바로 손을 깨끗이 하는 습관을 들여야 합니다.

kris kristofferson – Why me Lord (왜 내가 주를)

내가 당신이 보여준 친절에 보답하거나
당신을 사랑할 가치가 있는
어떤 일을 한 적이 있는 지
모든 걸 낭비했어요
내가 내 자신을 잘 알고 있으니
주여, 나를 도와주세요

70년대 초기에 등장한 크리스 크리스토퍼슨은 내쉬빌 컨트리와 웨스턴 사운드를 대중화시켰던 뮤지션입니다. 1936년 6월 22일 켄사스주에서 태어난 그는 대학에서 문예창작을 공부했습니다. 작곡은 부업으로 시작했는데 반응이 좋아 본격적으로 노래를 시작하게 됩니다.
70년 초에 히트곡 〈For The Good Times〉를 비롯하여 〈Sunday Morning Comin' Down〉과 〈Help Me Make It Through The Night〉을 작곡하여 그의 이름을 널리 알렸습니다.
특히 70년에 데뷔앨범 [Kristofferson]을 발표한 후 71년에 앨범 차트 21위에 오른 앨범 [The Silver Tongued. Devil And I]는 곧 골드 앨범을 기록하였습니다.

세대 간 차이도 있겠지만 요즘 아이들에게는 우리 고유의 음식보다는 햄버거나 피자에 더 자연스럽게 입이 맞춰져 있습니다.
그러다보니 이런 저런 병에도 노출되어 있지만 심각성은 남의 일처럼 생각하기 일쑤고 본인이 당해보지 않고는 그 심각성을 잘 알지 못합니다. 병에 노출되어 사태의 심각성이 고조되어 있는 지금 우리 토종 음식들이 암 예방에 탁월한 것으로 나타났습니다. 우리 몸에는 우리 것이 좋다는 가장 쉬운 진리를 잊지 마시고 아이들이 햄버거나 피자를 선택하더라도 키우는 부모의 입장에서는 아이들의 건강을 생각해서 우리 한식을 권해주세요.

Kenny Rogers & Kim Carnes - Don't fall in love with a dreamer
(꿈을 꾸고 있는 이와 사랑에 빠지지 않기를)

몽상가와 사랑에 빠지지 말아요
그는 언제나 당신을 몽상으로 끌어들일 겁니다
당신이 그의 마음을 정말로 바꾸었다고
생각할 바로 그 때
그는 다시 떠날 테니까

케니 로저스는 1938년 8월 21일 미국에서 출생하였으며 1967년에 그룹 퍼스트 에디션 멤버로 활동하며 1집 앨범 [The First Edition]으로 데뷔하였습니다. 그 후 솔로로 전향 컨트리 음악을 발판으로 서정적인 노래를 불러 인기 앨범상, 올해의 노래상을 받았습니다.
킴 카렌스는 1945년 7월 20일 미국에서 출생하였으며 1972년 1집 앨범 [Rest On Me]로 데뷔하였습니다. 1966년에 그룹 뉴 크리스티 민스트럴스에 속했다가 솔로로 전향 1981년 제24회 그래미시상식에서 최우수 레코드상을 받을 정도로 활발히 활동합니다.

수면제를 복용하면 자신은 아무리 생각해도 기억이 나질 않는데 냉장고 문이 활짝 열려 있거나 누군가 음식을 잔뜩 먹어 치운 흔적이 곳곳에 널려 있는 경험을 합니다. 그러니까 자신은 기억을 못하는데 자신의 의지와는 상과 없이 자리에서 일어나 혼자 돌아다닌다는 거죠. 생각만 해도 섬뜩한 일이 아닐 수 없는 데요 이런 필름 끊김 같은 몽유 현상은 바로 수면제 안에 들은 졸피뎀이라는 성분 때문에 일어납니다.
불면증은 현대인의 병이고 한두 번쯤은 불면증으로 고생하셨을 겁니다. 현대인의 과중한 업무와 스트레스가 주는 현상이죠. 하지만 전문가들은 이런 불면증에는 수면제를 복용하는 것보다 수면 습관을 고치는 노력이 더 필요하다고 합니다.

12월20일

Rare Bird - Sympathy (연민)

오늘밤 당신이 잠자리에 들기 전
문을 꼭 잠글 때 추위와 어둠에서 떨고 있는
사람들을 생각해봐요
거기엔 사랑이 충분하지 못하니까요
연민이란 친구를 필요로 하는 것이고
연민은 우리에게 친구를 필요로 하는 것
주위엔 사랑이 충분하지 못하니까요
주위엔 충분한 사랑이 없어요
지금, 이 세상을 둘로 나뉘어 한쪽이
한 쪽은 다른 쪽에 상처를 주고 모든 식량을 차
지한 반면 다른 쪽은 소리소문 없이 굶주리고 있
어요
이 모두가 사랑이 부족하기 때문이지요

영국에서 1969년에 발표된 데뷔앨범 [Rare Bird]에 삽입된 대표곡 〈Sympathy〉로 인기를 누렸습니다. 소울 분위기에 프로그레시브락을 가미한 잔잔한 멜로디가 아름다운 곡입니다. 최근 Faithless의 〈Not Enuff Love〉에 샘플링된 곡입니다. 이렇게 혹독한 겨울에는 어느 때보다 연민이 필요합니다. 더불어 사는 세상입니다.

세상은 혼자 살 수 없고 또 세상은 혼자서는 살아갈 수 없도록 돌아가고 있습니다. 어디 봉사를 갔는데 몸은 힘든데 마음은 전혀 힘들지 않고 오히려 더 신나고 뿌듯한 경우가 있습니다. 누군가를 위해 봉사한다는 것은 결국은 자신을 위한 봉사입니다.
세상은 혼자서는 갈 수 없는 길이 있듯이 누군가를 도우며 살아간다면 결국 살만한 세상을 갖게 됩니다.

Pat Boone - Santa Claus Is Coming To Town
(산타 클로스 마을에 오시다)

산타클로스가 우리 마을에 오신데
그는 너가 언제 자는 지도 알고있어
그는 너가 언제 깨어있는지도 알고있어
그는 너가 나쁜 일을 하는지 좋은 일을 하는지도 알고있어
그러니까 좀더 착해지렴
그러니까 넌 조심하는 게 좋을꺼야
넌 울지않는 게 좋을꺼야
넌 삐쭉거리지 않는 게 좋을꺼야 내가 그 이유를 알려줄께
산타클로스가 우리 마을에 오시거든

가수이자 영화배우이며 1934년 6월 1일에 미국에서 출생하였으며 가수 데비 분이 그의 딸입니다. 1957년 영화 〈Bernardine〉에 출연하였습니다. 크리스마스 캐롤에 가장 어울리는 가수이며, 이 가수의 음반 한 장만 있으면, 겨울을 따스하게 보낼 것 같은 기분이 듭니다. 메리 크리스마스!

올해는 성탄절이 코 밑으로 와 있지만 밤거리는 썰렁하고 서울 어디에서든 크리스마스 캐롤을 듣기란 쉽지 않습니다. 이렇게 성탄절이 코앞인데도 거리가 고요한 것은 계속되는 불경기의 영향입니다. 경기가 어려워 시민들이 소비를 할 수 없으니 당연히 매상은 오르지 않고 급기야 크리스마스 행사에 무작정 투자할 수 없게 된 것이죠. 하지만 이 가수의 앨범이 하나 있다면 크리스마스 분위기를 내는데 특효약입니다. 크리스마스 캐롤에 잘 어울리는 가수 팻분이 부럽니다.

12월22일

권진원 – 살다보면

살다보면 괜시리 외로운 날 너무도 많아
나도 한번쯤 가끔 사랑해 봤으면 좋겠네
살다보면 하루하루 힘든 일이 너무도 많아
가끔 어디론가 훌쩍 떠났으면 좋겠네
수많은 근심걱정 멀리 던져 버리고
언제나 자유롭게 아름답게 그렇게
내일은 오늘보다 나으리란 꿈으로 살지만
오늘도 맘껏 행복했으면 그랬으면 좋겠네
그랬으면 좋겠네

1966년 1월 31일 서울시에서 태어났으며 1985년 MBC 강변가요제로 데뷔하였습니다. 노래패 노래를 찾는 사람들에서 잠시 활동하기도 했던 포크 가수입니다. 살다보면 무척 힘들게 느껴지는 날, 흘러나오는 라디오에서 이 노래가 들려온다면, 본인도 모르게 다시 한번 파이팅을 외치게 합니다.

[한담을 나눌 때는 길한 이야기를 해야 하고 흉한 이야기를 하는 것은 좋지 못하다.]
[거센 바람을 원망하거나 장마비가 때 없이 쏟아진다고 욕하지 말아야 한다.]
[빠른 바람이 불고 사나운 비가 오면서 천둥 번개가 칠 때는 반드시 의복을 단정히 하고 앉아 있어야 한다.]

12월 23일

말씀드린 내용들이 우리 조상들이 금기해온 일들인데 가만히 살펴보면 이곳에서 한 가지 공통점을 발견할 수 있습니다.
사람은 항상 조신하고 상대방을 생각하며, 함부로 행동을 하면 안 된다는 예의범절이 배어있습니다. 이는 우리 조상들의 생활 일부였으며 후손인 우리들에게 보여주는 또 하나의 가르침입니다.

Marc Anthony - You Sang To Me (넌 나에게 노래를 불러주었지)

난 단지 그대가 나를 위로해 주기를 바랬었죠
어젯밤 그대에게 전화를 걸었을 때
나는 사랑에 빠졌고
그래요, 사랑에 내 자신은 와르르 무너지고 있었죠
인생을 노래한 그 사랑 노래가
진실이며 자유로움이기를

가수이자 영화배우입니다. 1968년 9월 16일에 미국에서 출생하였으며 부인은 유명한 헐리우드 스타이자 가수인 제니퍼 로페즈입니다. 1988년 영화 〈East Side Story〉로 데뷔하였으며 1998년에 제41회 미국 그래미시상식에서 최우수 트로피칼 라틴 퍼포먼스 부문을 수상한 라틴 음악으로 인기 많은 가수이기도 합니다.

현재를 살아가는 사람들은 해를 넘길 때마다 몇 살 먹었는지 계산하며 한숨 쉬지만 우리가 매일 먹는 쌀이나, 매일 사용하는 수저, 즉 숟가락과 나이는 몇 살인지를 알고 계시는지요?
우리말 나이 사전을 살펴보면 쌀과 숟가락 나이는 약 3000살입니다. 젓가락 나이는 백제 시대부터 시작됩니다.
이렇게 우리들이 일상에서 쉽게 만나는 말의 나이를 찾아 과거로 거슬러 가는 것이 우리말 나이 사전이라고 하는데 그런데 비단 호칭어 뿐 아니라 우리들이 일상에서 만나는 단어들도 모두 나이가 있다고 합니다.

12월 24일

Wham - Last Christmas (지난 크리스마스)

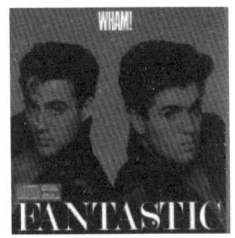

지난 크리스마스에
난 당신께 내 마음을 고백했죠
그렇지만 바로 다음날 당신은 날 거절해 버렸고
이제 난 더이상 눈물 같은 건 흘리지 않게
올해에는 정말 특별한 사람에게만 내 마음을 줄 거예요

조지 마이클, 앤드류 리즐리로 1983년 1집 앨범 [Fantastic]으로 데뷔하면서 세계적으로 사랑받은 영국 출신의 남성 듀오 웸의 86년 작품으로 크리스마스 시즌이면 어김없이 흘러나오는 캐롤 못지않게 인기 많은 곡입니다. 드라마틱한 일이 벌어질 것만 같은 크리스마스입니다. 사랑하는 사람과 크리스마스를 보내고 계십니까? 그렇지 않아도 좋습니다. 이 노래를 들으며 사랑을 꿈꿀 수 있는 건강을 갖고 있는 당신이야말로 진정 행복한 사람입니다.

크리스마스가 밉다고 주장하는 사진작가가 있어 화제가 되고 있습니다. 크리스마스에는 행복하고 즐거워야 하는데, 한 권의 사진에세이집이 도발적으로 말하네요. 애초부터 크리스마스가 밉다고 말합니다.

"크리스마스는 행복해야 해, 아니 꼭 즐거워야 해!"라고 무의식에 주문을 걸죠. 그들의 무차별로 쏟아지는 주문에 우리는 "네, 네, 행복하겠습니다."라고 답을 해줘야 할까요? 곰곰이 생각해보면, 매해 어김없이 다가오는 크리스마스가 정녕 행복했던 적이 있었을까요? 1년은 365일입니다. 그 긴 기간 크리스마스가 다른 364일보다 더 즐거울 수는 없답니다. 다사다난한 1년 동안, 상을 받았던 추억도 있을 것이고, 대학에 합격한 추억도 있을 것이고, 정말 좋아했던 이성과 사귀게 된 추억도 있을 수 있고, 승진을 했던 추억도 있을 것입니다. 크리스마스가 이렇게 기분 째지게 좋은 날보다 더 즐거울 수 없다고 합니다. 12월 25일 못지않게 소중했던 나머지 364일을 기념하자는 심오한 뜻을 품고 있습니다.

Joe Cocker - You Are So Beautiful / 영화 〈칼리토〉 Ost
(당신은 너무 아름다워요)

나에게 있어서 당신은 너무 아름답습니다.
나에게 있어서 당신은 너무 아름답습니다.
알 수 없나요?
당신은 내가 바라는 모든 것입니다.
당신은 내가 필요로 하는 모든 것입니다.
나에게 당신은 너무 아름답습니다.

조 카커는 1944년 5월 20일 영국에서 태어났습니다. 1969년 1집 앨범 [With A Little Help from My Friends]로 데뷔했으며 더 그리스 밴드, 빅 블루스 밴드, 어밴저스 밴드의 멤버로 활동하였습니다. 백인이면서 흑인 창법으로 노래한 가수입니다.

결혼한 여성을 기준으로 둘 때, 남편의 남동생에게는 도련님, 또는 서방님이라고 부릅니다. 또 여동생에게는 아가씨라고 부르지요. 이렇게 서로를 지칭하는 호칭을 두고 여성 비하적이다고 해서 평등한 호칭으로 바꿔야 한다는 운동이 진행 중입니다.
며느리는 기생한다는 뜻의 며늘과 아이가 합쳐진 말로 '내 아들에 딸려 더부살이로 기생하는 존재'라는 의미이니 철저한 남존여비 사상에서 기원한 것으로 볼 수 있습니다. 오빠의 아내를 지칭하는 올케는 오라비의 겨집에서 유래한 호칭이고 또 결혼한 여자가 남편의 여동생이나 남동생을 부를 때 사용합니다. 아가씨와 도련님 역시 과거 종이 상전을 높여 부르던 호칭으로 문제의 소지가 많다는 것이 민우회 측의 설명입니다.
호칭이라는 것이 상대방을 부르기 편하게 만든 것인데, 이왕이면 시대에 맞게 좋은 뜻을 가지면서 상하를 구분하는 좋은 단어로 다시 태어났으면 좋겠습니다.

12월 26일

Bevinda - Ter Outra Vez 20 Anos(다시 20살이 된다면)

내가 만약 다시 20살이 된다면
신이여 당신을 사랑하고 그러했듯이
침울해 보이는 나의 눈빛
그대에 대한 하늘의 기대, 그대와 나눈 키스
장미를 깨문 것처럼 당신을 기다린 것처럼
내가 살던 당시의 생에서 지평선이 사라져버리고
샘물이 말라버린다고 하여도
그대 없이는

베빈다는 포루투갈 출신의 파두가수입니다
파두는 포르투칼의 서정적인 분위기의 민속 음악을 말합니다
1994년도에 첫 앨범 발표 후 시원스러운 라틴비트의 스타일과 재즈적인 감성의 노래로 사랑받고 있는 포루투갈의 대표 가수입니다

오떡순, 볼매, 십장생, 갈비, 착한 가격, 지금 말씀드린 단어들은 여러분도 다 아는 단어입니다. 하지만 이 단어의 새로운 의미를 알면 허탈할 것입니다. 앞서 말씀드린 오떡순은 이름 같지만 오뎅, 떡볶이, 순대를 합친 말이고 십장생은 십대부터 장래를 생각해야 한다는 뜻입니다. 갈비는 갈수록 비호감이라는 10대들이 만들어낸 신조어입니다.

어른들과 10대들 사이에 또 다른 언어로 한나라에 다른 언어의 장벽이 생긴거죠.
문제는 일부 오락프로그램마저 이런 단어들을 거르지 않고 내보내고 있어 이런 외계어가 급속도로 일반화되고 있습니다.
일부에서는 이런 변화를 두고 언어 파괴라는 우려도 적지 않지만, 이미 그 도를 넘어선 신조어 천국에 어떻게 손을 쓸 방법조차 엄두를 못내는 것이 현 실정입니다.
이렇다보니 신세대와 구세대 간 언어 장벽은 갈수록 높아지는데 종래에는 부모와 자식들 간 통역사가 필요할 시대가 오는 건 아닌지 모르겠습니다.

조용필 - 그 겨울의 찻집

바람 속으로 걸어갔어요 이른 아침의 그 찻집
마른 꽃 걸린 창가에 앉아 외로움을 마셔요
아름다운 죄 사랑 때문에 홀로 지샌 긴 밤이여
뜨거운 이름 가슴에 두면 왜 한숨이 나는 걸까
아, 웃고 있어도 눈물이 난다 그대 나의 사랑아

80년대 우리 가요의 수준을 한 단계 업그레이드 시킨 가요계의 황제입니다. 1950년 3월 21일에 경기도 화성에서 태어나서 〈하얀 모래의 꿈〉(배성문 작사/변혁 작곡)으로 가요계에 데뷔한 후, 1979년 1집 앨범 [창밖의 여자]를 발표하면서 최고의 인기를 얻은 가수입니다. 2006년 제3회 한국대중음악상 공로상을 수상하였습니다.

새해가 다가오고 있습니다. 뭔가 새로운 결심을 하셨습니까. 작심삼일이라는 말도 있지만 역시 안하는 것도 낫지요. 뭔가 새로운 결심을 하기 좋은 때가 내년에는 꼭 고쳐야지하면서 벌써부터 마음을 다잡으시는 분들 많습니다. 새해엔 이것만은 꼭 떼어버려야겠다고 마음 속에 품은 계획들 있지요.?
사람에게 있어서 스스로 어떤 계기가 있어 결심이 서지 않고는 일부러 작심하는 경우를 지나서, 에이 나중에 하지 뭐 라는 안일한 마음이 고개를 들기 마련인데, '에이, 새해가 되면 뭘 고쳐야지.' 하는 이런 체념도 안 좋은 습관입니다.
꼭 고치고 싶다면 평소 자신의 생활을 체크하고 돌아보면서 관리하는 것이 더 좋은 방법입니다.

12월 28일

Jessica Andrews – I've Been Waiting for You
(나는 당신을 기다리고 있어요)

몬타나가 깊고 큰 하늘을 가지고 있고
그랜드캐년은 깊고 넓지요
내가 하고 싶은 것이 있어요
나는 당신 관점에서 세상을 보고 싶어요
나는 왕을 보러 멤피스에 가지 않을 거구요
뉴올리언즈에서 미시시피로 가지도 않을 거에요
사랑할 사람을 찾았어요, 당신을 기다려왔던 거죠

1983년에 태어난 비교적 어린 아티스트입니다. 잔잔하게 사람의 마음을 편하게 이끄는 아티스트로 테네시 출신의 여성 컨트리 싱어입니다. 2001년에 발표한 〈Who I Am〉을 싱글 차트에 올려놓기도 하였습니다.
1999년에 [Heart Shaped World]라는 데뷔앨범을 발표한 그녀는 2001년에 발표한 2집 [Who I Am]에서 동명 타이틀곡인 〈Who I Am〉을 싱글 차트에 올려놓기도 하였습니다.

성냥갑에 채워진 성냥개비처럼 그렇게 꽉 들어찬 모습으로 현대를 살아가다보면 꽉 막힌 도로나 수많은 사람들 사이가 숨막힐 때가 있습니다.
그럴 땐 보통 무엇인가 숨통 트일만한 일들을 기대하는데 쉬운 일은 아닙니다. 그래도 조금이나마 여유를 잃지 않은 분들은 요즘 유행하는 mp3를 목에 걸고 음악과 여행을 떠나기도 합니다. 이런 여유는 제가 간절히 바라는 시간이기도 합니다. 늘상 이런 마음속 계획들은 짜여진 생활을 하다보면 생각에만 그치기도 합니다.
하지만 이럴 때 무엇인가 폭발하는 시원스러움은 아니지만 잔잔하게 사람의 마음을 정리해주는 아티스트가 있는데 바로 테네시 출신의 여성 컨트리 싱어인 제시카 엔드류스가 그런 가수입니다.

Engelbert Humperdinck-Winter World Of Love
(사랑이 가득한 겨울 세상)

내 사랑, 날이 추워졌어요, 그대 손을 잡고 하얀
눈덮힌 땅을 걸어가게 해 주세요
내 사랑, 세월이 흘러가네요
그대를 안고 하얀 겨울밤을 보내게 해 주세요
그대 눈에 불타는 석양의 불빛이 보이네요
그 빛이 사라지기전에 입 맞춰 줘요
우리 사랑스러운 겨울 나라로 찾아가요
12월의 사랑은 따뜻해요
내 사랑 여기 내 품에 안겨있어요
여름이 올 때까지

잉글버트 험퍼딩크는 1936년 인도의 마드라스 출신으로 클리프 리차드와 같은 영국과 인도계 혼혈인 앵글로-인디언 혈통으로 알려져 있습니다.

어머니가 바이올린과 오페라 성악을 했기 때문에 음악적인 영향을 받아서 11세에 색소폰을 배우게 되었고, 1967년에 발표된 그의 대표적 히트곡인 〈Release Me(And Let Me Love Again)〉로 일약 슈퍼스타의 반열에 오르게 됩니다. 잘생긴 외모에 부드럽고 폭넓은 목소리로 60~70년대 최고의 팝 발라드 가수로 평가받습니다.

여러분은 겨울밤엔 어떤 먹거리 좋아하세요?

12월 30일

그래도 전 겨울철하면 포장마차에서 파는 따끈한 우동 국물과 후후 불며 먹는 어묵을 최고로 치는데 여러분은 어떤 먹을거리를 좋아하는지요?

오늘처럼 추운 겨울밤에는 더욱 밤이 길게 느껴지고 그렇다보니 속이 출출 할텐데, 오늘 밤은 간단한 저녁식사 마치고 사랑하는 아내나 연인과 거리에서 파는 어묵이나 호떡, 붕어빵 호호 불며 따뜻한 서로의 마음을 나눠 보시는 것은 어떨까요. 소박한 먹을거리를 나눠먹으며 서로 미소를 짓는 시간을 만들어봐요.

Judas Priest - Before The Dawn (새벽이 오기 전에)

동이 트기 전 나는 당신이 속삭이는 걸 듣지요
당신의 꿈에
아침이 그를 데려가게 하지 말아요
바깥에서 새들은 부르기 시작합니다
마치 나를 떠나라고 재촉이라도 하는 것처럼
한평생을 보냈답니다

기타에 글렌 팁톤과 케이케이 다우닝, 베이스에 이안 힐, 보컬에 롭 핼포드, 드럼에 스콧 트래비스으로 이루어졌으며 1970년에 주다스 프리스트를 결성하였습니다. 1972년 1집 앨범 [Rocka Rolla]으로 데뷔하였으며 2010년 제52회 그래미시상식에서 최우수 메탈상을 받았습니다.
이 노래는 1979년 작품으로 이들이 발표한 노래 중 조용한 노래입니다.

새해 달력들 많이 받으셨을텐데요. 지금 주위에 어떤 달력이 걸려 있는지요? 달력은 일년 동안 함께 해온 거래처에서 전한 작은 선물이기 때문에 많이 받으셨을 겁니다. 우리가 어렸을 때만 해도 집안에 걸려있는 달력은 글자 크기도 크고 활자가 두꺼워 한장 한장 뜯어내는 일력이라는 달력을 이용하거나 아니면 거래하는 농약판매상이나 씨앗종묘사에서 가지고 온 달력이 대부분이었습니다. 거기다가 날짜가 지난 일력이라는 달력은 알뜰함이 몸에 배어 있던 우리 부모님들에겐 화장지 대용품으로 사용되기도 했었습니다.

12월 31일

요즘 유명 화가의 명화가 들어간 고급 달력보다 투박하고 소박함이 담겨 있는 옛날 달력이 더 정겹고 편했습니다. 몇 분후면 새해네요.
건강하고 행복한 새해 맞이하시기 바랍니다.